Lecture Notes in Computer Science

Edited by G. Goos and J. Hartmanis

167

International Symposium on Programming

6th Colloquium
Toulouse, April 17–19, 1984
Proceedings

Edited by M. Paul and B. Robinet

Springer-Verlag
Berlin Heidelberg New York Tokyo 1984

Editorial Board
D. Barstow W. Brauer P. Brinch Hansen D. Gries D. Luckham
C. Moler A. Pnueli G. Seegmüller J. Stoer N. Wirth

Editors

M. Paul
Institut für Informatik der Technischen Universität München
Postfach 20 24 20, 8000 München 2, FRG

B. Robinet
Université Pierre et Marie Curie
LITP and Institut de Programmation
4, place Jussieu, 75230 Paris Cedex 05, France

CR Subject Classifications (1982): D.1.1; D.3.1; D.3.3

ISBN 3-540-12925-1 Springer-Verlag Berlin Heidelberg New York Tokyo
ISBN 0-387-12925-1 Springer-Verlag New York Heidelberg Berlin Tokyo

This work is subject to copyright. All rights are reserved, whether the whole or part of the material is concerned, specifically those of translation, reprinting, re-use of illustrations, broadcasting, reproduction by photocopying machine or similar means, and storage in data banks. Under § 54 of the German Copyright Law where copies are made for other than private use, a fee is payable to "Verwertungsgesellschaft Wort", Munich.

© by Springer-Verlag Berlin Heidelberg 1984
Printed in Germany

Printing and binding: Beltz Offsetdruck, Hemsbach/Bergstr.
2145/3140-543210

FOREWORD

The 22 papers contained in this volume have been selected among 70 submitted papers for presentation at the 6th International Symposium on Programming (Toulouse, April 17-19, 1984). The previous five colloquia were held in Paris (1974, 76, 78 and 80) and in Torino (1982).

The Programme Committee consisted of J. ARSAC, Ecole Normale Supérieure, Paris; J.L. BAER, University of Washington, Seattle; D. BJORNER, Technical University, Lyngby; M. DEZANI, Università di Torino; C. GIRAULT, Université Pierre et Marie Curie, Paris; D. GRIES, Cornell University, Ithaca; R. MILNER, University of Edinburgh; U. MONTANARI, Università di Pisa; M. NIVAT, Université Paris 7; M. PAUL, Technishe Universität, München; I. RAMOS, Universidad de Valencia; B. ROBINET, Université Pierre et Marie Curie, Paris; J. VIGNOLLE, Université Paul Sabatier, Toulouse.

The editor feels very grateful to the others members of the Programme Committe and to the following referees : P. Ancilotti, R.C. Backhouse, F. Baiardi, H. Barringer, M. Bellia, A. Black, H. Boëhm, C. Bohm, A. Borning, H. Brun, M. Coppo, G. Costa, R.J. Cunningham, J. Darlington, P. Degano, T. Denvir, A. Dileva, A. Fantechi, P. Feautrier, M.P. Flé, M. Fontet, N. de Francesco, M. Fusani, M.C. Gaudel, F. Hansell, M.Hansen, M. Henessy, C. Jones, V. Jorring, R. Ladner, P.E. Lauer, J. Lloyd, H. Lovengreen, I. Margaria, A. Martelli, K. Mitchell, C. Montangero, K. Munch, J.F. Perrot, S. Ronchi, G. Roucairol, G. Rossi, E. Saint-James M. Saitta, P. Sallé, A. Shaw, M. Shields, M. Tompa, P. Torasso, F. Turini, D. Turner, B. Venneri, I. Wand, E. Winskel, M. Zacchi, M. Zilli.

The Organizing Committee consisted of J. Vignolle, J. Aubrun, C. Duron, C. Ravinet, Toulouse and Paris.

We acknowledge the financial support provided by the following institutions :

C.N.R.S. - Centre National de la Recherche Scientifique, Université Paul Sabatier,

D.C.R.I. - Ministère de l'Education Nationale,

L.S.I. - Laboratoire Langages et Systèmes Informatiques, Institut de Programmation, L.I.T.P.

Région Midi-Pyrénées,

Municipalité de Toulouse.

                                        B. ROBINET

                                        LITP and Institut de Programmation

                                        Université Pierre et Marie Curie

CONTENTS

A. ARNOLD, P. GUITTON

Un modèle de description de protocoles : les réseaux fermés
d'automates triphasés... 1

H. BAHSOUN, C. BETOURNE, L. FERAUD

Une expression de la synchronisation et de l'ordonnancement des
processus concurrents par variables partagées....................... 13

P. BELLOT

Sémantiques comparées des systèmes de programmation fonctionnelle
FP et FFP de J.W. Backus.. 23

A. BOSSAVIT

Le type abstrait vecteur et les méthodes de programmation des
ordinateurs vectoriels.. 35

V. CARCHIOLO, A. FARO, F. MINISSALE, G. SCOLLO

Some Topics in the Design of the Specification Language Lotos...... 47

A.R. CAVALLI, L. FARINAS del CERRO

Specification and Verification of Networks Protocols Using
Temporal Logic.. 59

P. COINTE

Une implémentation des coroutines en Lisp, application à
Smalltalk... 74

J. COTTET, C. RENVOISE, D. SCIAMMA

Vesta : Vectorisation automatique et paramétrée de programmes..... 89

J. FINET, P. SALLE

L'inclusion de filtres : une approche de la création d'environnements symboliques en Plasma...................................... 101

P. FEAUTRIER

Projet Vesta : outil de calcul symbolique........................ 113

J. FERRANTE, K.J. OTTENSTEIN, J.D. WARREN

The Program Dependence Graph and its Use in Optimization........ 125

P. GUERREIRO

Implementations of Nondeterministic Programs..................... 133

S. HEILBRUNNER, L. SCHMITZ

For Statements with Restricted Enumerations..................... 145

R. JANICKI

A Method for Developing Concurrent Systems...................... 155

M. JOURDAN

An Optimal-time Recursive Evaluator for Attribute Grammars...... 167

M. KOUTNY

On the Merlin-Randell Problem of Train Journeys................. 179

E. MADELEINE

Un système d'aide à la preuve de compilateurs................... 191

S. LEMOS MEIRA

Optimized Combinatoric Code for Applicative Language Implementation.. 206

A. MYCROFT

Polymorphic Type Schemes and Recursive Definitions.............. 217

M.W. SHIELDS

Non-Sequential Behaviour.. 229

M. SIEGEL

Proving Properties of SNOBOL 4 Patterns: Selecting the
                                          Assertion Format 240

S.A. SMOLKA

Polynomial-Time Analysis for a Class of Communicating Processes. 251

UN MODELE DE DESCRIPTION DE PROTOCOLES :
LES RESEAUX FERMES D'AUTOMATES TRIPHASES

André ARNOLD
Laboratoire d'Informatique
Université de Poitiers
40, avenue du Recteur Pineau
86022 POITIERS Cédex

Pascal GUITTON
Université de Bordeaux I
UER de Math. et d'Informatique
351, Cours de la Libération
33405 TALENCE Cédex

I - INTRODUCTION

Pratiquement tous les protocoles offrent une présentation rédigée en langage naturel (anglais, français...). Ce type de spécification, bien qu'indispensable pour une première approche, révèle cependant un défaut majeur : le risque d'ambiguïtés dans la compréhension. C'est pour pallier cet inconvénient qu'ont été mises au point des techniques formelles, qui ne remplacent pas la précédente, mais la complètent et l'enrichissent. De plus l'élaboration d'un modèle abstrait autorise la vérification du bon fonctionnement en utilisant certaines propriétés connues de cette théorie.

Deux familles principales se dégagent :
- les spécifications par machines à transitions (automates avec sortie [BOC 78], réseaux de Petri [MER 76] ...)
- les spécifications algorithmiques (langages de programmation [STE 76]).

On peut également citer la logique temporelle, et les types de données abstraits qui en sont encore à des stades de développement limités.

Les deux principaux types de description possèdent chacun leur propre méthode de vérification : alors que les machines à états impliquent une analyse d'accessibilité (examen de tous les états possibles de la communication), les langages appellent les preuves de programmes (utilisation d'assertions).

Chaque approche est spécialisée dans une partie des aspects d'un protocole : l'accessibilité permet de traiter les fonctions de contrôle (en détectant les deadlocks, les boucles, les réceptions non spécifiées...) et les preuves le transfert de données (en étudiant le contrôle de flux, la délivrance de tous les messages, leur bon séquencement...).

Malheureusement la première technique souffre d'une augmentation rapide du nombre d'états à étudier dès que l'on vérifie certaines propriétés nécessitant des compteurs et la seconde entraîne une recherche d'assertions qui devient très complexe quand on s'intéresse à des aspects tels que l'ouverture ou la fermeture de connexion.

Dans cet article nous proposons une description des protocoles par des réseaux d'automates d'un type particulier. Ce formalisme permet beaucoup de souplesse dans la spécification des protocoles, mais peut aussi s'appliquer à d'autres types de systèmes de processus communicants.

L'utilisation de réseaux d'automates n'est pas nouvelle, la description d'un protocole par des automates finis qu'on fait fonctionner simultanément en appariant des transitions (+x, -x) a vite paru insuffisantes ([ZAF 80]) et on a préféré utiliser des réseaux de machines connectées entre elles par des canaux ([LAM82] ,[PAC 82]). Ces canaux peuvent être de différentes natures et leurs propriétés peuvent être spécifiées en insérant en leur milieu au automate particulier (démon [PAC 82]). Les communications se font alors par échange de messages entre machines et canaux.

Pour notre part nous considérons les canaux comme des machines particulières (n'ayant pas forcément un nombre fini d'états) et nous spécifions donc un système comme un réseau de machines échangeant des messages. De telles machines sont connues depuis longtemps : ce sont les machines de Moore et de Mealey ([KOH 77]). Mais toutes deux présentent le désavantage que si la machine A envoie un message à la machine B, celui-ci n'est reçu par B qu'à l'instant suivant. Autrement dit le transfert de messages d'une machine à une autre prend un certain temps ; or nous souhaitons qu'il soit instantané et que si une machine expédie un message à une autre le temps de transfert soit nul (c'est une machine canal qui introduira d'éventuels délais).

Nous proposons donc une modification du modèle Moore-Mealey où une transition se décompose en : lecture d'un message, envoi d'un message, changement d'état et nous décomposons la transition en : envoi d'un message, lecture d'un message, action interne, changement d'état, de sorte que le message envoyé par A à B lors d'une transition puisse être pris en compte par B lors de la transition qui a lieu en même temps.

Ces machines sont aussi susceptibles de recevoir d'autres interprétations. L'envoi par A d'un message à B peut signifier l'exécution par A d'une action sur B (par exemple A est un processus exécutant les primitives P et V sur le sémaphore B). Le fait que A exécute l'action a sur B et le fait que B subisse celle-ci doivent bien évidemment être simultanés.

Des réseaux de telles machines peuvent alors être considérés comme des automates et les méthodes classiques d'analyse des automates (accessibilité et coaccessibilité, recherche des états puits, des boucles...) permettent d'obtenir des informations sur le comportement et les propriétés des systèmes étudiés.

Dans la première partie de cet article nous rappelons les définitions des machines de Moore et de Mealey et nous introduisons les automates triphasés (leurs transitions comportent trois phases distinctes). Puis, nous définissons la notion de réseau de tels automates et nous construisons l'automate global qui leur est associé. Nous illustrons cette construction grâce à l'exemple du bit alterné.

2 - LES MACHINES D'ETATS FINIS

Dans ce paragraphe, nous rappelons les définitions des machines d'états finis puis nous évoquons certains de leurs défauts. Il existe d'autres modèles (par exemple CCS de Milner) pour les processus communicants ; malheureusement ils ne sont pas suffisamment répandus dans le domaine des protocoles contrairement aux machines d'états finis qui sont utilisées dans la plupart des descriptions de protocoles (ISO, RHIN, Architel etc...).

2.1 Définitions

Les machines manipulées dans ce paragraphe sont synchrones : on discrétise le temps afin d'obtenir une suite d'instants $t = 0, 1, 2...$

On rappelle les différentes classes de machines :

<u>Définition</u>   Une <u>machine d'états finis</u> (MEF) est définie par
$M = <E,S,Q,Q^o,\lambda,\delta>$ avec E : alphabet d'entrée ; S : alphabet de sortie ;
Q : ensemble d'états ; Q^o : états initiaux ; λ : relation de sortie ;
δ : relation de transition ; et E, S, Q, Q^o ensembles finis.

<u>Remarque</u>   On distingue deux types de machines (<u>Mealy</u> et <u>Moore</u>) qui sont définies [KOH 70] par :

$\delta : Q \times E \longrightarrow Q$ et $\lambda(q_i,e_i) = q_{i+1}$

$\lambda : Q \times E \longrightarrow S$ et $\delta(q_i,e_i) = s_{i+1}$ (Mealy)

ou $Q \longrightarrow S$ et $\delta(q_i)\quad = s_{i+1}$ (Moore)

On sait montrer que les deux approches sont équivalentes : le passage de l'une à l'autre nécessite l'introduction d'un nouvel état ([GIL 82]) incluant l'ancien et le message reçu.

2.2 Limitations

L'utilisation du modèle classique laisse apparaître certaines lacunes importantes dans la description des protocoles, notamment la non prise en compte du phénomène de "<u>collision</u>" et le problème du <u>délai</u> de réception :

- le modèle Moore-Mealy ne permet pas la description des collisions, c'est-à-dire la simultanéité entre une émission et une réception, puisque la première y dépend directement de la seconde. On peut citer comme exemple la collision entre les "call" de X25 : une entité émet un "call request" (demande d'ouverture de connexion), à l'instant où elle reçoit un "incomming call" (avis de demande d'ouverture) ; l'impossibilité de décrire ce phénomène entraîne l'apparition de certaines hypothèses contraignantes et peu réalistes dans la littérature [RAZ 82].

- si une machine A envoie un message à la machine B, à l'instant t, B ne le recevra qu'à l'instant t+1. Or si on assimile A à une machine et B à un canal, la liaison entre A et B est uniquement une interface qui n'introduit pas de délai dans les transmissions de messages : le message expédié par A à l'instant t, doit être reçu par B au même instant t.

3 - RESEAUX FERMES D'AUTOMATES TRIPHASES

Dans ce paragraphe nous proposons la modélisation d'un protocole par un automate triphasé (cf. 3.1). Cette spécification locale, utile lors de l'étape de description, ne suffit plus pour la vérification du bon fonctionnement du protocole : en effet les deux processus échangent des messages via un moyen de communication dont les caractéristiques influent sur le déroulement des interactions. Il est donc nécessaire de concevoir un modèle global incluant celui des entités et celui du médium, rôle assumé par le réseau fermé (cf. 3.2).

3.1 Automates triphasés

Les automates triphasés respectent la propriété de simultanéité entre, l'émission d'un message, et sa réception par l'interface, ce qui autorise la description du phénomène de collision :

Définition   Un automate triphasé est défini par :
AT = $<S_1,\ldots,S_p,E_1,\ldots,E_q,A,Q,Q^o,\lambda,\delta>$; avec $S_1,\ldots,S_p$: p alphabets de sortie ; $E_1,\ldots,E_q$: q alphabets d'entrée ; A : l'ensemble d'actions internes ; Q : l'ensemble d'états ; Q^o : les états initiaux ; λ : la relation de sortie de Q dans $\mathcal{P}(S_1 \times \ldots \times S_p)$; δ : la relation de transition de $Q \times S_1 \times \ldots \times S_p \times E_1 \times \ldots \times E_Q \times A$ dans $\mathcal{P}(Q)$.

Chaque transition d'un automate triphasé se décompose donc en trois parties :
- émettre des messages (un par sortie) en fonction de l'état courant q c'est-à-dire un élément de $\lambda(q)$.
- recevoir les messages qui lui sont destinés (un par entrée)
- enfin selon les messages qu'il a émis et qu'il a reçus effectuer une action interne et un changement d'état.

La notion d'action interne utilisée par les automates triphasés englobe tout mécanisme ne produisant pas d'interaction avec "l'extérieur". Cette classification est très relative et dépend uniquement du point d'observation choisi pour étudier le processus décrit. Par exemple si l'on considère l'automate d'une entité ISO les primitives de service peuvent apparaître comme des actions internes si l'on observe uniquement le protocole, ou comme des messages externes si l'on traite le service à l'interface.

On peut montrer graphiquement comment on décrit la simultanéité émission-réception ainsi qu'une collision de "call" X25

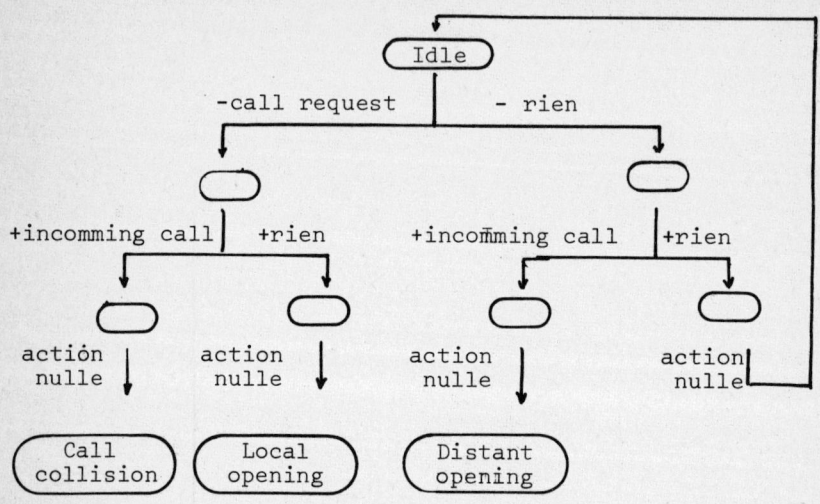

Remarque   Un canal FIFO unidirectionnel, peut être spécifié par une machine non finie de ce type :
Médium = $<E,S,B,Q,Q°,\lambda,\delta>$; avec $E = S = A \cup \{\emptyset\}$ et A = alphabet utilisé sur la ligne ; $B = \{n\}$; $Q = A$; $Q° = \{\varepsilon\}$;
$\lambda(u) = \begin{cases} \emptyset & \text{si } u = \varepsilon \\ \{a,\emptyset\} & \text{si } u = u'a \end{cases}$

$\delta(u,a_1,a_2) = \delta^1(\delta^2(u,a_1),a_2)$; et δ^1 (extraire du canal) définie par :
$\delta^1(u,\emptyset) = u$; $\delta^1(u'a,a) = u'$ et δ^2 (mettre dans le canal) définie par :
$\delta^2(u,\emptyset) = u$; $\delta^2(u,a) = au$.

Nous verrons plus loin qu'il est possible de spécifier des propriétés du canal (par exemple des erreurs de fonctionnement) en modifiant les fonctions λ et δ.

Notation $\emptyset$ désigne le caractère nul ($\lambda(u) = \emptyset$: sortie vide)
    ε le mot vide ($u = \varepsilon$: canal vide) et n l'action nulle (ne rien faire).

3.2 Réseaux fermés

On définit les réseaux fermés pour modéliser les systèmes constitués de machines reliées entre elles par des lignes. L'échange d'information, chaque sortie étant connectée à une entrée, représente les interactions entre les différentes composantes. Les machines décrites se comportent de façon synchrone ; on sait réduire le cas asynchrone en rajoutant l'action nulle (ne rien faire) et en choisissant un intervalle de temps élémentaire [ARN 81]. Dans un réseau d'automates triphasés fonctionnant de façon synchrone, les messages émis dans la première phase d'une transition sont reçus par les machines destinatrices lors de la seconde phase de la transition simultanée ; puis elles effectuent une action interne dans la troisième phase et changent d'état.

<u>Définition</u>   Un <u>réseau fermé</u> R est défini par : $R = <M_1,...,M_k,L,\alpha,\beta>$ avec $M_1,...,M_k$: k automates triphasés ; L : un ensemble de lignes tel que $|L| = \sum_{i=1}^{k} p_i = \sum_{i=1}^{k} q_i$; α : bijection de L dans $\{(i,j) / 1 \leq i \leq k, 1 \leq j \leq p_i\}$; β : bijection de L dans $\{(i,j) / 1 \leq i \leq k, 1 \leq j \leq q_i\}$.

<u>Remarque</u> $\alpha(1) = (i,j)$ désigne la sortie j de la machine i ; $\beta(1) = (i,j)$ désigne l'entrée j de la machine i ; α et β permettent de décrire les connexions entre les composants du système ; $C_l = S_{a(l)} = E_{b(l)}$ désigne l'alphabet associé à l.

Un réseau fermé fonctionne de façon synchrone : à chaque instant chaque machine du réseau envoie un message (éventuellement vide) à celles auxquelles elle est connectée, puis effectue une action interne et un changement d'état en fonction des messages qu'elle a émis et de ceux qu'elle a reçus des autres machines.

Ceci peut être formalisé en donnant une règle pour passer d'un état du système (défini comme étant la liste des états de chaque machine) à un autre ; autrement dit en considérant le réseau comme un automate :

<u>Définition</u>   L'automate A associé au réseau fermé R est défini par : $A = <S, S^o, T, \gamma>$ avec $S = Q_1 \times ... \times Q_k$: l'ensemble d'états ; $S^o = Q_1^o \times ... \times Q_k^o$: les états initiaux ; $T = \times_{l \in L} C_l$: l'ensemble d'évènements ; γ relation de transition donnée par
$<q_1,...,q_k> \longrightarrow <q_1',...,q_k'>$ ssi $(C_{\alpha(i,1)}^{-1},...,C_{\alpha(i,p)}^{-1}) \in \lambda(q_i)$ et $q_i' \in \delta(q_i, C_{\alpha(i,1)}^{-1},...,C_{\alpha(i,p_i)}^{-1}, C_{\beta(i,1)}^{-1},...,C_{\beta(i,q_i)}^{-1}, a)$.

<u>Remarque</u>   Les éléments de S sont appelés états globaux.

4 - UN EXEMPLE : LE PROTOCOLE DU BIT ALTERNE

4.1 Présentation

Il fut défini par Bartlett, Scantleburry et Wilkinson en 69 ([BAR 69]) et depuis est fréquemment cité comme référence pour sa simplicité, sa séparation émission-réception et sa parfaite symétrie de comportement.

Un ordinateur A désire communiquer avec un ordinateur B ; comme le médium n'est pas sur (altération) chaque entité adjoint à ses messages un bit d'acquittement permettant de savoir s'ils ont été bien reçus. En cas d'erreur l'émetteur retransmet le message corrompu jusqu'à une bonne réception.

On peut modéliser ce fonctionnement par les automates suivants :

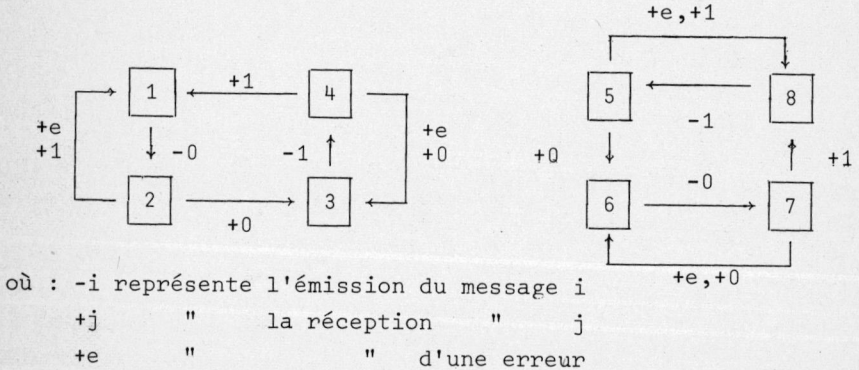

où : $-i$ représente l'émission du message i
     $+j$ "   la réception   " j
     $+e$ "   " d'une erreur

4.2 Application

On représente le système émetteur-médium-récepteur en termes de réseaux fermés d'automates triphasés :

```
            EM           MR
Emetteur  ──────  Médium ──────  Récepteur
  L_1     ←─────   M_3   ←─────    M_2
            ME           RM
```

On définit le réseau R par : $R = <M_1, M_2, M_3, L, \alpha, \beta>$ avec M_1, M_2, M_3 : émetteur, récepteur, médium.

L = {EM,ME,MR,RM}(ens. de lignes) et $C_{EM} = \{0,1,ƀ\}$; $C_{MR} = \{0,1,ƀ,e\}$;
$C_{RM} = \{0,1,ƀ\}$; $C_{ME} = \{0,1,ƀ,e\}$; (alphabets associés aux lignes).

$\alpha : L \longrightarrow \{(i,j)/1 \leq i \leq 3, 1 \leq j \leq p_i\}$
EM $\longrightarrow$ (1,1) ; ME $\longrightarrow$ (3,1) ; MR $\longrightarrow$ (3,2) ; RM $\longrightarrow$ (2,1).

$\beta : L \longrightarrow \{(i,j)/1 \leq i \leq 3, 1 \leq j \leq q_i\}$
EM $\longrightarrow$ (3,1) ; ME $\longrightarrow$ (1,1) ; MR $\longrightarrow$ (2,1) ; RM $\longrightarrow$ (3,2).

Le réseau R étant ainsi défini, on raffine la spécification en y incluant celle des machines M_1, M_2, M_3 (comme les actions internes sont toutes nulles, on les omet pour des raisons de clarté et de lisibilité):

$M_1 = <C_{EM}, C_{ME}, Q_1, Q_1^o, \lambda_1, \delta_1>$ définie par

Q_1	λ_1	δ_1 ƀƀ	ƀ0	ƀ1	ƀe	0ƀ	1ƀ
1	0,ƀ	1				2	
2	ƀ	2	3	1	1		
3	1,ƀ	3					4
4	ƀ	4	3	1	3		

$M_2 = <C_{RM}, C_{MR}, Q_2, Q_2^o, \lambda_2, \delta_2>$ définie par

Q_2	λ_2	δ_2 ƀƀ	ƀ0	ƀ1	ƀe	0ƀ	1ƀ
5	ƀ	5	6	8	8		
6	0,ƀ	6				7	
7	ƀ	7	6	8	6		
8	1,ƀ	8					5

$M_3 = <C_{ME}, C_{MR}, C_{EM}, C_{RM}, Q_3, Q_3^o, \lambda_3, \delta_3>$ avec $Q_3 = (C_{RM} \cup \{\varepsilon\}) \times (C_{EM} \cup \{\varepsilon\})$
(ens. d'états) ; $Q_3^o = (\varepsilon, \varepsilon)$ (état initial) ; $\lambda_3(x,y) = \lambda_3^1(x) \times \lambda_3^2(y)$
(fonction de sortie) et $\lambda_3^i(x) = \begin{cases} \{ƀ\} & \text{si } x = \varepsilon \\ \{ƀ, x, e\} & \text{sinon.} \end{cases}$

$\delta_3(q, x, y, x', y') = \delta_3^2(\delta_3^1(q, x, y), x', y')$ (fonction de transition) et

$\delta_3^1(z_1, z_2, x_1, x_2) = (z_1', z_2')$ où $z_i' = \begin{cases} z_i & \text{si } x_i = ƀ \\ \varepsilon & \text{sinon} \end{cases}$

$\delta_3^2(z_1', z_2', y_2, y_1) = (z_1'', z_2'')$ où $z_i'' = \begin{cases} z_i' & \text{si } y_i = ƀ \\ y_i & \text{sinon} \end{cases}$

Remarques :
- la taille des buffers intermédiaires est égale à un justifiant ainsi que les états de M_3 soient formés d'un couple de lettres et pas de mots.
- on peut interpréter la définition de λ_3 en termes de propriétés du médium :

si $x=\varepsilon$, $\lambda_3^i(x) = \cancel{b} \longrightarrow$ pas de création spontanée

sinon $\lambda_3^i(x) = \begin{cases} x \longrightarrow \text{bonne transmission} \\ e \longrightarrow \text{erreur de transmission} \\ \cancel{b} \longrightarrow \text{perte du message} \end{cases}$

Le réseau R étant complètement spécifié on construit l'automate A du système global ; on a : $A = <S, S°, \mathsf{X}_{l\in L}\, C_l, \gamma>$ avec $S = Q_1 \times Q_2 \times Q_3$; $S° = Q_1° \times Q_2° \times Q_3°$; $\mathsf{X}_{l\in L}\, C_l = C_{EM} \times C_{ME} \times C_{MR} \times C_{RM}$.

A chaque état du système $<q_1, z_1, z_2, q_2>$ on associe le vecteur de signaux de $\mathsf{X}_{l\in L}\, C_l$ qui peuvent être émis, c'est à dire :
$\lambda_1(q_1) \times \lambda_3^1(z_1) \times \lambda_3^2(z_2) \times \lambda_2(q_2)$.

Puis, pour chaque quadruplet (x_1, x_2, x_3, x_4) on calcule les états résultant de cette transition :
$q_1' \in \delta_1(q_1, x_1, x_2)$
$z_1'', z_2'' \in \delta_3(z_1, z_2, x_2, x_3, x_1, x_4)$
$q_2' \in \delta_2(q_2, x_4, x_3)$

On obtient alors : $<1, \varepsilon, \varepsilon, 5> \longrightarrow \{0, \cancel{b}\} \times \{\cancel{b}\} \times \{\cancel{b}\} \times \{\cancel{b}\}$

$<0, \cancel{b}, \cancel{b}, \cancel{b}> \longrightarrow <2, \varepsilon, 0, 5>$; $<\cancel{b}, \cancel{b}, \cancel{b}, \cancel{b}> \longrightarrow <1, \varepsilon, \varepsilon, 5>$

$<2, \varepsilon, 0, 5> \longrightarrow \{\cancel{b}\} \times \{\cancel{b}\} \times \{\cancel{b}, 0, e\} \times \{\cancel{b}\}$

$<\cancel{b}, \cancel{b}, \cancel{b}, \cancel{b}> \longrightarrow <2, \varepsilon, 0, 5>$; $<\cancel{b}, \cancel{b}, 0, \cancel{b}> \longrightarrow <2, \varepsilon, \varepsilon, 6>$;

$<\cancel{b}, \cancel{b}, e, \cancel{b}> \longrightarrow <2, \varepsilon, \varepsilon, 8>$.

En poursuivant de cette façon on obtient un automate global.

On représente cet automate graphiquement de façon simplifiée :
- chaque état $<q_1, z_1, z_2, q_2>$ est représenté par un sommet étiqueté $q_1 q_2$.
- ∃ un arc $q_1 q_2 \longrightarrow q_1' q_2'$ ssi ∃ une transition de :
$<q_1, z_1, z_2, q_2>$ à $<q_1', z_1', z_2', q_2'>$ dans l'automate du système.
- cet arc est étiqueté par $+x.i$ ou $-x.i$ (avec $x \neq \cancel{b}$) si cette transition est provoquée par la réception ou l'émission par M_i du message x

(les deux cas ne pouvant jamais se produire simultanément).

On obtient donc :

```
         +e.1,+1.1          +1.1        +e.1,+0.1
     25 ──────────▶ 15 ◀────────── 45 ──────────▶ 35
  -1.2 ↑            │ -0,1   -1.2 ↑               │ -1.1
     28 ◀────────── 25            48 ◀────────── 45
         +e.2,+1.2  │                  -1.2
                    │ +0.2   +1.2 ↑
                    ▼             │
         +e.2,+0.2                     +e.2,+0.2
     27 ──────────▶ 26            47 ──────────▶ 46
  -0.1 ↑            │ -0.2   -1.1 ↑               │ -0.2
     17 ◀────────── 27 ──────────▶ 37 ◀────────── 47
         +e.1,+1.1       +0.1          +e.1,+0.1
```

La parfaite symétrie de comportement du protocole se dessine clairement sur le graphe. Le fonctionnement "normal" apparait dans le cycle le plus intérieur (15,25,26,27,37,47,48,45,15) alors que les quatre cycles extérieurs (25,28,25,15-27,17,27,15 etc...) représentent les retours en arrière dans la chronologie en cas d'erreur.

On remarque également :
- une alternance régulière émission-réception justifiant a posteriori la taille (=1) des buffers intermédiaires
- la phase de réception comporte toujours deux possibilités correspondant soit à une altération du message, soit à se réception correcte.
- par contre la phase d'émission est constituée d'une seule montrant ainsi le déterminisme total du système.

C'est à partir de tels graphes d'accessibilité qu'on peut effectuer une validation des protocoles décrits en examinant tous les états globaux (recherche de deadlocks, de réceptions non spécifiées etc...) [ZAF 80], [VUO 83],[GUI 84] etc...

6 - BIBLIOGRAPHIE

[ARN 81]   A. ARNOLD. Synchronous nets of automata and concurrent processes. Rapport de recherche LIUP, n° 11, octobre 81.

[BAR 69]   K.A. BARTLETT, R.A. SCANTLEBURRY et P.T. WILKINSON. A note on reliable full duplex transmission over half duplex links. CACM, vol 12-5, may 69, p. 260-265.

[BOC 78] G.B. BOCHMANN. Finite state description of communication protocols. Computer networks, vol 2, october 78, p. 361-372.

[GIL 62] A. GILL. Introduction to the theory of finite state machines. Mac Graw-Hill, New York, 62.

[GUI 84] P. GUITTON. Description, validation et test de conformité de protocoles de communication. Thèse de 3è cycle, Université de Bordeaux I, janvier 84.

[KOH 70] Z. KOHAVI. Switching and finite automata theory. Mac Graw-Hill, New York, 70.

[LAM 82] S.S. LAM et A.U. SHANKAR. An illustration of protocol projections. Proc. 2nd Int. workshop on protocol specification, testing and verification, may 82.

[MER 76] P.M. MERLIN. A methodology for the design and implementation of communication protocols. IEEE trans on communication, vol COM 24-5, june 76, p. 614-621.

[PAC 82] J.K. PACHL. Reachability problems for communicating finite-state machines. Dept of computer science, University of Waterloo, research report CS-82-12, may 82.

[RAZ 82] R.R. RAZOUK. Modeling X25 using the graph model of behaviour. Protocol specification, testing and verification, North-Holland, p. 297-314, IFIP 82.

[STE 76] N.V. STENNING. A data transfer protocol. Computer networks, vol. 1-2, september 76, p. 99-110.

[VUO 83] S.T. VUONG et D.D. COWAN. Reachability analysis of protocols with FIFO channels. SIGCOMM'83 Symposium, communications architectures and protocols, university of Texas, 8-9 march 83.

[ZAF 80] P. ZAFIROPOULO, H. WEST, H. RUDIN, D.D. COWAN, D. BRAND. Towards analysing and synthesizing protocols. IEEE trans on communication, vol COM 28-4, april 80, p. 651-661.

UNE EXPRESSION DE LA SYNCHRONISATION ET DE L'ORDONNANCEMENT
DES PROCESSUS CONCURRENTS PAR VARIABLES PARTAGEES

H. Bahsoun, C. Bétourné, L. Féraud
Laboratoire Langages et Systèmes Informatiques
Université Paul Sabatier - 118, Route de Narbonne - 31062 Toulouse Cedex

1 - INTRODUCTION

Tout langage destiné à la programmation d'applications faisant intervenir le parallélisme doit contenir le concept de processus et des constructions servant à assurer et à contrôler leur coopération. Dans ce papier, nous présentons un concept appelé Module Contrôlé par Priorité, en abrégé MCP, conçu pour décrire des objets partageables entre les processus. Les objets partagés entre processus ont fait l'objet d'une étude antérieure dans le cadre du langage LEST [BFJR 79] qui proposait une forme d'objet de type abstrait avec contrôleur local. L'expérience acquise lors de l'implantation et de l'utilisation de ce langage, conjuguée à une étude comparative critique avec d'autres concepts analogues, Moniteurs de HOARE [HOA 77] de KESSELS [KES 77], Expression de chemin [HAB 75] et surtout Sérialiseurs de HEWITT [HEW 79] nous ont amenés à proposer le concept de MCP pour représenter les objets partagés. La définition du MCP repose sur l'idée maîtresse qu'il existe deux genres de contrôle à effectuer pour accéder à un objet partagé: ceux dus à l'état intrinsèque de l'objet et ceux provenant du choix d'une politique d'utilisation de l'objet. Ainsi l'objet partagé peut être appréhendé de deux façons différentes:
- une boîte noire accédée par des processus suivant une certaine politique (ordre FIFO par exemple);
- une donnée manipulée par un ensemble d'opérations internes, transparentes au processus et dont la possibilité d'utilisation dépend de l'état de l'objet (on ne peut pas empiler dans une pile pleine par exemple).

De manière plus précise, les objectifs visés lors de la définition des MCP ont été les suivants:

1) Assurer, par une construction linguistique appropriée, l'expression de la politique d'accès à l'objet, sans interférer avec les conditions d'exécution des opérations.

2) Pouvoir donner une expression claire d'une majorité de problèmes de synchronisation, notamment ceux où intervient une information fournie comme paramètre d'appel, tel que le problème de gestion d'un disque à bras mobile [HOA 74].

3) Disposer d'un mécanisme simple pour traiter le blocage et le réveil de manière à obtenir une implantation sans lourdeur et aisée à valider.

Dans cet article, nous exposons la notion et les propriétés du MCP que nous illustrons par des exemples. Nous donnons ensuite un modèle d'implantation en terme de sémaphores.

2 - LES MODULES CONTROLES PAR PRIORITE

2.1 - Structure générale

Conçu pour représenter les ressources, le MCP est un objet de type abstrait partageable entre processus; il comporte:
- des données locales rémanentes constituant la représentation de l'objet,
- des procédures, nommées opérations, agissant sur les données locales, et pouvant s'exécuter en parallèle,
- une partie distinguée prenant en charge l'intégralité des contrôles de l'exécution des opérations appelée le "synchroniseur". Le synchroniseur possède des données privées et constitue une section critique du MCP; son fonctionnement détaillé est exposé dans le paragraphe suivant.

La représentation et le synchroniseur sont totalement invisibles à l'utilisateur du MCP. Les seules entités exportables sont les opérations. Ces dernières décrivent des algorithmes limités à des traitements sur les données rémanentes en excluant toute intervention dans la gestion des accès au MCP et dans le contrôle des opérations. Cette restriction assure l'indépendance entre opérations et synchroniseur.

L'exécution des opérations n'est soumise qu'aux seules contraintes décrites dans le synchroniseur qui peut, a priori, leur laisser un certain degré de parallélisme. Le synchroniseur constitue donc un gardien des opérations sur l'objet, ce qui différencie fondamentalement le MCP du moniteur de HOARE.

2.2 - Les choix fondamentaux pour le synchroniseur

2.2.1 - Prologue et Epilogue d'une opération

Le synchroniseur a pour rôle d'assurer que les conditions d'exécutabilité des opérations, tant du point de vue de la politique d'accès à l'objet que de l'état de celui-ci, sont vérifiées. En conséquence, le synchroniseur associe à chaque opération une alternative. Une alternative se compose de deux suites d'instructions: le prologue et l'épilogue encapsulant l'opération associée. Tout appel d'opération est intercepté par le synchroniseur qui exécute alors le prologue. Après l'opération, l'épilogue est exécuté. Globalement, le comportement du synchroniseur s'apparente à celui d'un sérialiseur, à l'épilogue près. L'épilogue explicite se révèle utile pour matérialiser la modification d'état intrinsèque due à l'opération.

2.2.2 - Le blocage et la notion de priorité

La gestion de la coopération de processus suppose une expression du blocage. D'après nos objectifs, un blocage survient lorsqu'il y a incompatibilité entre, d'une part, l'état intrinsèque ou la politique d'accès à l'objet et, d'autre part, la requête émise par un processus. Le réveil se produit lorsque cette compatibilité est restaurée. L'expression linguistique du blocage dans un synchroniseur est une instruction spécifique faisant apparaître:
- une condition exprimant un état intrinsèque,
- une expression entière exprimant une priorité d'accès à l'objet,

- une file d'attente avec priorité liée bijectivement à la condition.

Condition et file d'attente avec priorité sont des constituants classiques des instructions de blocage rencontrées dans les moniteurs de HOARE ou de KESSELS et dans les sérialiseurs. La différence essentielle réside dans l'interprétation de la priorité: celle-ci est en effet globale pour le synchroniseur et induit une relation d'ordre total sur tous les processus bloqués dans le synchroniseur. Cette propriété est fondamentale car elle permet de mettre en oeuvre facilement les politiques d'ordonnancement de l'accès à la ressource. Nous nommerons processus internes les processus admis dans le synchroniseur et processus externes ceux qui sont en attente de l'entrée dans le MCP. Le processus exécutant le synchroniseur est interne et est appelé courant.

Pour des raisons analogues à celles évoquées par KESSELS (prévention d'erreur de programmation), le réveil est implicite. De plus, la notion de réveil a été abordée en termes plus général d'attribution du contrôle du synchroniseur lors de tout abandon du processus courant. Dans ce cas, le principe directeur adopté consiste en la thésaurisation du contrôle du synchroniseur. Lors de toute libération du synchroniseur le contrôle est attribué, si possible, à un processus interne, à défaut à un processus externe.

2.2.3 - Traitement de paramètres dans les conditions

Dans de nombreux problèmes de synchronisation, la condition de blocage intrinsèque fait intervenir un paramètre par valeur, par exemple le numéro de piste pour la gestion du disque. Cette information est traitée comme une variable locale dans les moniteurs de HOARE; elle ne peut être prise en compte dans le modèle de KESSELS, les conditions ne contenant que des variables globales au moniteur par souci d'efficacité. Ceci limite singulièrement la puissance de ces derniers [AS 83]. La solution adoptée dans le synchroniseur tente d'éviter ces deux écueils. L'expérience montre que le type du paramètre est en général discret et de cardinalité faible. Il n'est donc pas irréaliste d'interpréter une condition où apparaît une telle information comme la notation condensée pour une famille de conditions élémentaires, chaque condition élémentaire étant associée à une valeur possible du paramètre. Cette approche se généralise à l'alternative car le paramètre peut apparaître aussi hors d'une condition. La solution retenue est donc d'associer, dans le synchroniseur, à toute opération pourvue d'un tel paramètre, un vecteur d'alternatives construit sur le mode précédent. Cette construction est à rapprocher de la notion de famille d'entrées pour une tâche en ADA [ANS 83].

2.3 - Structure d'un synchroniseur

2.3.1 - Schéma général

L'allure générale d'un synchroniseur est la suivante:

> Synchroniseur
>
> Données rémanentes, fonctions et procédures locales.
>
> contrôler
>
> Suite d'alternatives
>
> fincontrôler

A chaque opération est associée une alternative ou un tableau d'alternatives suivant la syntaxe ci-après:

pour nom d'opération [(inf..sup)]⇒ [prologue][après épilogue]

où [ ] encadre une partie optionnelle.

2.3.2 - Entrée dans le synchroniseur

Le synchroniseur s'exécute toujours en exclusion mutuelle avec lui-même, d'où la nécessité de bloquer les processus cherchant à entrer dans un prologue ou un épilogue déjà actif. Le blocage de ces processus externes s'effectue dans une file supposée gérée en FIFO (on pourrait introduire des priorités liées aux opérations).

2.3.3 - L'instruction d'attente

L'instruction de blocage (en abrégé attendre) obéit à la syntaxe suivante:

avec <priorité> quand <condition> attendre [<suite d'instructions>] finquand

L'effet de l'instruction attendre est double et peut se schématiser ainsi:

- dans un premier temps attribuer au processus courant la priorité <priorité>
- si cette priorité n'est pas maximale sur l'ensemble des processus internes ou si <condition> est vraie, le bloc <suite d'instructions> est exécuté et le processus est bloqué avec la priorité <priorité>. Dans le cas contraire l'instruction attendre est équivalente à une instruction vide, au calcul de priorité près.

Plus précisément, la priorité dans un MCP obéit aux règles suivantes:

1) Le domaine des priorités est l'ensemble des entiers non négatifs. 0 est la priorité la plus élevée, "pmin" la plus faible (pmin étant l'équivalent de $+\infty$)

2) Tout processus interne possède une priorité. La priorité du processus courant ne peut changer que dans une instruction attendre; en cas de blocage elle n'est pas réévaluée.

3) La priorité induit un ordre total portant sur l'ensemble des processus internes du MCP.

4) Lors d'une instruction attendre, le processus courant prend la priorité <priorité> qu'il y ait blocage ou non. La partie <condition> est une expression booléenne composée de variables du synchroniseur et d'au plus un paramètre. Ce dernier est alors interprété comme un index dans un tableau d'alternatives.

2.3.4 - Le mécanisme de réveil

Le problème du réveil a été abordé dans les MCP en posant le problème plus général de la continuation de l'exécution du synchroniseur lorsque ce dernier arrive en un point d'abandon du processus courant.

Ces points d'abandon sont les suivants:
- blocage lors de l'exécution d'une instruction <u>attendre</u>,
- fin de prologue (donc passage à l'exécution d'une opération),
- fin d'épilogue (donc sortie du MCP).

Dans ces trois cas le mode de passage de contrôle est identique: s'il y a des processus internes, activer un processus de priorité maximale dont la condition de blocage est fausse; sinon, s'il y a des processus externes, activer l'élément de tête, à défaut le synchroniseur devient oisif.

Notons qu'il peut y avoir plusieurs processus internes de priorité maximale. Dans ce cas, l'un d'eux est choisi de façon indéterminée parmi ceux dont la condition associée est fausse. C'est le seul cas où il est nécessaire de réévaluer plusieurs conditions de réveil. Il est à remarquer aussi que, quoiqu'il n'y ait qu'un réveil à la fois, la possibilité d'exécution en parallèle des opérations est assurée par ce mécanisme, car des réveils peuvent s'enchaîner.

Un intérêt fondamental d'une priorité globale apparaît ici: cette priorité évite en effet de réévaluer <u>toutes</u> les conditions associées aux processus en attente, d'où un gain d'efficacité. Un autre avantage est qu'elle permet de décrire plus simplement les politiques d'accès à l'objet, comme nous allons le voir dans les exemples suivants.

3 - EXEMPLES D'UTILISATION DES MCP

Nous présentons dans ce chapitre quelques exemples classiques de problèmes de synchronisation et leur solution en termes de MCP.

Exemple 1 - Accès à un fichier partagé

Nous allons traiter deux variantes du problème bien connu des lecteurs et rédacteurs sur un fichier partagé [COU 71]. Rappelons brièvement que dans tous les cas, les écritures se font en exclusion mutuelle ainsi que lecture et écriture, alors que les lectures peuvent s'effectuer en parallèle. Notons que, par opposition à la solution avec moniteurs, les opérations définies sont, non pas les débuts et fins de lecture et d'écriture, mais les opérations de lecture elles-mêmes. Le prologue et l'épilogue jouent le rôle de début et de fin d'opération.

Variante 1 - Accès suivant l'ordre d'arrivée

On souhaite imposer la politique d'ordonnancement suivante: toute demande de lecture ou d'écriture doit être traitée suivant sa date d'arrivée (ordre FIFO). La priorité dans l'instruction <u>attendre</u> est le numéro d'ordre d'entrée dans la file d'attente; elle est augmentée de 1 lors de tout blocage. Si le fichier est libre, un rédacteur ou plusieurs lecteurs successifs peuvent accéder au fichier sans se bloquer, donc sans augmenter la priorité. Un ou plusieurs lecteurs bloqués seront réveillés si et seulement si le dernier rédacteur entré avant ces lecteurs libère le fichier (voir algorithme 1). Cet exemple montre l'intérêt d'une suite d'instructions associée au blocage. A noter que ce problème ne semble pas avoir de solution simple avec les moniteurs de HOARE.

Variante 2 - Accès avec priorité aux lecteurs avec prévention de famine

Dans cette version, priorité est donnée, en général, aux lecteurs sur les rédacteurs. Toutefois, pour prévenir la famine éventuelle des rédacteurs, la politique suivante est adoptée:

Chaque fois qu'il n'y a pas de lecteurs en attente, un rédacteur bloqué est privilégié, i.e. le plus prioritaire. En conséquence, un lecteur attend non seulement quand il y a une écriture en cours mais aussi quand il y a un rédacteur privilégié. Un rédacteur attend pour devenir privilégié quand il y a une écriture en cours ou un rédacteur privilégié. La solution de ce problème s'appuie sur trois classes de processus de priorités statiques différentes. L'algorithme 2 représente alors le synchroniseur.

Exemple 2 - Gestion d'un disque à bras mobile

La gestion d'un disque à bras mobile suivant la méthode de l'ascenseur [HOA 74] est typiquement un problème d'expression d'une politique d'ordonnancement, plutôt que la formulation d'une synchronisation liée à l'état intrinsèque de l'objet. En effet, l'opération demandée est un transfert sur un cylindre et sa contrainte d'exécution est l'exclusion mutuelle. Par contre, la gestion des demandes non satisfaites fait intervenir le sens de déplacement du bras et le numéro de cylindre demandé. C'est l'exploitation de la notion de priorité dans le synchroniseur qui permet de traiter ce problème.

Dans la solution, on introduit un tableau d'alternatives, chaque alternative étant liée à un cylindre et contenant une file d'attente des processus demandeurs de ce dernier. La valeur de l'expression de la priorité représente la distance parcourue par le bras depuis l'initialisation, en supposant que le bras passe virtuellement toujours sur les cylindres extrêmes (ce qui n'est pas réalisé en fait). La condition de blocage est l'état du disque: occupé ou libre.

Le mouvement du bras est périodique, de période égale à 2*cylmax où cylmax est le numéro du dernier cylindre. Chaque période est délimitée par une borne inférieure "binf" et une borne supérieure "bsup". La borne inférieure est mise à jour chaque fois qu'il y a changement de direction de "haut" vers "bas" et la borne supérieure est mise à jour chaque fois que la direction change de "bas" en "haut".(Voir l'algorithme 3).

4 - MODELE D'IMPLANTATION DU SYNCHRONISEUR

Nous proposons dans ce paragraphe, une description sommaire d'un modèle d'implantation de synchroniseur des MCP en termes de sémaphores. Le modèle présenté est très largement inspiré par celui de KESSELS [KESS 77]. La différence majeure est l'introduction de la priorité qui intervient aussi bien dans le blocage que dans le réveil.

```
l-r: module exporte lire, écrire
        *représentation du fichier*
   lire   : procédure          *opération de lecture* finproc;
   écrire : procédure          *opération d'écriture* finproc;
   synchroniseur
     écriture:booléen := faux;   *vrai si écriture en cours*
     nlc      :entier  := 0  ;   *nombre de lectures en cours*
     rang     :entier  := 0  ;   *numéro d'ordre d'attente*
     contrôler
       pour lire ⇒
           avec rang quand écriture attendre rang:=rang+1 finquand;
           nlc:=nlc+1 après nlc:=nlc-1
       pour écrire ⇒
           avec rang quand écriture ou nlc<>0 attendre rang:=rang+1 finquand;
                  écriture:=vrai après écriture:=faux
     fincontrôler
finmodule: l-r
```

                        Algorithme 1

```
synchroniseur
     prp     :entier  :=0 ;      *priorité d'un rédacteur privilégié*
     prl     :entier  :=1 ;      *priorité d'un lecteur              *
     prr     :entier  :=2 ;      *priorité d'un rédacteur            *
     écriture :booléen :=faux ;
     nlc      :entier  :=0 ;
     contrôler
       pour lire    ⇒
           avec prl quand écriture attendre finquand;
           nlc:=nlc+1 après nlc:=nlc-1
       pour écrire  ⇒
           avec prr quand écriture attendre finquand;
           avec prp quand écriture ou nlc <> 0 attendre finquand;
           écriture:=vrai après écriture:=faux
     fincontrôler
```

Algorithme 2

```
disque : module exporte transfert
   cylmax = 255        ;
   cyl    = 0..cylmax ;
   transfert : procédure *opération de transfert* finproc ;
   synchroniseur
   haut : booléen:=vrai;occupe:booléen:=faux;cc:cyl:=0 ; *cylindre courant*
   binf:entier:=0;bsup:entier:=2*cylmax;
   distance : fonction(x:cyl):entier ;
      *calcule la distance parcourue par le bras jusqu'au cylindrex*
            début
               si(x <cc) ou (x=cc et non haut) alors
                   distance := bsup-x
               sinon distance := binf+x finsi
            finfonc;
   contrôler
   pour transfert(c:cyl) =>
      avec distance (c) quand occupe attendre finquand ;
      occupe:=vrai;
      *modification éventuelle du sens du bras et des bornes*
      si (c >cc et non haut) ou (c<cc et haut) alors
          si haut alors binf := binf + 2*cylmax
          sinon bsup :=bsup + 2*cylmax finsi ;
          haut := non haut finsi ;
      cc := c après occupe := faux
   fincontrôler
finmodule : disque
```

Algorithme 3

4.1 - Principes généraux

Les sémaphores utilisés dans cette implantation sont des sémaphores pourvus de files d'attente avec priorité. L'exclusion mutuelle d'accès pour les prologues ou épilogues est assurée par un sémaphore. A toute instruction attendre est associé un sémaphore privé destiné à recueillir les processus bloqués par cette instruction. Lors de tout abandon du synchroniseur, ce dernier est attribué à un processus de priorité maximale, dont la condition de blocage est fausse, par exécution d'une primitive V.

Parmi les problèmes à traiter, signalons :
- l'entretien d'une variable PRIOMAX évaluée à chaque perte de contrôle, dont la valeur est égale à la priorité d'attribution du synchroniseur ;
- le choix du processus à réveiller, ce qui peut nécessiter la réévaluation de plusieurs conditions dans le cas où il existe plus d'un processus de priorité PRIOMAX.

4.2 - Implantation des différents passages de contrôle

Le synchroniseur contient N conditions de blocage, notées C(1) à C(N).

A chaque condition C(I) est associé un sémaphore privé SEM(I), initialisé à 0. PR(I) désigne la priorité du processus de tête de la file associée à SEM(I) (PR(I) = pmin si elle est vide).

Le sémaphore SEM(0) assure l'exclusion mutuelle d'accès au synchroniseur; il est initialisé à 1.

La fonction CHOISI effectue:
- le calcul de PRIOMAX en fonction des priorités PR(I).
- le choix d'une file d'attente en fonction de la spécification suivante:

soit MINPR = Min{PR(I)/I:1..N}

(CHOISI>0 et PRIOMAX⩽MINPR $\Rightarrow$ non C(CHOISI) et PR(CHOISI)=PRIOMAX)

et (CHOISI=0 et PRIOMAX⩽MINPR $\Rightarrow$ non ($\exists$ I:1..N/non C(I) et PR(I)= PRIOMAX))

Les différents passages de contrôle sont implantés comme suit:

a) Entrée dans le prologue ou l'épilogue

P(SEM(0),0)

b) Instruction ATTENDRE

L'intruction

avec <prio> quand C(I) attendre <suite d'instructions> finquand est traduite par:

    R:=<prio>;

    si (R>PRIOMAX) ou C(I) alors

        <suite d'instructions>

        V(SEM(CHOISI));

        P(SEM(I),R)

    finsi

c) Sortie de prologue ou d'épilogue

V(SEM(CHOISI))

L'intégralité de cette implantation est fournie dans [BAH 83]. Cette implantation y est validée à l'aide d'assertions.

La validation suppose que l'exécution de V se fait sans perte de contrôle.

5 - CONCLUSION

Au terme de cette étude, il convient de comparer la construction proposée avec les objectifs fixés dans le premier paragraphe. La notion de priorité globale pour les processus internes au synchroniseur semble être un outil commode pour exprimer des politiques d'ordonnancement indépendamment des conditions de blocage. Ce mécanisme de priorité peut apporter une contribution intéressante pour assurer l'équité et la prévention de la famine. En effet, si octroyer des privilèges est une politique d'ordonnancement, en empêcher l'attribution en est aussi une. De plus le tableau d'alternatives servant à traiter un paramètre dans les conditions paraît être un compromis acceptable, compte tenu des exemples traités. La parenté entre le synchroniseur des MCP et le sérialiseur laisse supposer qu'une formulation des passages de contrôle du synchroniseur en terme de continuations [HB 78] est possible. Cette parenté a aussi été exploitée au niveau formel en adaptant partiellement les lois de HEWITT et BAKER de manière à obtenir une description complète du comportement du synchroniseur en termes d'événements. Ce résultat permet ainsi de fournir à l'utilisateur des MCP un moyen d'effectuer des preuves: ainsi l'absence de famine dans l'exemple 2 variante 2 a pu être démontrée [BAH 83].

BIBLIOGRAPHIE

[ANS 83] Reference manual for the ADA programming language
ANSI/MIL-STD 1815A (Jan. 1983)

[AS 83] G. ANDREWS, F. SCHNEIDER. "Concepts and notations for concurrent programming". TR 82-530. Cornell University. Septembre 1982

[BFJR 79] C. BETOURNE, L. FERAUD, J. JOULIA, J.M. RIGAUD.
Manuel de référence du langage LEST . Rapport LSI N° 134
Octobre 1979

[BAH 83] H. BAHSOUN. "Une expression du contrôle des objets partagés: le Module Contrôlé par Priorité". Thèse de 3ème cycle.
Laboratoire LSI. Université Paul Sabatier - Toulouse - 1983

[COU 71] COURTOIS & Alt. "Concurrent control with readers and Writers".
CACM 14, 10 October 1971, pp 667-668

[HAB 75] A.N. HABERMANN, Path expressions, Technical report, Carnegie Melon University, Juin 1975

[HB 78] C. HEWITT, H. BAKER. "Actors and continuous functionals". Formal Description of Programming Concepts, E.I. Neuhold (ed.). North Holland Publishing Company . 1978

[HB 77] C. HEWITT, H. BAKER. "Laws for communicating parallel processes".
Information processing 77, B.G.H. CHRIST, Editor IFIP, North Holland Publishing Company. 1977

[HEW 79] C. HEWITT, R. ATKINSON. "Specification and proof techniques for serializers". IEEE transactions of software engineering. January 1979
pp 10-13

[HOA 74] C.A.R. HOARE. "Monitors, an operating structured concept". CACM 17.10
October 1974, pp 549-557

[KESS 77] J.L.W. KESSELS. "An alternative to event queues for synchronization in Monitors". CACM 20,7 July 1977, pp 500-503

SEMANTIQUES COMPAREES DES SYSTEMES DE PROGRAMMATION
FONCTIONNELLE FP ET FFP DE J.W. BACKUS.

Patrick BELLOT
LITP et Institut de Programmation
Université Pierre et Marie CURIE
Tour 55-65 , bureau 410
4 place Jussieu , 75230 PARIS Cedex 05

I) INTRODUCTION

Si nous acceptons l'idée qu'un programme n'est que la description d'une fonction, plus exactement la description intensionnelle (contrainte) d'une fonction par son processus de calcul, il est naturel que les théoriciens de la programmation utilisent de plus en plus souvent des structures fondées sur la notion de fonction telles que la Logique Combinatoire [7,8,12] ou le Lambda-Calcul [3,11]. La théorie des URS que nous allons utiliser est issue de la théorie de la Calculabilité de KLEENE [9] dont elle se veut une généralisation sans doute mieux adaptée à l'étude des langages de programmation [15,16,17].

Nous savons grâce à SCHOENFINKEL et d'autres mathématiciens qu'il est possible de programmer sans variables, ce que nous propose J.W. BACKUS avec ses systèmes FP et FFP. La sémantique de ces nouveaux systèmes issus des anciens "red-langages" est encore imprécise et il est souhaitable de mieux la connaitre et de faire le tri des solutions proposées. Il importe également de clarifier leurs mécanismes en formalisant les propositions de J.W. BACKUS de manière rigoureuse.

En suivant B. ROBINET [12] , nous allons poser le problème de l'existence conjointe des deux systèmes FP et FFP. Nous montrerons que moyennant une fonction APPLY un système FP a exactement la même puissance qu'un système FFP ayant les mêmes opérateurs primitifs.

Nous décrirons un algorithme de dérécursivation syntaxique dans les FFP qui sera programmable dans ces systèmes, qui remplace une récursivité syntaxique par l'utilisation de la règle de Métacomposition , ce qui prouve une fois de plus que cette règle est un opérateur de point-fixe. Lors de la démonstration de ces résultats nous ferons apparaitre que les FFP ont une structure de NURS (Normed URS). Ceci nous permettra de montrer que les fonctions partielles récursives [9,14] sont toutes représentables dans un système FFP et que ces systèmes possèdent un opérateur de point-fixe extensionnel.

L'équivalence entre FP≠{APPLY} et FFP est fondamentale, elle signifie que l'on peut se passer de la règle de Métacomposition, lourd système de réécriture, au profit de la fonction APPLY et que les FP suffisent à exprimer toute la puissance des systèmes FFP.

II) LES SYSTEMES FP : FUNCTIONAL PROGRAMMING SYSTEMS

Nous nous contenterons de quelques rappels. Un système FP est caractérisé par trois ensembles et son opération d'<u>application</u> notée ":" en position infixée.

L'ensemble des <u>objets</u> est noté O. Il contient les valeurs du système. Une fonction s'applique à un objet et le résultat de cette application est un objet lorsqu'il existe. L'ensemble O est composé des atomes et des listes construites inductivement à partir de ces atomes. Quelques atomes sont remarquables: les valeurs logiques TRUE et FALSE, NIL qui représente la liste vide , les entiers relatifs -2,-1,0,1,2,... et ERR interprété comme l'erreur. Tout objet contenant ERR sera égal à ERR par convention.

L'ensemble des <u>opérateurs primitifs</u> est noté P. Ces opérateurs sont les fonctions de base du système. Toute autre fonction sera le résultat de l'application d'un opérateur fonctionnel à un nombre adéquat de fonctions. Ces opérateurs sont empruntés à LISP et APL et sont tous unaires. Ceux d'entre eux qui sont naturellement n-aires comme CONS pour les listes ou ADD pour les nombres prennent leurs arguments sous forme de liste. Citons les plus courants: CAR , CDR , CONS pour les listes, ADD , SUB , PROD , DIV pour les nombres, NOT , OR , AND pour les valeurs logiques. Les projections 1,2,3,...

L'ensemble des <u>opérateurs fonctionnels</u> est noté F. Le résultat de l'application d'un opérateur fonctionnel est une forme fonctionnelle. Il en existe huit types dont voici la description:

<u>La composition</u>: (FoG) , F et G sont des fonctions
$$(FoG):X = F:(G:X)$$

<u>La construction</u>: $[F_1,...,F_n]$, $F_1,...,F_n$ sont des fonctions
$$[F_1,...,F_n]:X = \langle (F_1:X),...,(F_n:X) \rangle$$
où $\langle a,b,c,...\rangle$ dénote la liste de composantes a,b,c,...

<u>La conditionnelle</u>: (P ⟶ F ; G) , P,F et G sont des fonctions
$$(P \longrightarrow F ; G):X = \begin{cases} (F:X) & \text{si } P:X=\text{TRUE} \\ (G:X) & \text{si } P:X=\text{FALSE} \\ \text{ERR} & \text{sinon} \end{cases}$$

<u>La constante</u>: !X , X est un objet
$$!X:Y = X$$

<u>La réduction:</u> %F , F est une fonction
$$\%F:X = \begin{cases} X_1 \text{ si } X \text{ est la liste } \langle X_1 \rangle \\ F:\langle X_1, \%F:\langle X_2,\ldots,X_n \rangle \rangle \text{ si } X \text{ est la liste } \langle X_1,\ldots,X_n \rangle \text{ avec } n \geq 2 \end{cases}$$
<u>La distribution:</u> &F , F est une fonction
$$\&F:X = \begin{cases} \text{NIL si } X=\text{NIL} \\ \langle (F:X_1),\ldots,(F:X_n) \rangle \text{ si } X \text{ est la liste } \langle X_1,\ldots,X_n \rangle \end{cases}$$
<u>Le binaire-unaire:</u> (BINU F X) , F est une fonction et X un objet
   (BINU F X):Y = F:$\langle X,Y \rangle$
<u>Le tant-que:</u> (WHILE P F) , P et F sont des fonctions
$$(\text{WHILE P F}):X = \begin{cases} (\text{WHILE P F}):(F:X) \text{ si } P:X=\text{TRUE} \\ X \text{ si } P:X=\text{FALSE} \\ \text{ERR sinon} \end{cases}$$

Une <u>définition de fonction</u> est une expression de la forme (DEF A=F) où A est un identificateur qui va servir de nom à la fonction et F est une forme fonctionnelle qui sera le corps de la fonction définie.
Un <u>programme</u> est un ensemble de définitions de fonctions suivi d'une expression à évaluer. Les <u>expressions</u> sont définies par induction:
   - tout objet est une expression
   - si F est une fonction et E une expression ,(F:X) est une expression
   - règle de fermeture
L'expression est évaluée dans le <u>contexte</u> formé par les définitions de fonctions en suivant les règles suivantes:
- si l'expression est un objet X , le résultat est X lui-même
- si l'expression est de la forme (F:E) où E n'est pas un objet , on évalue E qui donne un objet X puis on évalue (F:X)
- si l'expression est de la forme (F:X) où X est un objet , on **tra**ite selon F:
   . si F est un opérateur primitif , on applique la règle qui le définit
   . si F est une forme fonctionnelle , on applique également sa règle de définition
   . si F est un identificateur défini par (DEF F=G) , on évalue (G:X)

Le principal inconvénient des FP est la scission entre les objets et les fonctions. Aucune fonction ne peut être argument ou résultat d'une autre fonction , ce qui élimine d'emblée toute idée de fonctionnelles. Il est impossible de construire dynamiquement une fonction. Durant les calculs , l'ensemble des fonctions disponibles ne peut être changé. De même , les systèmes FP ne peuvent pas naturellement posséder de métafonction APPLY vérifiant:

$$\text{APPLY} : \langle F , X \rangle = F : X$$

En effet, dans le membre de gauche de cette formule, X est la désignation d'un objet (c'est un argument) mais dans le membre de droite X désigne une fonction. Or l'ensemble des objets et celui des fonctions sont disjoints.

Pour corriger ces défauts importants (du fait de l'absence de fonction APPLY, un FP ne peut être son propre métasystème), il fallait plonger les FP dans un système plus vaste. C'est ce que fait J.W. BACKUS en proposant les FFP.

III) LES SYSTEMES FFP

Les systèmes FFP (Formal system for Functional Programming) sont des extensions des systèmes FP. Dans un FFP, les objets et les opérateurs primitifs sont définis comme dans les FP. La différence fondamentale provient du fait que les formes fonctionnelles n'existent plus et sont représentées par des objets. Tout objet représente une fonction, peut-être partout indéfinie, et toute fonction est représentée par un objet. On définit les __expressions__ par induction:
- tout objet, atome ou liste, est une expression
- toute liste d'expressions est une expression
- si E et F sont des expressions, (E:F) en est une
- règle de fermeture

Un __programme__ est ici aussi un ensemble de définitions suivie d'une expression à évaluer dans le contexte formé par ces définitions.

La __sémantique__ est donnée à l'aide de deux fonctions: la fonction de valuation v,

$$v : \text{Expressions} \longrightarrow \text{Objets}$$

qui associe à une expression sa valeur en tant qu'objet, et la fonction de représentation r,

$$r : \text{Objets} \longrightarrow (\text{Objets} \longrightarrow \text{Objets})$$

qui associe à tout objet son "sens" en tant que fonction.

La __règle de Métacomposition__ s'énonce:

$$r(\langle X_1,\ldots,X_n \rangle) : Y = r(X_1) : \langle \langle X_1,\ldots,X_n \rangle , Y \rangle$$

Cette règle permet aux listes de représenter des fonctions et plus particulièrement les formes fonctionnelles sous forme de listes. Par exemple, la composition (FoG) sera décrite par une liste $\langle \text{COMP},F,G \rangle$ où COMP est un nouvel opérateur primitif vérifiant:

$$\text{COMP} : X = \begin{cases} F:(G:Y) & \text{si } X \text{ est de la forme } \langle\langle U,F,G\rangle,Y\rangle \\ \text{ERR} & \text{sinon} \end{cases}$$

On définit ainsi huit nouveaux opérateurs primitifs, un pour chaque forme fonctionnelle existante dans les systèmes FP. On peut alors

plonger canoniquement les FP dans les FFP. Dans les FFP , il n'y a plus
de problèmes d'arguments et de résultats fonctionnels. En effet , une
fonction sera donnée en argument à une autre fonction sous forme de
liste. Plus rien n'interdit la fonction APPLY.
Cependant , la programmation dans ces systèmes est malaisée car la
règle de Métacomposition , seul outil du système , est difficile à
appréhender pour l'esprit humain et les notations induites prennent des
proportions gigantesques , rendant la relecture des programmes presque
impossible.

IV) LES URS : STRUCTURES UNIFORMEMENT REFLEXIVES

Les URS sont des structures algébriques inventées par WAGNER et STRONG
dans le but de donner une approche axiomatique de la théorie de la
Calculabilité en faisant abstraction du domaine où sont étudiées les
fonctions.

Définition d'une URS: Une URS est une structure applicative $\langle U,i,k,s,d,*\rangle$
où U est un ensemble muni d'une loi de composition interne notée "."
en position infixée. i,k,s,d,* sont des éléments de U vérifiant les
axiomes suivant où a,b,c,a',b' sont des éléments de $U-\{*\}$:

1) $*.a = *$, $a.* = *$, $*.* = *$
2) $i.a = a$
3) $k.a.b = a$
4) $s.a.b \neq *$, $s.a.b.c = a.c.(b.c)$
5) $a=b \longrightarrow d.a.b = k$
   $a \neq b \longrightarrow d.a.b = k.i$
6) $i \neq k$
7) $s.a.b = s.a'.b' \longrightarrow a=a'$ et $b=b'$

"." est interprété comme étant l'application et nous omettrons quelques
fois son symbole. * dénote la notion d'"erreur".

Il est possible de rendre compte de la notion de longueur de calcul ,
détail oublié par WAGNER et STRONG , en définissant une norme:

Définition d'une NURS: Une NURS (Normed URS) est une URS munie d'une
application:

$$N : U \times U \longrightarrow N \cup \{\infty\}$$
$$(x,y) \longmapsto N(x,y)$$

vérifiant:
- $N(x,y)= \infty$ si et seulement si $x.y=*$
- si $N(s.x.y,z) \neq \infty$ alors: $N(s.x.y,z) > N(x.z,y.z)+N(x,z)+N(y,z)$

L'interprétation recherchée pour cette norme est celle de "mesure de
la complexité des calculs"[4].

On a les résultats suivants énoncés sans démonstrations:

<u>Théorème de Point-fixe</u>: Dans toute URS il existe un élément noté Y tel que si f et a sont éléments de U-{*} :
- Y.f ≠ *
- Y.f.a = f.(Y.f).a

Y est appelé un <u>opérateur de point-fixe extensionnel</u>.

<u>Théorème de représentation</u>: Les fonctions partielles récursives [9,14] sont représentables dans toute NURS.
On trouvera une démonstration de ce résultat dans [4].

<u>Théorème de Modélisation</u>: Il existe un modèle des systèmes FP , FFP et FP+{APPLY} dans toute NURS.
Ce résultat à été démontré dans [6] en construisant un modèle de chacun de ces systèmes dans le WS-Calcul , qui est une NURS particulière 4 . Or toute NURS est une extension conservative du WS-Calcul.

V) <u>LES FFP ONT UNE STRUCTURE DE NURS , CONSEQUENCES</u>

Nous monttons ce résultat en deux étapes : la structure d'URS puis la construction d'une norme.

<u>Théorème 1</u>: Les systèmes FFP ont une structure d'URS.

<u>démonstration</u>: l'ensemble U des éléments de l'URS est l'ensemble des objets du système FFP. L'application "." de l'URS est aussi ":" , celle du FFP. Il nous reste à construire des éléments *,I,K,S,D vérifiant les axiomes de la théorie des URS:

<u>Elément I</u>: c'est la fonction identité ID des FFP qui vérifie
$$ID : X = X$$
par définition. L'axiome 2 est donc aussi vérifié.

<u>Elément *</u>: c'est l'élément ERR du système qui vérifie par convention,
$$ERR : X = ERR \quad , \quad X : ERR = ERR \; , \; ERR : ERR = ERR$$
L'axiome 1 des URS est donc vérifié.

<u>Elément K</u>: on doit avoir K:X:Y = X pour tous les objets X et Y. On cherche K tel que: K:X = ⟨CSTE,X⟩ la fonction constante égale à X. Il suffit de prendre: K = ⟨CSTR , ⟨CSTE , CSTE⟩, ID ⟩ , soit en notation FP: K = [!CSTE , ID]   et l'axiome 3) est vérifié.
On vérifie aisément que K et I sont différents car I est un atome et K est une liste donc l'axiome 6 est aussi vérifié.

<u>NB</u>: Dans la suite , nous utiliserons indifféremment la syntaxe des FP ou bien celle des FFP , mais il ne faut pas perdre de vue qu'une forme fonctionnelle même écrite en syntaxe FP reste une liste. Cela a pour but de réduire la longueur des écritures et de les rendre plus lisibles.

Elément S: Cherchons U tel que: $\langle U, A, B \rangle : X = A : X : (B : X)$

Nous avons: $\langle U,A,B \rangle : X = U : \langle\langle U,A,B \rangle, X \rangle$, il faut donc poser:

U = APPLY o [APPLYo[2o1,2], APPLYo[3o1,2]]
  = APPLYo(&APPLY)o[[2o1,2],[3o1,2]]

Puis nous cherchons V tel que: $\langle V,U,A \rangle : X = \langle U,A,X \rangle$, nous avons:
$\langle V,U,A \rangle : X = V : \langle\langle V,U,A \rangle, X \rangle$, il suffit donc de poser:

V = [2o1, 3o1, 2].

On définit alors S par: S = $\langle V, V, U \rangle$

On a: S:A = $\langle V,V,U \rangle$:A = $\langle V,U,A \rangle$ par définition de V ,

Puis: S:A:B = $\langle V,U,A \rangle$:B = $\langle U,A,B \rangle$ par définition de V ,

Si A≠ERR et B≠ERR, alors S:A:B=$\langle U,A,B \rangle$ ≠ERR donc la première partie de l'axiome 4 est vérifiée. La deuxième partie est aussi vérifiée par construction de U.

D'autre part: S:A:A' = S:B:B' implique $\langle U,A,A' \rangle = \langle U,B,B' \rangle$ et donc A=A' et B=B' par application des deuxièmes et troisièmes projections. Ce qui vérifie l'axiome 7.

Elémént D: Soit D1 tel que: $\langle D1,A \rangle$:B = K si A=B, K:I sinon

Comme $\langle D1,A \rangle$:B = D1:$\langle\langle D1,A \rangle,B \rangle$ il suffit de poser:

$$D1 = EQo[2o1,2] \longrightarrow !K \; ; \; !\langle CSTE,I \rangle$$

Puis nous définissons   D = [!D1, ID] qui satisfait l'axiome 5 de la théorie des URS.

On a ainsi vérifié tous les axiomes donné en IV.

Théorème 2: Les systèmes FFP ont une structure de NURS.

démonstration: il suffit de prouver l'existence d'une norme dans les FFP. Définissons une application N de la façon suivante:

a) Si X est un opérateur primitif, on pose: $N(X,Y) = 1$ si X:Y est défini, $N(X,Y) = \infty$ si X:Y=ERR.

b) Si F est un identificateur défini par (DEF F = G), on pose:
   $N(F,X) = 1 + N(G,X)$

c) Si F=APPLY et Y=$\langle U,V \rangle$, on pose: $N(F,Y) = 1 + N(U,V)$

d) Si F est une liste de première composante F_1, on pose:
   $N(F,X) = 1 + N(F_1, \langle F,X \rangle)$

On montre que l'application N ainsi définie est une norme au sens de BARENDREGT en examinant la suite des triplets (X_i, Y_i, n_i) tels que:

$N(X,Y) = n_1 + N(X_1,Y_1) = n_2 + N(X_2,Y_2) = \ldots\ldots = n_i + N(X_i,Y_i) = \ldots$

Nous allons examiner les conséquences immédiates de ce théorème avant de démontrer le résultat principal concernant les FP+{APPLY}.

__Conséquence 1__: Les fonctions partielles récursives sont représentables dans les systèmes FFP. En effet, les fonctions partielles récursives sont représentables dans toute URS munie d'un ensemble successeur semi-décidable. Toute NURS possède un tel ensemble. La thèse de CHURCH énonce que ces fonctions sont exactement toutes les fonctions effectivement calculables. On peut donc affirmer que tout ce qui est programmable l'est théoriquement dans les FFP.

__Conséquence 2__: Les systèmes FFP sont munis d'un opérateur de point-fixe extensionnel. C'est à dire qu'il existe un objet Y tel que pour tous les objets F et X du système, nous avons:

   Y : F $\neq$ ERR
   Y : F : X = F : (Y : F) : X

Ce point-fixeur est donné par un théorème de la théorie des URS et est constructible en fonction de S,K et I définis précédemment.

__Proposition__: Soient E une expression des FFP et X un atome, alors il existe un objet noté $\lambda X.E$ tel que:

   $\lambda X.E$ ne contient pas l'atome X
   $(\lambda X.E):Y = s(X,Y,E)$ où $s(X,Y,E)$ désigne l'expression E dans laquelle on a remplacé toutes les occurrences de l'atome X par l'objet Y.

__démonstration__: nous construisons $\lambda X.E$ par induction sur la structure de l'expression E:
. si E est l'atome X, $\lambda X.E = I$
. si E est un atome différent de X, $\lambda X.E = K:E$
. si E est une liste $\langle E_1,...,E_n \rangle$, $\lambda X.E = [(\lambda X.E_1),...,(\lambda X.E_n)]$
. si E est une application (A:B), $\lambda X.E = S:(\lambda X.A):(\lambda X.B)$

On remarquera que cet algorithme d'abstraction s'inspire largement de ceux utilisés en Logique Combinatoire ou dans les URS, la différence provenant de la structure de liste inexistante dans ces théories. On montre la correction de cet algorithme par induction sur la structure de l'expression E.

__Conséquence 3__: Pour toute traduction en syntaxe FFP d'une fonction des systèmes FP, il existe une définition sans récursivité syntaxique de la même fonction. De plus cette version dérécursivée est donnée par un algorithme programmable dans les FFP.

__démonstration__: soit F une fonction définie dans un système FFP et soit (DEF F = E(F)) sa définition. Nous commençons par calculer $\lambda F.E(F)$ qui vérifie par construction: $(\lambda F.E(F)):Y = E(Y)$
Puis nous posons (DEF G = Y:($\lambda F.E(F)$)). Le problème est donc de montrer que F et G rendent un même résultat si elles ont le même

argument. Lorsque nous essayons de démontrer ce résultat , il apparait qu'une classe de fonctions n'est pas dérécursivable par ce procédé: la fonction et sa version dérécursivée ne sont pas extensionnellement égales. Le phénomène est relativement facile à cerner : si F est une fonction telle que le calcul de (F:X) dépende du résultat de (ATOM:F) qui vaut TRUE alors le calcul de $((Y:(\lambda F.E(F))):X)$ dépendra du résultat de $(ATOM:(Y:(\lambda F.E(F))))$ qui vaut FALSE car $(Y:(\lambda F.E(F)))$ est une liste. Cette classe de fonctions "désagréables" ne contient pas les fonctions des systèmes FP puisqu'en aucun cas une fonction ne peut être argument d'une autre fonction. Remarquons que les fonctions sur lesquelles l'algorithme échoue calculent des résultats connus , on sait que (ATOM:F)=TRUE , et que la restriction du domaine d'application de l'algorithme est donc de peu d'importance.

J.H. WILLIAMS [15] a fourni un algorithme de dérécursivation dont les résultats sont plus intuitifs et plus simples que ceux rendus par notre algorithme. Cependant l'algorithme de WILLIAMS ne concernent que les fonctions des systèmes FP. Il est plus restrictif.

<u>Remarque</u>: Les algorithmes donnés ci-dessus sont programmables dans les systèmes FFP et ils l'ont été avec succés dans le système JYM 1.0 [5].

VI) <u>EQUIVALENCE ENTRE FFP ET FP+ APPLY</u>

En suivant B. ROBINET [8] , nous allons montrer que les systèmes FFP et les systèmes FP augmentés de la métafonction APPLY ont exactement la même puissance. Cela signifie que si une fonction est programmable dans l'un des deux systèmes , elle le sera aussi dans l'autre.

<u>Définition d'un système FPA</u>: Dans un système FPA , les opérateurs primitifs et les identificateurs sont des objets. L'ensemble P des opérateurs primitifs est augmenté d'un nouvel opérateur APPLY défini par :

$$APPLY : X = \begin{cases} U:V \text{ si } X=\langle U,V\rangle \text{ et U est un opérateur} \\ \qquad\quad \text{primitif ou un identificateur} \\ \qquad\quad \text{de fonction définie} \\ ERR \text{ sinon} \end{cases}$$

La fonction APPLY prend un objet comme argument mais son résultat n'en est pas un , c'est une expression qu'il faudra évaluer.

   a) <u>Les systèmes FPA sont aussi puissants que les systèmes FFP.</u>

Les fonctions des systèmes FFP s'appliquent à des objets et ont pour résultats des objets de ces systèmes. Si F et X sont des objets , il existe un objet Y (on peut avoir Y=ERR) tel que F:X = Y pourvu

que l'application de F à X soit définie. F,X et Y sont des objets du
FFP mais ce sont aussi des objets du système FPA ayant même ensemble
d'opérateurs primitifs. Notre but va être de construire une fonction
EXEC telle que:

$$FFP \models F:X=Y \quad \text{si et seulement si} \quad FPA \models EXEC:\langle F,X\rangle=Y$$

pour tous les objets F,X et Y du système.

<u>Construction de la fonction EXEC:</u>
Si son argument n'est pas une liste à deux composantes, le résultat
est ERR. Etudions le cas ou son argument est une liste $\langle F, X\rangle$:

. si F est un opérateur primitif différent de APPLY, F et X sont commun aux deux systèmes et l'application de F à X fournira le même résultat dans les deux systèmes. Nous poserons: Résultat $\equiv$ APPLY :$\langle F, X\rangle$

. si F est l'atome APPLY, il faut que X soit de la forme $\langle U,V\rangle$. Le
résultat doit être (U:V) dans le FFP, il sera donc EXEC:$\langle U,V\rangle$ dans
le FPA. Nous poserons: Résultat $\equiv$ EXEC : $\langle U, V\rangle \equiv$ EXEC : X

. si F est un identificateur défini par (DEF F = G), dans le FFP, le
résultat sera (G:X). C'est pourquoi à chaque définition (DEF F = G)
dans le FFP, nous ferons correspondre la définition (DEF F=EXECō[!G,I])
dans le système FPA. Ainsi APPLY:$\langle F,X\rangle$ = EXECo[!G,I]:X = EXEC:$\langle G,X\rangle$
et nous posons: Résultat $\equiv$ APPLY :$\langle F, X\rangle$

. si F est une liste $\langle X_1,\ldots,X_n\rangle$, le résultat est $X_1:\langle F, X\rangle$ dans
le FFP par application de la règle de métacomposition, nous poserons
donc: Résultat $\equiv$ EXEC : $\langle X_1, \langle F,X\rangle\rangle$

. si F est un atome qui n'est ni un opérateur primitif ni un identificateur défini , le résultat doit être ERR , ce résultat est obtenu en
posant dans le FPA: Résultat $\equiv$ APPLY :$\langle F, X\rangle$

Compte tenu du fait que toute fonction d'un FFP est un objet , nous
avons traité tous les cas possibles , en résumé:
. si F est un atome différent de APPLY: APPLY :$\langle F, X\rangle$
. si F est l'atome APPLY :   EXEC : X
. si F est une liste: EXEC : $\langle$(CAR:F) ,$\langle F, X\rangle\rangle$

Bien que nous ayons supposé que les deux systèmes ont même ensemble
d'opérateurs primitifs , il existe huits opérateurs qui n'ont pas de
raisons d'exister dans le FPA mais qui existent dans le FFP. Il s'agit
des opérateurs servant à définir les formes fonctionnelles sous forme
de listes dans les FFP. Il nous faut les reprogrammer dans le FPA en
se servant de la fonction EXEC. Nous traitons ici la cas de COMP qui
est tel que: $\langle$COMP , F , G$\rangle$: X = F : (G : X)

L'atome COMP doit vérifier :   COMP : ⟨⟨COMP,F,G⟩ , X⟩ =   F : (G : X)
dans le FFP et donc: COMP : ⟨⟨COMP,F,G⟩, X⟩ = EXEC : ⟨ F , EXEC:⟨G,X⟩⟩
dans le FPA. Ce qui conduit à poser:
   DEF COMP = EXEC o [2o1 , EXEC o [3o1 , 2]]

Voici la version complète du programme EXEC tel qu'il est programmé:

DEF   COMP   =   EXECo[2o1,EXECo[3o1,2]]
DEF   CSTR   =   HCSTRo[CDRo1,2]
DEF   HCSTR =   NULLo1 ⟶ !NIL ; CONSo[EXECo[1o1,2],HCSTRo[CDRo1,2]]
DEF   COND   =   EXECo[2o1,2] ⟶ EXECo[3o1,2] ; EXECo[4o1,2]
DEF   CSTE   =   2o1
DEF   REDU   =   NULLoCDRo2 ⟶ 1o2 ; EXECo[2o1,[1o2,EXECo[1,CDR]]]
DEF   DIST   =   NULLo2 ⟶ !NIL ; CONSo[EXECo[2o1,1o2], EXECo[1,CDR]]
DEF   WHILE =   EXECo[2o1,2] ⟶ EXECo[1,EXECo[3o1,2]]; 2
DE   BINU   =   EXECo[2o1,[3o1,2]]
DEF   COUPLE =   ATOM ⟶ !FALSE ;
                 EQo[LENGTH,!2] ⟶ !TRUE ; !FALSE
DEF   EXEC   =   NOToCOUPLE ⟶ !ERR ;
                 ATOMo1 ⟶ ((BINU EQ APPLY)o1 ⟶ EXECo2 ; APPLY);
                 EXECo[1o1,ID]

En plus de ces définitions , il est nécessaire de remplacer toute définition (DEF A = E) du FFP par une définition (DEF A = EXECo[!E,ID])
dans le FPA.

<u>Définition</u>: Soit E une expression du système FFP , on définit T(E)
par induction sur la structure de E:
   - si E est un atome , T(E) $=$ E
   - si E est une liste ⟨X_1,...,X_n⟩ , T(E) $=$ ⟨T(X_1),...,T(X_n)⟩
   - si E est une application (F:X) , T(E) $=$ EXEC:⟨T(F),T(X)⟩

On a alors le résultat suivant:

<u>Théorème</u>: Si E est une expression du système FFP et X un objet , alors:

   FFP = E = X   si et seulement si   FPA = T(E) = X

Bien que longue , la démonstration de ce résultat ne pose pas de problèmes majeurs.

b) **Les systèmes FFP sont aussi puissants que les systèmes FPA.**

Dans [6] , nous avons construit un modèle des FPA dans toute structure de NURS. Or les systèmes FFP sont des NURS. D'où:

Proposition: Il existe un modèle des systèmes FPA dans tout FFP.
Tout ce qui est programmable dans un système FPA l'est donc aussi dans un système FFP, ce qui démontre la deuxième partie de notre résultat.

Théorème: Un système FFP et un système FPA ayant même ensemble P d'opérateurs primitifs ont exactement même puissance.

BIBLIOGRAPHIE

[1]: J.W. BACKUS , Can programming be liberated from the Von Neumann style? dans CACM , Vol 21 , N° 8 , pp 613-641 , 1978

[2]: J.W. BACKUS , Reduction languages and variable-free programming, dans IBM Research report , RJ 1010 , 1972

[3]: H.P. BARENDREGT , Normed Uniformly Reflexives Structures, dans Notes on Logic and computer sciences , LOCOS 24 , Janvier 1975

[4]: H.P. BARENDREGT , The lambda-calculus , North Holland Pub. V103

[5]: P. BELLOT , Systèmes de programmation sans variables , Compte-rendus de l'Académie des Sciences , I 274

[6]: P. BELLOT , Propriétés Logico-Combinatoire des systèmes de programmation sans variables , Thèse de 3ème cycle , dec. 1983

[7]: C. BOEHM , Combinatory foundations of functional programming , ACM, Symposium on Lisp and functional programming , 1982

[8]: H.B. CURRY , Combinatory Logic Vol. I , North Holland , 1958

[9]: S.C. KLEENE , Introduction to meta-mathematics , Van Nostrand NY

[10]: J. Mac CARTHY , A basis for mathematical theory of computer sciences , computer programming and formal system , Bradford & Hircshing , North Holland 1963 , pp 33-70

[11]: J.F. PERROT , Lisp et lambda-calcul , dans Lambda-calcul et semantique formelle des langages de programmation , Actes de la 6ème école de printemps d'informatique théorique, Litp-Ensta 1978

[12]: B. ROBINET , Un modèle Logico-combinatoire des systèmes de Backus Publications Litp 80-21 , 1980

[13]: B. ROBINET , Programmation sans variables ou la Logique Combinatoire à la Backus , Grosplan Afcet , Cargese 1979

[14]: H. ROGERS , Theory of recursive functions and effective computability , 1967 , Mac Graw Hill

[15]: H.R. STRONG , Algeabrically generalized recursive function theory IBM J. of Research and development , 1968 , pp 465-475

[16]: E.G. WAGNER , URS : an axiomatic approach to computability , Information sciences , vol I , 1968

[17]: E.G. WAGNER , URS : on the nature of Godelisation and relative computability , Trans. Amer. Math. Society 1969 , pp 1-41

[18]: J.H. WILLIAMS , Formal representations of recursively defined functional programs , Proc. Penniscola 1981 , pp 460-470

LE TYPE ABSTRAIT "VECTEUR" ET LES METHODES DE PROGRAMMATION DES ORDINATEURS
VECTORIELS

A. Bossavit
EDF, Etudes et Recherches,
92141 Clamart

Y a-t-il des méthodes de programmation propres aux machines vectorielles (Cray-1 Cyber 205, DAP d'ICL, AP-120 B de FPS, etc.) ? A lire la masse de publications qui leur sont consacrées /1-5/, on est porté à le penser. Les méthodes proposées, par exemple la réduction cyclique ou le "doublement récursif" pour les systèmes linéaires tridiagonaux, la transformation de Fourier rapide, les tris, etc., ont toutes un certain air de famille. En particulier, la distinction entre les sous-vecteurs de composantes de rang pair ou impair d'un même vecteur y joue un rôle important.

Or cette idée est difficilement acceptable, elle s'écarte en tout cas des tendances modernes en programmation. La spécialisation des langages (Cobol pour "la gestion" Fortran pour "le scientifique", ...) est dépassée : les structures des programmes sont toujours les mêmes, la différence vient des objets manipulés, plus précisément de la nature des opérations possibles sur ces objets, et la notion de type abstrait /6/ rend compte de ce point de vue. Ce qui est vrai des programmes devrait l'être des algorithmes. De même qu'un petit nombre de structures de contrôle (enchaînement, boucle, ...) suffit à construire tous les programmes, on devrait pouvoir isoler un certain nombre de primitives algorithmiques suffisantes pour décrire tous les algorithmes, la spécificité ("l'air de famille" ci-dessus) venant de la nature des êtres mathématiques traités. A la limite, avec le progrès des langages, il ne devrait plus y avoir de différence entre primitives algorithmiques et structures de contrôle. Ceci semble théoriquement possible /7/, et c'est dans cette perspective que nous nous plaçons.

Nous cherchons donc à définir un type abstrait, le type *VECTEUR*, ou si l'on préfère, une machine virtuelle, la "machine vectorielle", de telle sorte que les algorithmes dont il a été question puissent s'obtenir par l'application de règles de programmation d'ordre général aux programmes destinés à cette machine particulière. Par exemple, la méthode de synthèse descendante à partir de la spécification conduit à la "bonne" version (vectorisable) de l'algorithme de factorisation de Cholesky /8/. Ou encore /9/, partant d'une définition récursive de la valeur d'un polynôme, et levant la récursion (ce qui est immédiat dans ce cas), on aboutit à la méthode de réduction "pair-impair" décrite dans /10/, p.424.

Le présent article poursuit ce plan de travail, en s'intéressant plus particulièrement au problème des récurrences linéaires. On étudie deux algorithmes parallèles classiques /11,12/. En bref, l'un et l'autre s'obtiennent en combinant plusieurs idées, que l'on peut classer en deux catégories : les générales (essentiellement la récursion et son élimination), et les spécifiques (le fait que prendre la partie paire, la partie impaire d'un vecteur, ou le décalage d'indices, soient des opérations vectorielles).

Le problème spécifique pour la programmation des ordinateurs vectoriels est donc : Quelles sont les opérations vectorielles ? En effet, le type *VECTEUR* ne se confond pas avec la notion mathématique d'espace vectoriel, car il faut veiller à ne retenir dans la machine abstraite que les opérations efficaces sur les machines réelles. Nous commencerons par là. D'où le plan en deux parties : 1) le type abstrait *VECTEUR*, 2) Récurrences linéaires.

1. LE TYPE ABSTRAIT *VECTEUR*.

1.1 Particularités des machines vectorielles

Appelons *SCALAIRES* les objets d'un même type scalaire en Fortran, c'est-à-dire les réels, ou les entiers, etc., et *VECTEURS*, si on se contente d'une définition informelle, les tableaux (à une dimension) de ce type scalaire. Si θ est une opération telle que +, *, ou encore *sin*, *exp*, et plus généralement une expression portant sur des scalaires, son *extension* est l'opération vectorielle correspondante, au sens d'APL. Par exemple, l'extension de l'addition fait correspondre à deux vecteurs de même longueur u et v le vecteur w de composantes $w_i = u_i + v_i$.

Par "machines vectorielles", nous entendons les ordinateurs vectoriels du commerce équipés de leur compilateur Fortran, c'est-à-dire la machine que "voit" l'utilisateur moyen, dont on suppose qu'il n'utilise que des programmes Fortran, à l'exclusion des unités de la bibliothèque écrites directement en assembleur par le constructeur. Cette hypothèse est un peu irréaliste, mais acceptable pour ce que nous avons en vue. Notons bien aussi qu'il s'agit de Fortran 77, et non du futur Fortran 8X.

Cela étant, les machines vectorielles ont deux caractéristiques essentielles (indépendamment de leur puissance intrinsèque, qui est souvent plus grande que celle des machines telles que IBM 3081, CDC 7600, etc.) :

- les extensions des opérations scalaires y sont très rapides,

- à condition de porter sur des vecteurs régulièrement représentés.

Le premier point signifie que si une opération scalaire, par exemple

$$A = B + C \tag{1}$$

prend un certain temps (par exemple, sur un Cray-1, 30 périodes d'horloge, ou PH, de 12,5 nanosecondes chacune), la boucle Fortran qui exprime son extension, soit

$$DO\ 1\ I = 1,\ N\ ;\ 1\quad A(I) = B(I) + C(I) \tag{2}$$

prendra beaucoup moins de N fois ce temps dès que N est assez grand. Plus précisément, si $t(N)$ est ce temps, exprimé en PH, on aura approximativement

$$t(N) = D + N\ V \tag{3}$$

avec, pour (2) sur un Cray, $D \simeq 74$ PH et $V = 3$ PH. La Fig. 1 montre quel est le véritable comportement de $t(N)$. Si S est le temps d'exécution de (1) pris isolément, on a donc $S/V \simeq 10$, et ce rapport semble typique. Quant au rapport D/V, pour lequel Hockney /13/ a introduit la notation "$n_{1/2}$", ou "longueur de demi-efficacité" (en effet, si $N = n_{1/2}$, (2) demande $2\ V$ PH par indice en moyenne, soit la moitié de la vitesse de régime), ce rapport est grossièrement constant, sur un même ordinateur, pour une famille assez large d'extensions vectorielles. En revanche, il varie beaucoup d'un ordinateur vectoriel à l'autre : par exemple, 20 à 30 sur Cray-1, contre quelques centaines sur Cyber 205, jusqu'à quelques milliers pour le DAP. Ce paramètre sans dimension est donc commode pour comparer des ordinateurs vectoriels entre eux (plus il est grand, plus la machine est parallèle), et aussi, jusqu'à un certain point, pour comparer des versions plus ou moins parallèles d'un même algorithme.

Le second point signifie ceci. Si au lieu de (2), on a codé, pour la même opération, mais avec des structures de données différentes,

$$\begin{array}{l} DO\ 1\ I = 1,\ N \\ 1\quad\quad A(I) = B(I) + C(ADR(I)) \end{array} \tag{4}$$

où ADR est un tableau d'entiers, la vitesse retombe à S PH par couple de données, en moyenne. Par contre, le code

$$\begin{array}{l} DO\ 1\ I = 1,\ N \\ 1\quad\quad A(I) = B(2*I) + B(2*I - 1) \end{array} \tag{5}$$

est aussi rapide que (2). La condition de "représentation régulière" est donc que les vecteurs (au sens du programmeur) soient représentés par des tableaux Fortran ou par des sous-tableaux réguliers, c'est-à-dire des positions de mémoire également espacées.

La première caractéristique s'explique par le recours soit à la "segmentation des unités de calcul" (principe du pipe-line, /14/), soit à la "multiplication des

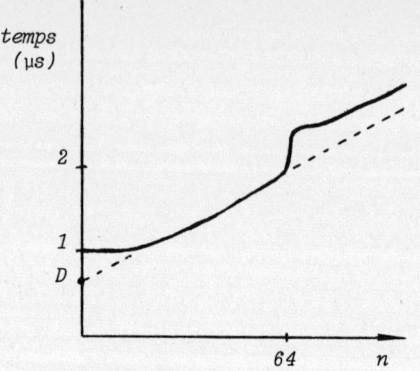

Figure 1

Temps de calcul de (2), sur Cray-1.

unités de calcul", type de parallélisme mis en oeuvre d'abord sur l'Illiac 4, puis sur une série d'autres machines, dont le DAP, le HEP de Denelcor, etc.

Segmentation ou multiplication se traduisent par des gains de vitesse, mais en contrepartie, le problème d'assurer un flux de données suffisant de la mémoire centrale vers les unités de traitement, et vice-versa, devient beaucoup plus difficile que sur les ordinateurs séquentiels. On n'y parvient que si les données sont distribuées en mémoire de façon régulière, d'où la contrainte de représentation.

1.2 Les opérations vectorielles

De ce que nous venons de voir, il résulte que des opérations que le programmeur tient pour vectorielles, au sens mathématique (par exemple multiplier un vecteur par une matrice de permutation et l'ajouter à un autre vecteur, ce qui pourrait être l'opération que l'on traduit par (4)), ne sont pas vectorielles au sens restreint dont nous avons besoin. En effet, étant admis que les objets de type VECTEUR seront représentés par des tableaux réguliers, il ne faut conserver pour définir le type que les opérations 1) rapides (c'est-à-dire les extensions des opérations scalaires, et leurs compositions) 2) qui respectent la contrainte de représentation (toute opération sur un vecteur régulièrement représenté doit donner un vecteur régulièrement représenté comme résultat). En pratique, ces deux conditions ne laissent passer que les extensions déjà mentionnées et les opérations d'extraction qu'on va définir.

Soit u un vecteur de composantes u_1, ..., u_n, et b un entier (la "base"), sous-entendu dans ce qui suit. On notera E_i, pour i allant de 1 à b, l'opérateur qui à u fait correspondre le vecteur de composantes

$$(E_i u)_j = u_{i + (j - 1)b} \qquad (6)$$

pour tous les $j \geq 1$ tels que $i + (j - 1)b \leq n$, ou, en notation développée, *extraction (u, i, b)*. Il y a des exemples d'utilisation de ces opérateurs en base plud grande que 2, mais c'est $b = 2$ qui est le plus utile. On introduit donc une notation particulière pour les deux opérateurs d'extraction de base 2, soit *impair* (abréviation Iu pour *impair (u)* - extraction des composantes de rang impair) et *pair* (abréviation Pu, extraction des composantes paires). Si *longueur (u)*, abrégé en $|u|$, fonction de type *VECTEUR* $\rightarrow$ *ENTIER*, est le nombre de composantes d'un vecteur, on voit que

$$|Iu| = \lceil u/2 \rceil, \quad |Pu| = \lfloor u/2 \rfloor \qquad (7)$$

Il faut une opération inverse, *alterner*, abrégée en alt, pour reconstruire un vecteur à partir de ses composantes paire et impaire. C'est une fonction partielle, à cause des relations (7) :

$$\underline{dom}(alt) = \{\{u, v\} \mid |v| \leq |u| \leq |v| + 1\} \qquad (8)$$

On a par définition

$$I\,alt(u, v) = u, \quad P\,alt(u, v) = v \ \forall \ \{u, v\} \in \underline{dom}(alt) \qquad (9)$$

Il ne nous reste qu'à introduire les constantes 0 et 1, les opérateurs de conversion $scal$ et $vect$, et surtout les deux translations τ et τ^{-1}, pour avoir la "machine vectorielle" au complet (Fig. 2). Le domaine de $scal$ est réduit aux vecteurs de longueur 1 : $scal(u) = u_1$. $vect$ est de type *SCALAIRE* $\times$ *ENTIER* $\rightarrow$ *VECTEUR*, et correspond à la "diffusion" d'une valeur scalaire : $(vect(x, n))_i = x$ pour tout i de 1 à n. Pour des raisons techniques (il est commode de pouvoir additionner ou multiplier terme à terme des vecteurs de longueurs différentes), on convient que $|u + v| = max(|u|, |v|)$ (resp. min pour $*$), de sorte que $|0| = 0$ et $|1| = \infty$ (seul vecteur dans ce cas). Remarquer que $vect(0, n)$, vecteur nul de dimension n, ne se confond pas avec 0, qui est l'élément neutre de l'addition. Enfin, les deux translations sont définies par :

$$(\tau u)_i = 0 \ \underline{si} \ i = 1, \ u_{i-1} \ \underline{si} \ 1 < i \leq n+1 \qquad (10)$$
$$(\tau^{-1} u)_i = u_{i+1} \ \underline{si} \ 1 \leq i \leq n-1. \qquad (11)$$

De la sorte, les relations suivantes, que nous utiliserons beaucoup, sont vraies, pour tout $u \in$ *VECTEUR* :

$$I\,\tau u = \tau P\,u, \ P\,\tau u = I\,u, \ P\,\tau^{-1} u = \tau^{-1} I\,u, \ I\,\tau^{-1} u = P\,u \qquad (12)$$
$$\tau I\,u = I\,\tau^2 u, \ \tau P\,u = P\tau^2 u \qquad (13)$$

(cette dernière relation est conséquence de l'identité $alt(\tau u, \tau v) = \tau^2 alt(u, v)$).

Faute de place, nous nous en tiendrons à cette présentation informelle, bien qu'une définition rigoureuse de *VECTEUR*, dans l'esprit par exemple de /15/, soit possible. Dans le cadre d'une telle définition, *composante* serait une opération dérivée, définie ainsi (on abrège *composante(u, i)* en u_i) :

$$u_i = \underline{si}\ |u| = 1\ \underline{alors}\ scal\ (u)\ \underline{sinon}$$
$$|\quad \underline{si}\ i = 2p\ \underline{alors}\ (Pu)_p \qquad (14)$$
$$\quad \underline{si}\ i = 2p - 1\ \underline{alors}\ (Iu)_p$$

NOM DE L'OPERATION	TYPE	ABR.	PROPRIETES
zéro, un	→ VECTEUR	0, 1	constantes vectorielles
longueur	VEC. → ENT.	$\|u\|$	$\|0\| = 0$, $\|1\| = \infty$
addition	VEC. × VEC. → VEC.	$u + v$	$\|u + v\| = max(\|u\|, \|v\|)$
multiplication, etc.	VEC. × VEC. → VEC.	$u*v$, uv	$\|u*v\| = min(\|u\|, \|v\|)$ $u*0 = 0$, $u*1 = u$
homothétie	SCAL. × VEC. → VEC.	λu	$1\ u = u$
abs, sin, -, etc.	VECTEUR → VECTEUR		extensions des opérations unaires scalaires
sup, inf, etc.	VEC. × VEC. → VEC.	$\vee, \wedge, \ldots$	extensions des opérations binaires
transl. à droite	VECTEUR → VECTEUR	τ	$(\tau u)_{i+1} = u_i$, $u_1 = 0$
transl. à gauche	VECTEUR → VECTEUR	τ^{-1}	$(\tau^{-1}u)_{i-1} = u_i$
pair	VECTEUR → VECTEUR	P	$P\tau^{-1} = \tau^{-1}I$, $P\tau = I$
impair	VECTEUR → VECTEUR	I	$I\tau^{-1} = P$, $I\tau = \tau P$
alterner	VEC. × VEC. → VEC.	alt	$I\ alt(u, v) = u$ $P\ alt(u, v) = v$
	VECTEUR → SCALAIRE	scal	défini pour $\|u\| = 1$
diffusion	SCAL. × ENT. → VEC.	$vect(x, n)$	$vect(x, n)_i = x\ \forall\ i \leq n$

Figure 2

Tableau des opérations du type abstrait VECTEUR (la "machine vectorielle"). Il ne s'agit pas d'un jeu de primitives minimal, mais des opérations "vectorielles" au sens du texte, et utilisées dans la section suivante.

2. RECURRENCES LINEAIRES

Soient donnés deux vecteurs de même longueur a et b, avec $n = |a| = |b|$, on cherche un vecteur x de longueur n tel que

$$x - a * \tau x = b \qquad (15)$$

(c'est-à-dire, en coordonnées, $x_i = x_i + a_i x_{i-1} = b_i$ pour $i > 1$.). Le type *SCALAIRE* de base n'est pas précisé (il suffit qu'il possède une opération de multiplication associative, une addition, etc.) de sorte que (15) contient une famille assez vaste de problèmes de récurrences linéaires.

2.1 Méthode itérative

Il suffit de multiplier (15) par l'opérateur $1 + a\tau$ pour voir apparaître une méthode itérative. En effet, $a\tau$ est nilpotent d'ordre n. On a donc la solution par le programme suivant :

>*données* a, b : *VECTEURS*, *résultat* x : *VECTEUR* $\{|a| = |b| = n\}$
>*variable* k : *ENTIER* $\leftarrow 1$;
>*tant que* $k < n$ *répéter*
>$\quad b \leftarrow b + a * \tau^k b$
>$\quad a \leftarrow a * \tau^k a$ $\qquad\qquad\qquad\qquad (16)$
>$\quad k \leftarrow 2 * k$
>$\quad \{x - a * \tau^k x = b,\ invariant\ de\ boucle\}$
>$x \leftarrow b$

La boucle est exécutée p fois, avec $2^{p-1} < n \leq 2^p$, donc $p = \lceil \log_2 n \rceil$. On peut prévoir le temps d'exécution si on connaît les paramètres D et V de la première partie : il y a p démarrages de boucle, et $np + 1 - 2^p$ fois deux multiplications et une addition.

Dans le cas du calcul des sommes partielles des éléments d'un vecteur (cas particulier où $a = vect(1, n)$), il n'y a pas de multiplications, et il sera commode de limiter nos comparaisons à ce cas, en supposant de plus que n est une puissance de 2. Le temps d'exécution de (16) est alors

$$D \log n + V (1 + n(\log n - 1)) \qquad (17)$$

2.2 Méthode récursive

Il s'agit du "principe pair-impair". En appliquant à (15) les opérateurs *pair* et *impair*, on obtient (cf. (12)) :

$$I\,x - (I\,a) * \tau(Px) = I\,b \tag{18}$$
$$P\,x - (P\,a) * I\,x = P\,b \tag{19}$$

d'où, éliminant soit Ix, soit Px,

$$I\,x - I(a * \tau a) * \tau(Ix) = I(b + a * \tau b) \tag{20}$$
$$P\,x - P(a * \tau a) * \tau(Px) = P(b + a * \tau b) \tag{21}$$

Avant d'aller plus loin, remarquons que d'après la relation (13), (20) et (21) donnent

$$x - a * \tau a * \tau^2 x = b + a * \tau b \tag{22}$$

c'est-à-dire le résultat de la multiplication de (15) par $1 + a\tau$, dont nous sommes partis plus haut pour trouver la méthode itérative.

Choisissons maintenant de travailler sur l'une des équations (20) ou (21), par exemple la première. Elle est de même forme que (15), mais porte sur des vecteurs deux fois plus courts. Il y a donc une solution récursive au problème, qui peut s'exprimer ainsi :

<u>*programme*</u> *résrec(<u>données</u> a, b : VECTEURS, <u>résultat</u> x : VECTEUR { $|a|=|b|= n$})*
   <u>*si*</u> *n = 1 <u>alors</u>*
      x ← b
   <u>*sinon*</u>   (23)
      résrec (I(a * τa), I(b + a * τb), x) ;
      x ← alt(x, Pb + (Pa) * x)

Cette forme de récursivité est familière. Voir par exemple /16/. Mais aucun des schémas connus d'élimination de la récursion ne s'applique ici. La seule façon de procéder consiste à associer les deux programmes récursifs possibles, ce qui conduit à (22), qui est <u>une autre</u> définition récursive de x, et celle-ci mène au programme itératif (16).

Transformons (23), en introduisant une pile, en une itération descendante et une ascendante, de manière à compter les opérations :

<u>*programme*</u> *résrec(<u>données</u> a, b : VECTEURS, <u>résultat</u> x : VECTEUR)*
   {version en deux itérations, avec une pile de VECTEURS}
   <u>*tant que*</u> *longueur (a) > 1 <u>répéter</u>*
      empiler Pb ; empiler Pa ;   (24)
      a ← I(a * τa) ; b ← I(b + a * τb)
   x ← b ;
   <u>*tant que*</u> *longueur (x) < n <u>répéter</u>*
      dépiler Pa ; dépiler Pb ;
      x ← alt(x, Pb + (Pa) * x)

Le compte d'opérations est simple si on écrit n en base 2. De nouveau, contentons nous du cas où $n = 2^p$ et $a = scal(1, n)$. Il y a $2p - 1$ démarrages de boucle et $2(n - 1) - p$ additions, donc au total :

$$(2 \log n - 1) D + (2(n - 1) - \log n) V \qquad (25)$$

périodes d'horloge, à comparer avec (17).

2.3 Discussion

La méthode récursive est donc plus économique en opérations arithmétiques que la méthode itérative, mais comporte plus de démarrages de boucle. Par ailleurs, la méthode séquentielle :

$$\begin{array}{l} x_1 \leftarrow b_1 \, ; \\ \underline{\text{pour } i \text{ variant de 2 à } n \text{ répéter}} \\ \quad | \quad x_i \leftarrow b_i + a_i * x_{i-1} \end{array} \qquad (26)$$

demande $n\,S\,$PH. L'efficacité relative des trois méthodes dépend des trois paramètres S, D et V. Cette analyse est facile à mener (voir /13/). On constate que les méthodes "vectorielles" ne seraient vraiment intéressantes en pratique que pour un rapport S/V nettement plus grand que celui du Cray-1 (et plus généralement des machines à pipe-line). Nos mesures ont confirmé ce point.

On peut trouver une traduction Fortran de (24) dans /17/. Elle s'étend sur une page, ce qui montre bien que Fortran 77 n'est vraiment pas le langage idéal dans ce cas. Un diagramme tel que celui de la Fig. 3 peut aider à comprendre le principe de cette implémentation, où empilage et dépilage sont "gratuits", car les données à empiler restent simplement à leur place jusqu'à ce qu'on en ait besoin. Pour interpréter ce type de diagramme, il suffit d'utiliser les règles suivantes :

- chaque horizontale représente l'état du tableau de scalaires dans lequel on travaille, à un instant donné ; le temps va de haut en bas,
- si deux traits épais descendants aboutissent à un élément de tableau, c'est que le contenu de celui-ci est calculé, par un certain traitement, à partir du contenu des deux éléments d'où descendent les traits,
- les autres éléments de tableau restent inchangés.

Le diagramme ci-dessous, qui correspond à $n = 8$, peut laisser penser qu'il n'y a aucun empilage à faire, mais cette conclusion serait erronée. On a besoin de connaître les parités des longueurs des incarnations successives de x, a et b, donc d'une pile (pour laquelle on peut utiliser la représentation de n en base 2).

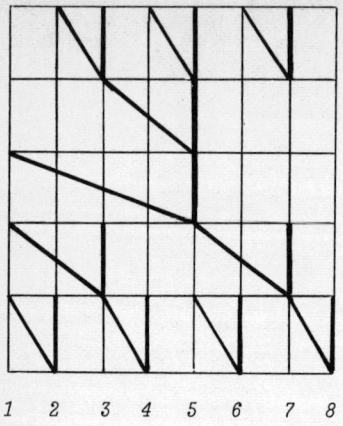 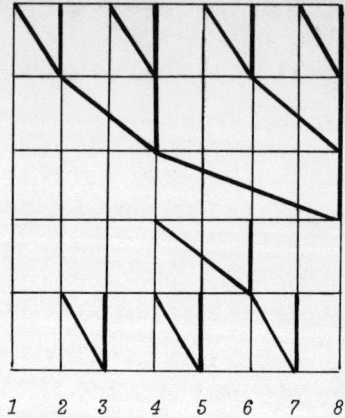

1 2 3 4 5 6 7 8   1 2 3 4 5 6 7 8

Figure 3

Déroulement des opérations dans le temps pour le calcul des sommes partielles d'un vecteur de taille 8, par la méthode récursive. A gauche, le programme (29). A droite, la variante consistant à éliminer les parties impaires au lieu des parties paires. Voir le texte pour la signification des éléments du diagramme.

2.4 <u>Digression : le retour des organigrammes</u>

Le schéma de droite de la figure 3 a été publié plusieurs fois sous des formes plus ou moins voisines (cf. par exemple /18/). De façon générale, on rencontre de plus en plus souvent, avec le développement des recherches sur les réseaux systoliques et les circuits à très haute intégration, de tels diagrammes dans la littérature. Ce retour en force des organigrammes, au moment où même dans l'enseignement supérieur on commençait enfin à les abandonner, a de quoi surprendre. On ne peut pas contester l'utilité de ce genre de diagrammes pour comprendre le déroulement des algorithmes, ou pour suggérer d'autres variantes. Le dessin, bi-dimensionnel, est un bon outil de perception, et complète bien l'écriture, outil d'analyse. Ils sont donc complémentaires, comme sont complémentaires les organigrammes et les programmes. Encore faudrait-il ne pas inverser les rôles et ne pas prétendre expliquer un algorithme par un dessin, encore moins prouver qu'il est correct.

Une contre-épreuve, à l'appui de cette thèse, consiste à partir du diagramme de gauche de la Fig. 3, et à essayer de reconstituer l'algorithme qu'il décrit, en faisant semblant de ne pas le reconnaître. On voit bien, par une sorte de perception globale, que le dessin présente certaines symétries internes. Pour les analyser, on aura probablement l'idée de partir du sous-diagramme de la Fig. 4 : par intercalation au niveau médian de diagrammes semblables, mais avec chaque fois moitié moins d'éléments, on retrouvera le diagramme de départ. Mais qu'est-ce que cette procédure, sinon le développement d'une récursion ?

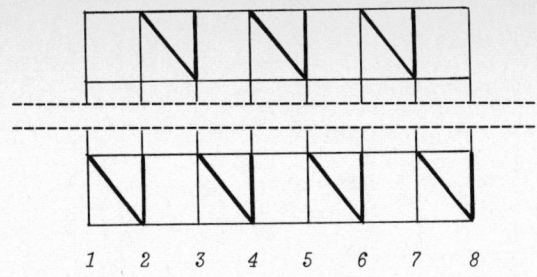

Figure 4
Organigramme du programme récursif (23)

3. CONCLUSION

En nous astreignant à définir de façon suffisamment complète le type abstrait le plus proche possible de l'objet d'étude, nous avons dû en particulier développer une algèbre des relations entre les opérateurs du type qui se révèle très utile à la fois pour spécifier les problèmes à résoudre et pour mener les calculs.

Il s'avère en fin de compte que les algorithmes parallèles efficaces sur les machines vectorielles s'obtiennent (ou plutôt se décrivent après coup, ce n'est pas du processus de la découverte que nous parlons) par l'application des mêmes principes qui se sont révélés utiles dans d'autres secteurs de l'algorithmique : toute la spécificité est concentrée dans le type abstrait lui-même. C'est le véritable contenu du principe du sens commun "penser vecteurs".

REFERENCES CITEES

/1/ J.F. Traub (ed.) : Complexity of Sequential and Parallel Numerical Algorithms, Academic Press (New York, London), 1973.
/2/ D.J. KUCK, D.H. Lawrie, A.H. Sameh (eds) : High Speed Computer and Algorithm Organization, Academic-Press (New-York, San Francisco, London), 1977.
/3/ T. Feng (ed.) : Parallel Processors and Processing, Special Issue of ACM. Comp. Surveys, 9, 1 (1977).
/4/ W. Händler (ed.) : CONPAR 81 (Conference on Analysing Problem Classes and Programming for Parallel Computing, Nürnberg, June 1981), Springer-Verlag (Berlin, Heidelberg, New-York), 1981.
/5/ A. Bossavit (ed.) : Calcul Vectoriel et Parallèle (Actes du Colloque AFCET-GAMNI-ISINA, mars 1983, Paris), Bull. DER, Série C, 1 (1983).
/6/ B.H. Liskov, S.N. Zilles : "Programming with Abstract Data Types", Sigplan Notices, 9 (1974), pp. 50-59.
/7/ B. Meyer : "A Basis for the Constructive Approach to Programming" in Information Processing 80 (S.H. Lavington, ed.), North-Holland (Amsterdam), 1980.
/8/ A. Bossavit, B. Meyer : "The Design of Vector Programs", in Algorithmic Languages, North-Holland (Amsterdam), 1981.
/9/ A. Bossavit : "Un aspect de l'algorithmique vectorielle : l'heuristique pair-impair", in Les Mathématiques de l'Informatique, AFCET (Paris), 1982 pp. 549-561.

/10/ D.J. Knuth : The Art of Computer Programming (Vol. 2, Seminumerical Algorithms), Addison Wesley (Reading, Mass.), 1969.
/11/ P.M. Kogge, H.S. Stone : "A Parallel Algorithm for the Efficient Solution of a General Class of Recurrence Equations", IEEE Trans. on Comp., C-22, 8 (1973), pp. 786-93.
/12/ P.M. Kogge : "Parallel Solution of Recurrence Problems", IBM J. Res. Develop., (Mar. 1974), pp. 138-48.
/13/ R.W. Hockney, C.R. Jesshope : Parallel Computers, Adam Hilger (Bristol), 1981.
/14/ C.V. Ramamoorthy, H.F. Li : "Pipeline Architecture", ACM Comp. Surveys, 9, 1 (1977), pp. 61-102.
/15/ J.A. Goguen, J.W. Thatcher, E.G. Wagner : "An Initial Algebra Approach to the Specification, Correctness, and Implementation of Abstract Data Types", in Current Trends in Programming Methodology, IV, Prentice-Hall (Englewood Cliffs), 1778.
/16/ J. Arsac : Les bases de la programmation, Dunod (Paris), 1983.
/17/ A. Bossavit : "Comment j'ai vectorisé certains de mes programmes", note EDF HI 4271-00 (1982), EDF, 92141 Clamart (France).
/18/ R.P. Brent, M.T. Kung : "A Regular Layout for Parallel Adders", IEEE Trans. on Comp. C31, 3 (1982), pp. 260-264.

SOME TOPICS IN THE DESIGN OF THE SPECIFICATION LANGUAGE LOTOS

V. Carchiolo, A. Faro, F. Minissale, G. Scollo
Istituto di Informatica e Telecomunicazioni
Facoltà di Ingegneria - Università di Catania
viale A.Doria 6, 95125 CATANIA - ITALY

ABSTRACT

The definition of Formal Description Techniques is currently being worked out by computer communications standardization bodies in order to produce unambiguous, clear, concise and implementation independent specifications of services and protocols for Open Systems Interconnection (OSI). This paper explores some topics under discussion in the design of one of such techniques, the Language fOr Temporal Ordering Specification (LOTOS), which has been already used for trial specifications of rather complex protocols and services, though still lacking some essential features like value specification facilities. The language elements rely upon the concepts of synchronized communication events, non deterministic choice between alternative events, value passing, guarding, sequential and parallel composition of processes, process abstraction. Some concepts currently under consideration are argued to be notational variants of the defined language elements; some of them can effectively favour both conciseness and clarity of specification for the intended use of the language. Functional and type abstraction are discussed for what concerns the needed value specification facilities. The addressed topics are illustrated by examples drawn from experience with trial specifications.

1. INTRODUCTION

The effort of producing a coherent set of interrelated standards for correct, reliable and efficient interconnection of information processing systems has already yielded a standard reference model <ISO 83a>, <CCITT 83> which, among other purposes, "serves as a framework for the definition of services and protocols ...". Protocol and service definitions are currently being developed in narrative form, which is anyway necessary for the purpose of ease of understanding and implementors guidance. Formal definitions however are needed whenever one has to resolve the ambiguities enforced by the use of a natural language: this is much the case when dealing with product <u>validation</u>, i.e. assessing its conformance to the requirements of a specification which shows a large degree of non determinism due to its distinguished feature of abstracting from any product's technological characteristic.

Therefore, the task of defining proper Formal Description Techniques (FDT's) plays a prominent role for the success of the standardization effort. Two FDT's are currently being developed to this purpose within the International Standardization Organization (ISO); one is based upon the Extended Finite State Machine concept <ISO 83b>, the other relies upon the Temporal Ordering concept <ISO 83c>. The second approach basically treats its objects, i.e. services and protocols, directly in terms of "communication events", i.e. abstractions of instances of behaviour which can actually correspond to elementary "experiments" <M 80> with a testing equipment, i.e. the "environment" of the system under test in a validation run.

A communication event is always assumed to be "synchronized", i.e. it consists of the complementary offers made by two communicating entities at a common event gate. The authors believe this concept of communication be a very good basis for a rigorous formalization of both notions of <u>extensional specification</u> of a system (interacting at the external gates with its environment) and <u>intensional specification</u> of a system (as consisting of parts interacting at the system's internal gates).
The temporal ordering specification technique <V 83> gives the means both for the formalization of extensional conformance requirements and for structuring an extensional specification in an intensional one (in such a fashion as to reflect the structuring of OSI standards). The latter process is actually what is needed in the OSI framework for pursuing the <u>verification</u> that a (N)-service is rendered by (the composition of) (N)-protocol entities with the underlying (N-1)-service (fig.1).

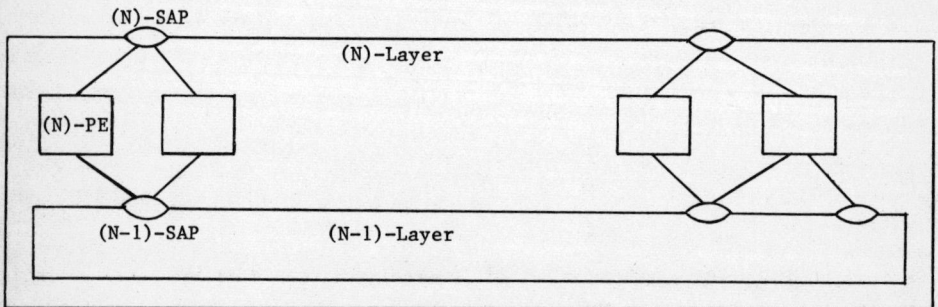

Legenda: SAP: Service Access Point, PE: Protocol Entity

Fig.1 - Structuring of an OSI layer

The algebraic nature <B 83> of the temporal ordering approach, together with the mathematical semantics of the relevant language LOTOS (Language for Temporal Ordering Specification), should hopefully provide a sound basis for the development of a proof theory supporting the verification task.

The somewhat challenging goal, thus, is the integration of the verification problem with the validation one (at least for OSI systems) in a common notational framework, which must also encourage non-neglectable features like clarity and conciseness. The adopted notation combines good ideas of Milner's CCS <M 80> and Hoare's CSP <H 78>.

The next section reviews the current definition of LOTOS; some alternatives about the syntactical richness of the language are discussed in Sect.3; some major design issues still open, concerning value specification, are dealt with in Sect.4; the examples accompanying the discussions are drawn from technical experience of trial OSI specifications and, therefore, presuppose some confidence with the OSI terminology: however they are presumed to be not prohibitive for the "unskilled" reader.

2. BRIEF REVIEW OF LOTOS

This section gives a brief review of LOTOS which is now being developed by ISO/TC97/SC16/WG1/FDT Group/Subgroup C <ISO 83c>. LOTOS is a language mainly conceived to specify protocols and services in the OSI environment. It is based on the model of event algebra introduced by Milner in <M 80> and allows one to describe the behaviour of a subject of specification by describing the temporal ordering of the interactions with its environment.

The subject of LOTOS generally is an information system defined as a unified whole that embodies activities on information. A system consists of a set of interacting parts. Also it is assumed that, apart from this set, there is always a part present called the environment.

The interaction is a common activity of parts on information in the sense that the parts participate in the interaction at the same time when they are prepared to execute it. The simplest kind of possible interaction is called "event". An event represents a value passed at certain gate from one part to another one at a given moment in time. Thus, with an event one can associate: the time of passage, the value passed, the gate of passage and the direction of passage. An event generally has a non-null time duration but it cannot be disrupted; moreover the time associated to an event is the time at which it is terminated : this is the sense of the atomicity of an event.LOTOS defines in well formed language expressions the behaviour of a system (or part) in terms of events observable at its event gates.

Any behaviour specified in LOTOS is called process. The ordering principles applicable to event expressions, i.e. processes, are:

- a process enabling another process;
- a process disabling another process;
- value reference between events in different processes.

In LOTOS one can have two kinds of event gates: the first one is shared between two processes, the second one is internal to a given process. A LOTOS expression defines only one of the processes involved in an event, so it gives only the perspective that a process is prepared to participate in this event by using the following notation :

$$a?x:t$$
$$a!e$$

where a?x:t means that a process is prepared to accept a value of type t at gate a; x is a free variable which is bound to the value accepted by the process in the event. On the contrary a!e means that a process is prepared to produce the output value e at gate a.

The event at the internal gate is also used in LOTOS to represent some unknown internal conditions which can influence the observable behaviour at the outside, obtaining in this way a certain degree af internal non determinism. LOTOS has only one representation of the events at internal gates by means of the notation $\underline{i}$.All the other processes are combinations of events at shared or internal gates and are represented by language constructs which use the following operators:

- <u>sequence operator</u> denoted by ";": if p and q are processes, also (p;q) is a process which initially behaves like p and,when p terminates,then it behaves like q.

- <u>choice operator</u> denoted by "[]": if p and q are processes, also (p[]q) is a process which behaves either like p or like q.

- <u>composition operator</u> denoted by |B| where B is a set of gates; if p and q are processes, then (p |B| q) is a composed process which transforms complementary offers at gates in B into internal events, whereas arbitrary interleaving is allowed of events of p and q at gates not in B. The notation || is used whenever B is empty.

- **disable operator** denoted by >< ; if p and q are processes (p >< q) is a process which behaves like q until the occurrence of the first event of p; after this occurrence the process may only continue with the rest of p.

- **restriction operator** denoted by \B, where B is a set of gates; if p is a process, p\B is a process which behaves like p without derivations starting with an event at a gate of B.

Other language features of LOTOS are :

- **guarded commands** in the form :   e -> p
  which establishes that process p is executed only if expression e is true.

- **Behaviour identifier** in the form :   alfa := p
  which establishes a way to start the process p simply by using in the language expressions the identifier alfa. The identifier can be also parameterized in such a way as to give rise to a (possibly infinite) number of identifiers simultaneously.

- **recursion** that means that we may use the behaviour identifier itself in defining the language expressions.

Finally we note that a high degree of flexibility in modularising the specifications can be obtained by using the notion of export variables list or import variables list. The export list of a process p is the set of variables having a defined value for every termination of p. The import list of a process p is the set of variables which must be defined before the execution of p. These lists are represented in LOTOS by using the following notation:

$$p\ (i_1,\ldots,i_N\ |\ e_1,\ldots,e_M)$$

where i_j, e_k denote import and export variables, respectively.

3. A FEW NEW OPERATORS: HOW MUCH SYNTACTICAL RICHNESS?

A few months of experience of using the "kernel" LOTOS introduced above, for trying to specify real draft OSI protocols and services, indicate already a need for some syntactical enrichment which could improve both conciseness and clarity of OSI specifications.

In this section a few operators are presented that might be added to the language without affecting its kernel; the formal semantics of these new operators is given in App. A, whereas their informal description is outlined below. These proposed extensions by no way increase the true expressive power of the language; soon instead they constitute a set of notational variants of LOTOS, in the sense made precise in <BPW 81>. However a certain gain in conciseness and readability can be achieved by their use, at least for OSI, as will be discussed at the end of this section.

The new operators are disable-like ones which have weaker effects than the standard disable $><$ w.r.t. the "disabled" process. In the sequel A denotes a set of gates. When A is a singleton, A={a}, a will be used instead of A.

1. ">|<" :"weak disable"; if p and q are processes, then p>|<q is also a process which behaves like p||q until the last event of either p or q takes place; this event actually terminates the resulting process.

2. ">|$_A$<":"weak gate disable"; if p and q are processes, then p>|$_A$<q is also a process which behaves like p||q until the last event of p takes place; this event cuts all the gates of A.

3. ">A<" :"gate disable"; if p and q are processes, then p>A<q is also a process which behaves like q until the first event of p takes place; after this event it behaves like p'||(q'\A), where p' and q' are the processes in which p and q respectively transformed.

4. ">$_A$|<":"gate weak disable"; if p and q are processes, then p>$_A$|<q is also a process, which behaves like q until the first event of p takes place; after this event it behaves like p'>|<(q'\A), where p' and q' are the processes in which p and q respectively transformed.

A first example concerns the description of the release (i.e. termination) of a transport connection as performed by a Transport Protocol Entity, Class 2 <ISO 83e>.The protocol entity consists of protocol handlers, each for a single transport connection, and of mapping units, which map protocol data units (PDU's) onto network service primitives to be exchanged with the underlying service; the protocol handler exchanges transport service primitives with its user and PDU's with a mapping unit.

The description is limited to the protocol handler. The release phase can be started either by the user with a T_DISCONNECT request or by the mapping unit delivering a Disconnect_Request PDU.

It is not modeled here the case of release initiated by the protocol handler itself, e.g. due to the detection of a protocol error.
For the sake of brevity, the parameters carried through PDU's and service primitives are not shown. The protocol handler interacts at gate s with its user and at gates of set $P = \{d,u\}$ with the mapping unit; for performing the release it shows the following interactions:

```
D_req := s?T_DISCONNECTrequest        D_ind := s!T_DISCONNECTindication
DRs   := d!Disconnect_Request         DRr   := u?Disconnect_Request
DCs   := d!Disconnect_Confirm         DCr   := u?Disconnect_Confirm
```

The temporal ordering of interactions of the protocol handler in this phase is specified as follows:

Release := mapping_before_user [] user_before_mapping

mapping_before_user := DRr;(DCs||((D_ind[]D_req)><Data_transfer)_p)

user_before_mapping := D_req; ((DRr;DCs
               []DRs;((DRr[]DCr)><Data_transfer)_d
)><Data_transfer
)_s

Some comments should help understanding such a maybe too short specification. The mapping_before_user specifies that the handler, having received the DR, has two things to do: informing its user by a D_ind (unless the user issues a D_req) and confirming its remote partner by sending a DC; this interaction is the only one allowed with the mapping unit, after the receipt of the DR, whereas all the interactions of the Data_transfer phase are allowed at gate s (only at this gate) until the D_ind (or D_req) doesn't take place.

The user_before_mapping appears a bit more complicate. Here the user's D_req closes ("cuts") immediately the gate s; if there is no disconnection collision (first line) the normal course of action consists of sending a DR and waiting for either a DC or a DR coming from the remote peer handler; therefore all the interactions of the Data_transfer phase are allowed (only at gates of P) until the DR is not sent, whereas only the input ones must be allowed at P (i.e. at gate u) after the DR is sent and until the DC (or DR) is not received.

A much more complex (and complete) example of specification in LOTOS of OSI services (offered by the session layer) can be found in <CFS 84>, where it is made use of the "gate weak disable" operator introduced here above.

Coming back to the question posed in the title of this Section, one should conclude that the syntactical richness of a language is a feature that:

- though not directly tied to its expressive power (which is identified with such aspects like conceptual strength, richness of abstraction tools, etc.);
- can actually change dramatically clarity and conciseness of the language constructs.

The notational variants to LOTOS presented here have been suggested by experience in its target domain of applications. More experience is needed in order to select those operators which will be found to be of more general use.

4. FUNCTIONAL AND TYPE ABSTRACTION

Value passing is a major feature of the communication events ordered by a specification written in LOTOS. Hence some value specification facilities must be provided. The minimal facility is the <u>value structuring</u> one, which is absolutely needed for properly and concisely expressing the structure of the information conveyed by service primitives and protocol data units.

In writing trial specifications we have provisionally adopted the <u>record</u> structure of Pascal and we have also made use of its <u>with</u> clause. The so called "user data", which are transparently passed through OSI entities, are structured by an uninterpreted value specification like:

<u>string</u> m ... M <u>of</u> octect

where "octect" is the primitive structure of any 8-bit value, m and M denote, respectively, the minimum and the maximum size of the string.

M can be replaced by "undefined", for the purpose of specifying that the string size has an upper limit which is not fixed by the standard; the size limit specification is omitted when m=0 and M is "undefined".

Value structuring has to be associated to <u>type specification</u> when the communication event actually binds the value of a free variable; moreover a value can often be conveniently expressed as a function of another one: to this purpose a <u>function specification</u> notation has to be introduced and merged with the type specifications one, in order to specify both the domain and the range of the function.

In both cases, the unresolved issue consists of deciding how to enrich the expressive power of LOTOS with correspondent abstraction facilities.

Functional abstraction may be introduced either in the lambda style of applying functions to values to produce new values or in the FP style of applying functionals to functions to produce new functions <W 82>. The former level abstraction seems to satisfy the expressive needs of the five lower layers of OSI, whereas the latter might result better suited to the specification of the higher ones, where service elements are foreseen like transformation of syntax, identification of communication partners by generic description, authentication of intended communication partners, agreement on privacy mechanisms etc. <ISO 83a>.

Type abstraction would provide a higher level of abstraction since there the functions are specified only by the set of axioms (the algebraic semantics of the domain type) which must be true for any combined application of the functions to any element of the domain. The problem with type abstraction is "just" the completeness of a specification, which might result very hard to be proved.

We conclude these notes with an example of abstract type specification useful in many instances of OSI services, where the so-called expedited-data option is defined. At various OSI layers, the data transfer between the two user SAP's can be modeled as a pair of queues - one for each direction - whose objects' values are qualified as being either "normal" or "expedited"; the former values are delivered in the same order as they were received by the provider, the latter values, while still following a FIFO discipline w.r.t. other expedited values, may take precedence over normal ones. This can be specified by defining the type "nxqueue" as the sequence of the qualified values - already put into the "queue" and not yet delivered - in the input time order. The functions nin, xin, rest, restx are "constructors" of the type, whereas the functions first, firstx and nox (number of expedited values in the queue) are "observers" (fig. 2). An abstract type specification of nxqueue is given in the sequel, using the notation of <G 82>.

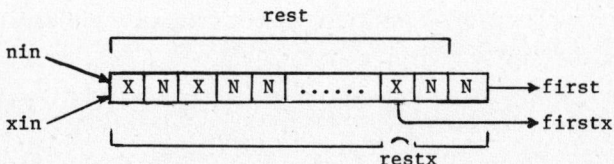

Fig. 2 - The abstract type "nxqueue"

abstract type   nxqueue (valuetype: Type)

operators
```
empty   : any                                --> nxqueue(valuetype)
isnormal:(n,x) X valuetype                   --> boolean
value   : (n,x) X valuetype                  --> valuetype
nin     : valuetype X nxqueue(valuetype)     --> nxqueue(valuetype)
xin     : valuetype X nxqueue(valuetype)     --> nxqueue(valuetype)
first   : nxqueue(valuetype)                 --> (n,x) X valuetype
firstx  : nxqueue(valuetype)                 --> valuetype
rest    : nxqueue(valuetype)                 --> nxqueue(valuetype)
restx   : nxqueue(valuetype)                 --> nxqueue(valuetype)
nox     : nxqueue(valuetype)                 --> natural_number
```

axioms
for all q : nxqueue(valuetype), v : valuetype
isnormal((n,v)) == true; isnormal((x,v)) == false;
value((n,v)) == v; value((x,v)) == v;
first(empty) == (* intentionally not defined *)
nox(empty) == 0; nox(nin(v,q)) == nox(q); nox(xin(v,q)) == 1 + nox(q);
if nox(q) > 0 then nox(restx(q)) == nox(q) - 1;
if isnormal(first(q)) then nox(rest(q)) == nox(q)
                      else nox(rest(q)) == nox(q) - 1;
if nox(q) = 0 then firstx(q) == (* intentionally not defined *)
rest(empty) == empty; restx(empty) == empty;
rest(nin(v,empty)) == empty;
rest(xin(v,empty)) == empty;
if nox(q) = 0 then firstx(xin(v,q)) == v
              else firstx(xin(v,q)) == firstx(q);
if nox(q) = 0 then restx(q) == q
              else restx(xin(v,q)) == xin(v,restx(q));
restx(xin(v,empty)) == empty;
if not (q=empty) then first(q) == first(nin(v,q));
if not (q=empty) then first(q) == first(xin(v,q));
if not (q=empty) then restx(nin(v,q)) == nin(v,restx(q));
if not (q=empty) then rest(nin(v,q)) == nin(v,rest(q));
if not (q=empty) then rest(xin(v,q)) == xin(v,rest(q));
isnormal(first(nin(v,empty))) == true; isnormal(first(xin(v,empty))) == false;
value(first(nin(v,empty))) == v; value(first(xin(v,empty))) == v;
if isnormal(first(q)) then restx(rest(q)) == rest(restx(q));
if isnormal(first(q)) then firstx(rest(q)) == firstx(q);

if not isnormal(first(q)) **then** firstx (q) == value(first(q));
if not isnormal(first(q)) **then** rest(q) == restx(q).

5. CONCLUSIONS

Though LOTOS is not yet a completely defined specification language, the application of its kernel definition to OSI draft protocols and services reveals that it is a tool suitable to the purpose for which it is being built. The design decisions not yet undertaken will be resolved after more experience of application will have been gained. They concern mainly two kinds of extension of the kernel language definition : syntactical richness, which affects mainly clarity and conciseness of specifications in the intended domain of application, and expressive power w.r.t. the value specification facilities to be provided. The examples presented in the paper are aimed to clarify this domain of discourse, in order to favour a fruitful exchange of thoughts also outside the OSI standardization community.

6. ACKNOWLEDGEMENT

The authors like to acknowledge the contributions of Chris Vissers, Ed Brinksma, Jan De Meer and Günther Karjoth, with whom they cooperate both in the COST 11 bis project on Temporal Ordering Specification and in ISO/TC97/SC16/WG1/FDT/Subgroup C.

7. REFERENCES

<B 83>   E.Brinksma, An Algebraic Language for the Specification of the Temporal Order of Events in Services and Protocols, Proc. of the European Teleinformatics Conference, Varese, Italy, Oct.3-6, 1983, North-Holland (1983) pp.533-542
<BPW 81> M.Broy, P.Pepper, M.Wirsing, On Design Principles for Programming Languages: An Algebraic Approach, in: De Bakker, Van Vliet (eds), Algorithmic Languages, North-Holland (1981)
<CCITT 83> CCITT, Recommendation X.200, Reference Model of Open Systems Interconnection for CCITT Applications, Geneva (1983)
<CFS 84> V.Carchiolo, A.Faro, G.Scollo, A Temporal Ordering Specification of some Session Services, ACM SIGCOMM 1984 Symp. on Communications Architectures and Protocols, Montréal, June 7-8, 1984
<G 82>   J.Guttag, Notes on using type abstractions in Functional Programming, in: J.Darlington, P.Henderson and D.A.Turner (eds.), Functional Programming and its Applications, Cambridge University Press (1982) pp. 103-128
<H 78>   C.A.R.Hoare, Communicating Sequential Processes, Comm. of the ACM, Vol. 21 N.8 (Aug. 1978) pp. 666-677
<ISO 83a> ISO, Information Processing Systems, Open Systems Interconnection, Basic Reference Model, International Standard IS 7498 (1983)

<ISO 83b>   ISO, Information Processing Systems, Open Systems Interconnection, A FDT
            based on an Extended State Transition Model, Working draft, ISO/TC97/
            SC16/N1347, July 1983
<ISO 83c>   ISO, Information Processing Systems, Open Systems Interconnection, Draft
            Tutorial Document, Temporal Ordering Specification Language, ISO/TC97/
            SC16/WG1/N 157, August 12, 1983
<ISO 83d>   ISO, Information Processing Systems, Open Systems Interconnection, Basic
            Connection Oriented Session Service Definition, Draft International
            Standard DIS8326, October 1983
<ISO 83e>   ISO, Information Processing Systems, Open Systems Interconnection,Con-
            nection Oriented Transport Protocol Specification, Draft Proposal DP
            8073, April 1983
<M 80>   R.Milner, A Calculus of Communicating Systems, LNCS 92, Springer -
            Verlag, Berlin (1980)
<V 83>   C.A.Vissers, Architectural Requirements for the Temporal Ordering
            Specification of Distributed Systems, Proc. of European Teleinformatics
            Conference, Varese, Italy, Oct. 3-6, 1983, North-Holland (1983),
            pp.79-95
<W 82>   J.H.Williams, Notes on the FP style of Functional Programming, in :
            J.Darlington, P.Henderson and D.A.Turner (eds.), Functional Programming
            and its Applications, Cambridge University Press (1982), pp. 73-102

Appendix A

The formal semantics of the operators introduced in Sect.3 consists of a set of
inference rules; these would integrate the derivational system which defines the
formal semantics of the kernel LOTOS. The inference rules are of the following form:

$$\frac{p\text{-}g\text{->}p'}{q\text{-}g'\text{->}q'}$$

meaning: if p-g->p' holds then also q-g'->q' holds (a derivation p-s->p' may be
read as: "process p will co-operate in the events in the sequence s in the order
given and doing so it transforms into p'). With this notation, the inference rules
are given in the sequel.

A.1 "weak disable"

```
p-a->p',p'≠STOP       q-a->q',q'≠STOP      p-a->STOP           q-a->STOP
----------------  ,  ----------------  ,  --------------  ,  --------------
p>|<q-a->p'>|<q      p>|<q-a->p>|<q'      p>|<q-a->STOP       p>|<q-a->STOP
```

A.2 "weak gate disable"

```
p-a->p',p'≠STOP           q-a->q',q'≠STOP        p-a->STOP              q-a->STOP
------------------  ,  --------------------  ,  ----------------  ,  ----------------
p>|_A<q-a->p'>|_A<q    p>|_A<q-a->p>|_A<q'      p>|_A<q-a->q\A         p>|_A<q-a->STOP
```

A.3 "gate disable"

```
    p-a->p'                      q-a->q'
--------------------  ,  ------------------
p>A<q-a->p'|| (q\A)       p>A<q-a->p>A<q'
```

A.4 "gate weak disable"

```
  p-a->p',p'≠STOP          q-a->q',q'≠STOP         p-a->STOP              q-a->STOP
------------------  ,  --------------------  ,  ----------------  ,  ----------------
p>_A|<q-a->p'>|<(q\A)  p>_A|<q-a->p>_A|<q'       p>_A|<q-a->STOP        p>_A|<q-a->STOP
```

SPECIFICATION AND VERIFICATION OF NETWORKS PROTOCOLS USING TEMPORAL LOGIC

Ana R. CAVALLI
LITP, Université Paris VII
2, Place Jussieu
75251 Paris Cedex 05
France

Luis FARIÑAS DEL CERRO
LSI, Université Paul Sabatier
118, route de Narbonne
31062 Toulouse Cedex
France

Universidad Central de Venezuela
(U.C.V.)
Caracas-Venezuela

Abstract

This paper presents the use of temporal logic for the specification of a data transfer protocol with sliding windows. A proof method for linear temporal logic, based on the classical resolution principle [Rob] is discussed and its use in the proof of a liveness property of the protocol is presented.

1. Introduction

In this paper we illustrate the use of temporal logic in the definition and analysis of protocols. Specifically, we study a transfer protocol with windows for transmission and reception of messages.

This protocol is a generalization of the alternating bit protocol, enabling the sender to have several outstanding messages at the same time instead of a single one.

In order to construct specifications, we take as starting point the definition of the protocol according to the model given by Stenning Ste

The language of temporal logic has proved to be an apropriate tool for describing the behavior of concurrent programs [MP] ,[LaO] ,[MSSchVo].

By comparison with the available specification methods of protocols (methods based on finite automatas [Boch] , Petri-nets [Bert] ; Petri-nets with the language of Prolog [Aze] ; programs with temporal logic language [Hai] ; Petri-nets with temporal logic language [Di-Da] or programs with first order logic language [Ste]) our method uses the language of temporal logic as specification language in the same way as

Melliar Smith-Schwartz [MSchSchw] , Lamport [La] .

We describe the behavior of differents processes and the interrelation between them using a formal language. This description will be of a broad, general type. Thus, specifications will not limit the range of possible implementations.

The specifications are formulated in a way that allows the user to design a program implementing the protocol. Since it is done in terms of formulas of temporal logic, formal proofs can be applied for the analysis of the specification as well as that of an implementation.

Some of the authors favoring this approach [MW] have already tried to define corresponding proof methods on the basis of the decision methods of classical logic, for example semantics tableaux.

The proof method that we define is an extension to linear temporal logic of a classical one - the refutation method - based in the resolution principle [Rob] . The system of temporal logic is the same as that defined in [GPSS] .

The method allows for a mechanical proof of the consistency of the specifications. In the Stenning version of the protocol the assertions method is used to proof various static properties. In our case we prove a livenness (dinamical) property of the protocol : if a message is sent, it will arrive.

This article consists of the following parts : basic notions of temporal logic (Section II) ; the resolution method for linear temporal logic with examples (Section III); definition of the protocol and its specification in terms of temporal logic(Section IV); and proof of a liveness property of the specifications (Section V).

II Linear Temporal Logic

2.1. In this section we will briefly give the basis of temporal logic.

A temporal formula is obtained from propositions, predicates, functions, individual constants, variables, logical symbols, quantificators and temporal operators : $\Box$ ($\Box$ means necessary), $\circ$ ($\circ$ means next). $\Diamond$ is defined as usual as $\sim \Box \sim$ ($\Diamond$ means eventually).

A w-structure is a sequence of states $s_0, s_1, s_2 \ldots$, where $s_i \leqslant s_j$ iff $i \leq j$, and in each state s_i we have a classical assignment m_{s_i} of truth values. And, particulary : $m_{s_i}(\circ A)=T$ iff $m_{s_{i+1}}(A)=T$ and $m_i(\Box A)=T$ iff $m_{s_j}(A)=T$ for $\forall s_j \geqslant s_i$.

We say that A is valid (unsatisfiable) in a w-structure if $m_{s_i}(A)=T(F)$ for every assignment and every state s_i.

More informally, we can consider that a model of the logic system consists of sequences of states ("worlds") together with a relation of accesibility between worlds. Each sequence represents a possible execution of a program and each transition from one state to another represents the execution of an atomic statement of some process in the system. Concurrency is represented by the interleaving of concurrent atomic operations.

The specifications will correspond in the model to a set of conditions on the possible "execution sequences", in such a way that only certain specified such sequences are allowed.

Each state represents a view of the system at a particular instant of time.

2.2. Temporal clauses.

A (temporal) clause is an expression of the form :
$$C_i = Q_1 \ldots Q_n (L_1 v \ldots v L_n \ v \ \Box \ D_1 \ v \ldots v \ \Box \ D_n \ v \ \Diamond \ A_1 \ v \ldots v \ \Diamond \ A_n)$$
where each Q_i is a universal quantifier; each L_i is a literal preceded by a string of zero or more operators o; each D_i is a disjunction that posseses the general form of the clauses, and each A_i is a conjunction, where each conjunct posseses the general form of the clauses.

Remark that non every temporal formula possess a clause normal form. Consequently, in the following, we consider only sets (conjunctions) of formulas that possess a clause normal form.

III Resolution rules

3.1. Let C_1 and C_2 two unit clauses. We define the operations :
- $\Sigma_i(C_1, C_2)$ $i = 1, \ldots, 4$
- $\Gamma(C_1)$

And the properties :
- (C_1, C_2) is resolvable (i.e., C_1 and C_2 are resolvable).
- (C_1) is resolvable

recursively as follows :

3.1.1. Classical operations.
a) $\Sigma_1(p, \sim p) = \emptyset$ if there is a most general unifier s for $\{p,g\}$
           (i.e. sp = sg).
And $(p, \sim p)$ is resolvable via s.
b) $\Sigma_1((D_1 v D_2), F) = \Sigma_i(D_1, F) v D_2$
And if (D_1, F) is resolvable via s, then $((D_1 v D_2), F)$ is resolvable via s.

3.1.2. Temporal operations.

a) $\Sigma_2(\Box E, \triangle F) = \triangle \Sigma_i(E,F)$ provided that $\Diamond$ is $\Box$, $\Diamond$, o.
And if (E,F) is resolvable via s, then $(\Box E, \triangle F)$ is resolvable via s.

b) $\Sigma_2(\Box E, F) = \Sigma_i(E,F)$
And if (E,F) is resolvable via s, then $(\Box E,F)$ is resolvable via s.

c) $\Sigma_2(\Diamond E, \Diamond F) = \Sigma_i(E, \Diamond F) \vee \Sigma_i(\Diamond E, F)$
And if $(E, \Diamond F)$ or $(\Diamond E, F)$ are resolvable via s, then $(\Diamond E, \Diamond F)$ is resolvable via s.

d) $\Sigma_2(oE, oF) = o \Sigma_i(E,F)$
And if (E,F) is resolvable via s, then (oE, oF) is resolvable via s.

e) $\Gamma(E(\Diamond (D \& D' \& F))) = E(\Diamond (\Sigma_i(D,D') \& F))$
And if (D,D') is resolvable via s, then $(E(\Diamond ((D \& D') \& F)))$ is resolvable via s.

3.1.3. Transformations operations.

a) $\Sigma_3(\Box E, F) = \Sigma_i(\Box\Box E, F)$
And if $(\Box\Box E, F)$ is resolvable via s, then $(\Box E, F)$ is resolvable via s.

b) $\Sigma_3(\Diamond E, F) = \Diamond_n E \vee \Sigma_i(\Diamond (\Box_n \sim E \& o^n E), F)$
And if $\Diamond_n E$ or $(\Diamond (\Box_n \sim E \& o^n E), F)$ is resolvable via s, then $(\Diamond E, F)$ is resolvable via s.

We must note that for a given set of clauses S, $n \leq k$ where k is the number of o operators occuring in S.

3.2.
If C_1 and C_2 are unit clauses and C_1 and C_2 are resolvable (or C_1 is resolvable), then a clause is called resolvent of C_1 and $C_2((C_1))$ if it is the result of substituting :

  $\emptyset$ for every occurrence of $(\emptyset \& E)$
  E for every occurrence of $(\emptyset \vee E)$
  $\emptyset$ for every occurrence of $\triangle \emptyset$, where $\triangle$ is $\Box$, $\Diamond$ or o in $\Sigma_i(C_1, C_2)$ $(\Gamma(C_1))$, as times as necessary.

We note by $R(C_1, C_2)$ (or $R(C_1)$) a resolvent of C_1 and $C_2((C_1))$.

3.3.
Let $C_1 \vee C$ and $C_2 \vee C'$ be two clauses, The resolution rule :

1) $$\frac{C_1 \vee C \quad C_2 \vee C'}{R(sC_1 ; sC_2) \vee sC \vee sC'}$$

is applied if C_1 and C_2 are resolvables, via s.

And the rule :

2) $$\frac{C_1 \vee C}{R(sC_1) \vee sC}$$

is applied if C_1 is resolvable, via s.

3.4. Let $E(D \vee D \vee F)$ be a clause. The following rule will be applied

3) $$\frac{E(D \vee D \vee F)}{E(D \vee F)}$$

3.5. Let S be a set of clauses. A deduction of C from S is a finite sequence $C_1,\ldots,C_n$ such that :

- C_n is C
- C_i ($1 \leq i \leq n$) is :
  a clause of S, or
  a clause obtained from C_j, $j < i$ using the inference rules 2) or 3) or a clause obtained from C_j and C_k, $j,k < i$, using the inference rule 1).

3.6. A deduction of the empty clause is called a refutation.

3.7. We give an elementary example to the aim to explain the method. Given the two unit clauses $\square \Diamond$ p and $\square \square$ ($\sim$p $\vee$ q), a set of operations and properties corresponding to this set will be :

1. $\Sigma_2(\square \Diamond p), \square \square (\sim p \vee q)) = \square \Sigma_2(\Diamond p, \square (\sim p \vee q))$. And if $(\Diamond p, \square (\sim p \vee q))$ is resolvable, then $(\square \Diamond p, \square \square (\sim p \vee q))$ is resolvable.
2. $\Sigma_2(\Diamond p, \square (\sim p \vee q)) = \Diamond \Sigma_1(p, \sim p \vee q)$. And if $(p, \sim p \vee q)$ is resolvable then $(\Diamond p, \square (\sim p \vee q))$ is resolvable.
3. $\Sigma_1(p, \sim p \vee q) = (\Sigma_1(p, \sim p) \vee q)$. And if $(p, \sim p)$ is resolvable, then $(p, \sim p \vee q)$ is resolvable.
4. $(\Sigma_1(p, \sim p) \vee q) = (\emptyset \vee q)$. And $(p, \sim p)$ is resolvable. Therefore $(p, \sim p \vee q)$ and $(\Diamond p, \square(\sim p \vee q)$ are resolvables.

Consequently $(\square \Diamond p, \square \square (\sim p \vee q))$ is resolvable, and the inference rule 1) can be applied as follows :

$$\frac{\square \Diamond p \quad \square \square (\sim p \vee q)}{\square \Diamond q}$$

because $\Box \Diamond$ q is the result of substituting q by ($\emptyset$ v q) in $\Box \Diamond (\emptyset$ v q).

Therefore in classical logic only one operation, $\Sigma_1(p, \sim p)$, is sufficient to apply the resolution rule, while in temporal logic more than one operation can be necessary to make it.

3.8. A set of clauses S is unsatisfiable iff S is refutable.
The proof is obtained following the pattern given in [Fa]

IV <u>Protocol definition</u>

4.1. Computer networks usually involve a hierarchy of protocols. The lowest level of the hierarchy consists of some physical communication system, while the higher levels use the virtual communication system offered by the next lowest level and offers, in turn, a new virtual communication system to its users.

In this work we are interested in the host-host level of the hierarchy, which deals with the communication sub-networks from the lower levels and with the hosts at the higher one. Of the two aspects that are usually distinguished in the host-host protocols - the control function and the data transfer aspects - we treat here the second one, having to do with the transmission of a sequence of messages from one user to another.

We will discuss a generalization of the alternating bit protocol which incorporates transmission and reception windows. Although the specifications are constructed along the same lines as in the alternating bit case [Ca] , the present example has the advantage over the latter in that it allows for several messages to be outstanding simultaneously. In other words, the sender may transmit a number of messages before receiving any confirmation.

We start with the general definition of the protocol incorporating in the specifications the model proposed by Stenning [Ste] . From his work - which uses a high level programming language and the parallel assertion method as verification procedure - one can obtain several invariant properties of the protocol. In particular, messages are received in the same order as they are transmited, without losses or duplications. In our case, we prove that the specifications satisfy the following property : every message sent by the transmitter is actually received.

We shall assume that the communication is unidirectional, from transmiter to receiver. Of course, a second application of the protocol in the opposite direction yields bidirectional communication.

The protocol should be able to transmit messages in the same order as submitted, taking into account the possible losses, duplications, delays and reorderings introduced by the subnetwork.

Any possible corrupted messages are detected and discarded by lower level mechanisms.

Each message is transfered in a packet consisting in the message itself together with a sequence number, which can take arbitrarily large values.

The transmitter windows gives the number of messages with consecutive sequence numbers that the transmitter could send without acknowledgment from the receiver. This number is a fixed constant, the "transmit window". After the message in the window with the smallest sequence number is acknowledged, the window is shifted "right" to include the next sequence number.

Correspondingly, the receiver has a receiving window, and is allowed to receive any message within the limits determined by this window. The receiver, upon reception of the message with the lowest sequence number in the window, will shift the window "right" by one unit (thus allowing the reception of one more message).

Acknowledgments or retransmissions are effected on the basis of a timeout system. A given acknowledgment indicates both reception of an individual message and a succesful reception of all messages with sequence number no greater than the specified value.

Notational convention are those of [Ste] . Figure 1, taken from [Ste] , illustrates the relationship between the variables used, in particular, the variable "lowest-unacked " indicates the left edge of transmitter window and represents the sequence number of the lowest numbered message still requiring acknowledgment.

"Highest-sent" is the sequence number of the highest numbered message sent so far, and indicates the right edge of the transmitter window. The variable "Next-required" indicates the left edge of the receiver-window and represents the sequence number of the lowest numbered message not get received without error. All messages with sequence numbers less than "next-required" have been successfully received and passed on the user.

The receiver can accept any message with sequence number greater than "next-required" and less than "next-required" plus a predefined constant value, the "receive-window".

The transmitter has a separate ("logical") timer for each sequence number, in order to control the reception of acknowledgments for each packet (i.e., each possible sequence number).

TRANSMITTER

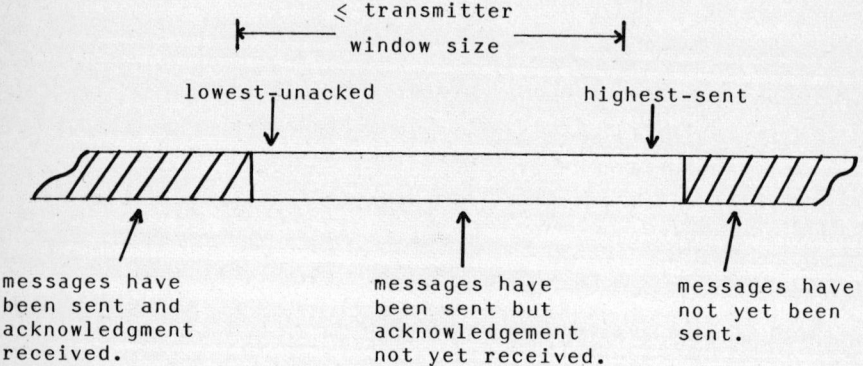

RECEIVER

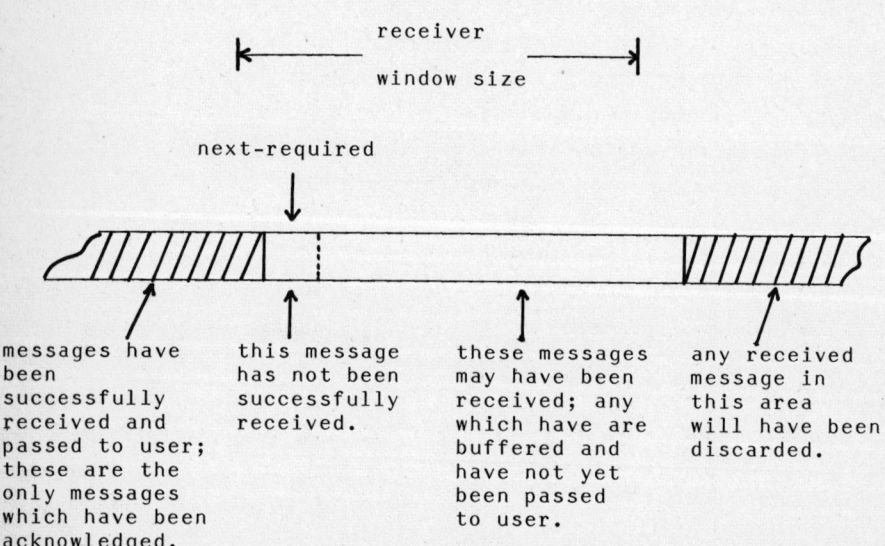

Fig. 1. Transmitter and receiver windows.

4.2. Protocol Specification

4.2.1. The predicates and constants values that we use for specifications are :

ws : size or the sender window.

rw : size or the receiver window.

Trans (i,l) : send all packages with sequence number j/ $i \leq j \leq l$

Starttimers (i,l) : start timers j/ $i \leq j \leq l$

Canceltimers (i,l) : cancel timers j/ $i \leq j \leq l$

Def(m_j) : dequeuing the j-th message from input queue.

$<j,m_j>$: indicates the packet that has message m_j and sequence number j

Lowest unacknowled (i) : i is the lowest sequence number of the packet sent but not yet acknowledged

Highest-sent (i) : i is the highest sequence number of the packet sent but not yet acknowledged

Receive ack (i) : i is the number of the acknowledgment received by the sender.

Receive ($<j,m_j>$) : the receiver receives a packet with sequence number j and message m_j.

Already received (j) : j is the sequence number of a packet already received by the receiver.

Checksum ($<j,m_j>$) : indicates the results of the checksum test on received packets.

Trans ack (i) : the receiver transmit an acknowledgment with sequence number i.

Next required (i) : i is the lowest sequence number of message not yet received without error

Temporary message buffer ($<j,m_j>$) : the packet ($<j,m_j>$) belongs to the temporary message buffer of the receiver.

Current release position (j) : j is the current release position in the sequence of livred messages and it is determined by the number of deliveries carried out since initialing of the system

Release count (j) : j indicates the number of messages delivered each time.

Deliver (i,j,m_i,z) : the receiver delivers to the users the message with the sequence number i ; m_i is the message corresponding to the sequence number i; and the message will have j as its current release positions; z is the release count.

4.2.2. Sender Process

Clause S_1 a) □ $(Deq(m_i) \ldots Deq(m_{i+ws})) \supset \Diamond Trans(i,i+ws)$
b) □ $(Trans(i,i+ws) \wedge lowestunack(i) \wedge Highest{=}sent(i+ws)$
$\wedge$ Start Timers$(i,i+ws) \supset o$ ((Receive ack$(j) \wedge$
$\wedge$ $i \le j \le i+ws))$ v (Trans$(i,i+ws) \wedge$ lowestunack$(i) \wedge$ Highest
sent $(i+w) \wedge$ StarTimers $(i+i+ws))))$

Clause S_2 □ ((Receiveack$(j) \wedge i \le j \le w \wedge$ Lowestunack$(i) \wedge$ Highest
sent$(w)) \supset$ (Cancel Timers $(i,j)) \wedge$ Lowest unack$(j+1))$

Clause S_3 □ ((Timeout$(j) \wedge$ Lowestunack $(i) \wedge$ Highest-sent (w)
$\wedge i \le j \le w) \supset \Diamond$ (Cancel Timers $(i,w)))$
$\wedge$ Cancel Timers$(i,w) \supset o \Diamond$(Trans $(i,w) \wedge$ StartTimers
$(i,w)))$

Clause S_4 □ (StartTimer$(i) \supset o \Diamond$ (Time out(i) v CancelTimer$(i))$

Initial Axiom   Deq$(m_1) \wedge$ Trans$(1,1) \wedge$ Lowest unack$(1) \wedge$ Highest sent
$(1) \wedge$ StartTimer $(1,1)$

Clause S_1 indicates that any sequence of messages taken from the input queue by the transmitter will be sent until the corresponding acknowledgements are received ; at this point their transmission ends. It also indicates that the sequence cannot be longer than allowed by the transmitter's window : the smallest (resp. largest) sequence number is the lowest acknowledged (resp. highest sent) number.

Clause S_2 indicates that if the transmitter receives the acknowledgement for a sequence number among those in its window, it will cancel all the timers corresponding to the numbers from the lowest acknowledged up to that value. And it will increase the lowest unacknowledged number by one unit.

Clause S_3 indicates that if a timeout is produced for a timer i corresponding to a sequence number among those sent, the transmitter will cancel all the timers for sequence numbers within its window which are greater than or equal to i. After this cancelation it proceeds to retransmit the same sequence of messages, starting once again the corresponding timers.

Clause S_4 indicates that a timer may be cancelled in two situations. The first, when a correct acknowledgment is received, and the second when a timeout occurs for a sequence number less than the sequence number in question. In this second case, the timer is cancelled because all packets with sequence number between the one that timed out and the right edge of the transmit window will be retransmitted.

The initial axiom indicates the conditions for starting the system : the transmitter takes the first message from the input queue and begins the transmition.

4.2.3. Receiver Process

Clause R_1 $\Box$ (Receive($<j,m_j>$) $\wedge \neg$ Already received(j) $\wedge$ Checksum
($<j,m_j>$) = true $\supset \Diamond$ (Already Received(j) $\wedge$
Trans_ack(w-1) $\wedge$ Next required(w)))

Clause R_2 $\Box$ (Already receive(j)) $\wedge$ $z \leq j \leq z+rw \wedge$ Next_req(z)
$\supset \Diamond$ (Temporary message buffer($<j,m_j>$) $\wedge$ AlreadyReceive
(j)))

Clause R_3 a) $\Box$ (Already received(j) $\wedge$ Temporary message buffer
($<j,m_j>$) $\wedge$ Next required(j) $\wedge$ Current release
position(i)) $\supset \Diamond$ Deliver(j,i,m_j,1))
b) $\Box$ (Deliver(j,i,m_j,1) $\supset \Diamond$ (Next required(i+1)
Current release position (i+1)))

<u>Initial Axiom</u>   Already received($\mathcal{L}$) = FALSE $\wedge$ Next required(1)
$\wedge$ Current Release position(1)
$\wedge$ Release count(0)

<u>Auxiliary Clauses</u>

Clause R_4 $\Box$ (Receive($<j,m_j>$) $\supset \Diamond$ (Receive($<j,m_j>$) $\wedge \neg$ Already receive(j)
$\wedge$ Checksum($<j,m_j>$) = True)).

Clause R_5 $\Box$ (Already received(j) $\supset \Diamond$ ($z \leq j \leq z+rw \wedge$ Next required(z)
$\wedge$ Already received(j)))

Clause R_6 $\Box$ (Already received(j) $\wedge$ Temporary message buffer($<j,m_j>$)
$\supset \Diamond$ (Already received(j) $\wedge$ Temporary message buffer
($<j,m_j>$) $\wedge$ Next required(j) $\wedge$ Count release position(j)))

Clause R_7 $\Box$ (Transack (j) $\supset \Diamond$ Deliver(j,X,m_j,1))

Clause R_1 indicates that if a package is received that has not been received before and it passes the anti-corruption test, then it is considered by the receiver as a new package. At the same time the receiver acknowledges the message with number immediately preceding that of the lowest numbered one not yet received without error (which could be the one preceding the newly received package).

Clause R_2 indicates that if the new package has a sequence number displayed in the receiver's window, it will be an element of the receiver's temporary message buffer and it will be therefore considered as already received.

Clause R_3 indicates that if the package just received has a sequence number corresponding to the lowest numbered message not yet received without error and to the current release position of the sequence of messages already delivered, then the corresponding message will be delivered. Consequently, the values of the lowest numbered message and of the current release position will both be increased by one.

4.2.4. Communication medium.

Since the communication medium is unreliable, its specification must allow for losses, delays and reorderings of the messages - although it is assumed that no new messages can be created in the process.

Clause C_1 $\square \diamond$ Trans$(j,j) \supset \diamond$ Receive$(<j,m_j>)$

Clause C_2 $\square \diamond$ Trans ack$(j) \supset \diamond$ Receive ack(j)

Clause C_3 $\circ \diamond$ Receive$(<j,m_j>) \supset$ Trans(j)

Clause C_4 $\circ \diamond$ Receive ack$(j) \supset$ Trans ack(j)

Clause C_1 indicates that any message that is sent infinitely often will eventually be received.

Clause C_2 asserts the same for acknowledgements.

Clause C_3 and Clause C_4 indicate that only that which has entered the communication medium is received.

4.3. Proof of properties

We will prove a liveness property of the protocol :

"if a message is transmitted it will be received by the Receiver and delivered to users".

The temporal formula corresponding to this property is the following :

Def$(m_j) \supset \diamond$ Deliver$(j,X,m_j,1)$

Since our method is a refutation one, we add to the specifications the clause : Deq$(m_j) \wedge \square \sim$ Deliver$(j,X,m_j,1))$

In the refutation we will give only the main steps :

From Deq(m_j) and S_1 a) we obtain

1. $\diamond$ Trans(j,j)

From 1 and C_1 using the operation 3.1.3. b) for $n = 1$

2. $\diamond$ ($\diamond$ Trans$(j,j) \wedge \circ \square \sim$ Trans(j,j) v $\diamond$ Receive$(<j,m_j>)$

From 2 and S_1 b) we obtain

3. $\Diamond (\circ \Diamond$ Receive ack(j) $\vee \Diamond$ Receive$(<j,m_j>)$

From 3 and C_4 we obtain

4. Trans ack(j) $\vee \Diamond$ Receive$(<j,m_j>)$

From 4 and R_7 we obtain

5. $\Diamond$ Deliver$(j,X,m_j,1)$ $\vee \Diamond$ Receive$(<j,m_j>)$

From 5 and $\Box \sim$ Deliver$(j,X,m_j,1)$ we obtain

6. $\Diamond$ Receive$(<j,m_j>)$

From 6 and R_4 we obtain

7. $\Diamond$ (Receive$(<j,m_j>)$ $\wedge \sim$ Already received$(j) \wedge$ Checksum$(<j,m_j>)$ = True)

From 7 and R_1 we obtain

8. $\Diamond \circ \Diamond$ (Already received$(j) \wedge$ Trans ack$(w-1) \wedge$ Next required(w))

From 8 and R_5 we obtain

9. $\Diamond \circ \Diamond (\Diamond$ ($z \leq j \leq z+rw \wedge$ Next required$(\tilde{z})$ $\wedge$ Already receive(j))
   $\wedge$ Trans ack$(w-1) \wedge$ Next-required(w))

From 9 and R_2 we obtain

10. $\Diamond \circ \Diamond$ ($\Diamond \Diamond$ (Temporary message buffer$(<j,m_j>) \wedge$ Already received $(j))) \wedge$ Trans ack$(w-1) \wedge$ Next required(w))

From 10 and R_6 we obtain

11. $\Diamond \circ \Diamond$ ($\Diamond \Diamond$ (Already received$(j) \wedge$ Temporal buffer$(<j,m_j>)$
    $\wedge$ Next required$(j) \wedge$ Count release position(j))
    $\wedge$(Trans ack$(w-1) \wedge$ Next required(w)))

From 11 and R_3 we obtain

12. $\Diamond \circ \Diamond$ ($\Diamond \Diamond$ (Deliver$(j,j,m_j,1)) \wedge$ Trans ack$(w-1)$
    $\wedge$ Next required(w))

And from 12 and $\Box \sim$Deliver$(j,X,m_j,1)$ we obtain the empty clause.

V Conclusions

Our resolution method allows the definition of proof strategies which are considerably simpler and of a wider scope than those allowed by other existing methods. At the same time, it allows precise and concise definitions, with the added advantage of yielding proofs of both safety and liveness properties of the protocols.

We are presently applying this method to the more complex access protocol for a local network.

Acknowledgements

We would acknowledge G. Berthelot for his many useful observations and D. Schwabe for his careful revision of an earlier draft of this paper.

BIBLIOGRAPHY

[Aze] AZEMA P.
Analysis of protocols by means of Prolog interpreted Petri nets Proceedings of 4th European Workshop on Applications and Theory of Petri nets,Toulouse, September 1983.

[Ber] BERTHELOT G.
"Transformations et analyse des réseaux de Petri - applications aux Protocoles", Thèse d'Etat, LITP, Paris VII, octobre 1983.

[Boch] BOCHMANN G.V.
"Logical Verification and implementation of Protocols". Proc. fourth data communications symp. CACM/IEEE, 1975, 7, 15-7.20.

[Ca-Fa] CAVALLI A.R., FARIÑAS DEL CERRO L.
"A decision method for linear temporal logic", Proc. of the Seventh International Conference on Automata Deduction, Napa, Californie, 14-16 may 1984.

[Ca] CAVALLI A.R.
"A method of automatic proof for the specification and verification of protocols", Proc. of the ACM SIG COMM'84 SYMPOSIUM, Montreal, Canada, June 7-8 1984.

[Di-Da] DIAZ M., GUIDACCI DA SILVEIRA G.
"Specification and validation of protocols by temporal logic and nets". Proc. of IFIP 83. Paris PP. 47-52.

[Fa] FARIÑAS DEL CERRO L.,
Deduction automatique et logique modale. Thèse d'Etat, LITP, Paris VII, Juin 81.

[GPSS] GABBAY D., PNUELI A., SHEALAH S., STAVI J.
Temporal Analysis of Fairness. Seventh ACM Symposium on Principles of Programming Languages. Las Vegas, NV, Jan. 1980.

[Ha] HAILPERN B.
"Verifying Concurrent Processes Using Temporal Logic", Springer Verlag, Berlin-Heidelberg-New York, 1982.

[LaO] LAMPORT L., OWICKI S.
"Proving Liveness Properties of concurrents programs", ACM Transactions on Programing Languages and Systems, Vol. 4, N°3, July 1982.

[La] LAMPORT L.
"What good is temporal logic ?", Proc. of Cong. IFIP 83, Paris North Holland, 657-667.

[MP]   MANNA Z., PNUELI A.
           "Verification of Concurrent Programs, Part I : The Temporal
           Framework", Department of Computer Science, Stanford University, June 1981.

[MSSch]   MELLIAR SMITH M.P., SCHWARTS RKLK
           "Temporal Logic Specifications of distributed Systems", Communication au Congrès Parallélisme et Systèmes distribués",
           Versailles, Avril 1981.

[MW]   MANNA Z., WOLPER P.
           "Synthesis of communication Processes from Temporal Logic Specifications", Department of Computer Science, Stanford Univers.
           Sept. 1981.

[MSSchVo] SCHWARTZ R., MELLIAR SMITH P.P., VOGT F.H.
           "An Interval Logic for higher level Temporal Reasoning", Report Computer Science Laboratory, SRI International, June 1983.

[Rob]   ROBINSON J.
           A machine oriented logic based on the resolution principle.
           J. ACM, 12, 1965, pp. 23-41.

[Ste]   STENNING N.V.
           "A data Transfer Protocol", Computer Net-works 1, pp 99-110,
           1976.

Une implémentation des coroutines en Lisp, application à Smalltalk.

Pierre COINTE (*)

IRCAM
31 rue St-Merri
75004 Paris France
277 12 33 Poste: 48-27

Resumé: Le couple <detach resume> réalise pour Simula **un mécanisme d'interruption-reprise** connu sous le terme générique de coroutine.
Le but de ce papier est d'étudier la signification d'un tel mécanisme dans un univers applicatif. Pour ce faire nous isolons un domaine de Lisp, celui du séquentiel pur (progn) et nous montrons comment implémenter le couple <detach, resume> sur ce domaine réduit. Cette implémentation ne requiert l'adjonction d'aucune primitive, n'utilise aucune connaissance concernant l'architecture de l'interprète Lisp (la fluidité des variables et la liaison superficielle étant admises) et ne fait aucune hypothèse quant à la structure de la pile.
Nous montrons à partir d'un exemple pris dans le domaine du calcul parallèle comment les coroutines s'expriment dans une vision Lisp récursive: il suffit d'ajouter au modèle précédent **un mécanisme de fermeture** puis d'exprimer les calculs récursifs en utilisant explicitement (à la Plasma) la continuation. Est alors établi la complémentarité du couple <detach closure> qui marie à nouveau **un échappement à une fermeture**.
Smalltalk est une extension de Lisp par les classes hiérarchisées et la transmission de messages. Un objet est aussi une fermeture, il nous est donc suggéré d'exprimer le mécanisme des coroutines dans l'univers des classes. Cette expression prend un aspect original, puisqu'elle nous conduit à introduire la notion **de méthodes d'instance**: une méthode interrompue provoque la création **d'une méthode de reprise** non pas dans la classe mais directement dans l'objet receveur. Sont alors traités deux exemples, le premier montrant la génération puis la synchronisation de deux streams, le second traitant un algorithme de backtracking.
En conclusion, nous considérons que **iprogn** est un palliatif Lisp au calcul-parallèle, comme l'était déjà **closure** pour le funarg. Cette approche, à la P. Greussay, exprime pour tout Lisp un mécanisme *portable* de rupture de séquence et motive la réalisation d'algorithmes nouveaux.

Mots clefs: parallélisme, quasi-parallèle, langage applicatif, progn, rupture de séquence, detach, resume, échappement, lock, iprogn, funarg, closure, continuation, queue, qput, méthode de reprise, Simula, Smalltalk, Objvlisp, stream, same-fringe, backtrack.

(*) LITP-CNRS LA 248, 2 place Jussieu, 75005 Paris & Université Paris-8, 2 rue de la Liberté, Saint-Denis

---

15-17 Avril 1984

Introduction   Introduction

1. LE PARALLELISME ET LES LANGAGES APPLICATIFS

L'introduction du calcul parallèle dans les langages applicatifs et plus particulièrement les λ-interprètes pose deux problèmes majeurs [Wand80]:

- Celui de la définition de l'**état** d'un calcul exprimé en termes des ressources utilisées par l'interprète (registres, piles, tas etc...)

- Celui du choix des primitives, capables de fixer un état, et plus généralement de décrire les changements d'états (mécanismes de sauvegarde et de restitution).

Les solutions à apporter sont intimement liées aux stratégies implémentatoires retenues au niveau de l'architecture de l'interprète. Deux choix sont particulièrement cruciaux: celui de la portée des variables (statique, dynamique) et celui du mode de liaison (superficielle, profonde).

Pour la liaison statique l'interprète doit réaliser la fermeture complète des variables libres, définissant lexicalement la portée de ces variables comme le corps de la λ-expression dans lequel elles apparaissent.
Scheme [Steele75] est l'exemple le plus souvent cité d'un Lisp à liaison lexicale intégrant aussi des processus. Les mécanismes de suspension (swapoutprocess) et de reprise (swapinprocess) s'expriment simplement comme un ensemble de registres à sauvegarder (restaurer) et un pointeur à déplacer sur la A-liste environnement. Plasma [Hewitt75] et la programmation par passage à la continuation constituent une ouverture vers le calcul parallèle qui ne requiert aucune extension du langage (par construction d'acteurs supplémentaires): la technique de *capture des continuations*, réalise dans un contexte lexical, un mécanisme de suspension-reprise. JL. Durieux [Durieux81] discute de deux stratégies d'implémentation de Plasma (par *rétention* ou par *destruction*) et des conséquences relatives au calcul parallèle.

Pour ce qui concerne Lisp, les variables sont (en général) fluides, et la liaison dynamique.[1] L'état d'un calcul est en grande partie décrit par celui de la pile. De ce fait l'introduction des processus en Lisp est contrainte par les choix pris pour implanter cette pile. Pour l'heure trois techniques se sont développées:

- Celle des *spaghetti stacks* de Interlisp [Teitelman78].

- Celle des *stack pointers* de UCI-Lisp [Meehan79].

- Celle des *stack groups* de la machine Lisp [Moon83].

Une autre alternative consiste à proposer une extension de Lisp vers les processus qui ne modifie pas le noyau de l'interprète mais utilise seulement les

---

1. Cette tendance qui était devenue la norme dans les années 70 semble aujourd'hui remise en question [Rees82].

primitives du langage. [McKay80] propose une extension de Lisp1.5 vers le *multiprocessing* par un ensemble de fonctions (dont l'implémentation n'est pas donnée) qui définissent un processus comme l'instance d'un générateur de processus (*template*). Notre approche est identique, elle vise à étendre un Lisp à liaison superficielle en explicitant une implémentation du triplet <iprogn, detach, resume>.

2. LES COROUTINES EN LISP.

Le mécanisme de protection des environnements (funarg) étant supposé résolu par la primitive closure [Cointe81], introduire les coroutines dans un Lisp à variables fluides, revient d'abord à prévoir un mécanisme de rupture de séquence.

2.1 **Propositions pour un progn interruptible.**

La primitive **progn** réalise pour tout Lisp une demande explicite de séquencement exprimée en terme d'une suite de S-expressions à évaluer. Elle est aussi le grain de contrôle privilégié, utilisé systématiquement par l'interprète pour évaluer un corps de fonction ou construire d'autres structures de contrôle comme les conditionnelles (if, cond, when, unless, etc..) et les boucles (while, do, repeat, until, etc..).
Se donner les moyens de suspendre, puis de reprendre, le traitement d'un progn est un premier pas vers l'introduction du calcul parallèle en Lisp.

$$(progn\ S_1\ S_2\ ...\ S_i\ ...\ S_n)\quad [F\text{-}Subr]$$

Les différentes S-expressions S_i sont évaluées, l'une après l'autre, de gauche à droite. La valeur de la dernière forme (S_n) est retournée à l'appelant.
Intèrrompre le déroulement d'un progn signifie étendre sa définition pour:

- Permettre une (ou plusieurs) suspension(s) dans la séquence d'évaluation.

- Garantir la reprise ultérieure de cette séquence, au point précis, de l'interruption et dans un contexte à préciser.

Nous interdisant la redéfinition de la primitive **progn**, nous en proposons une version interruptible que nous nommons **iprogn**. La définition de ce nouveau séquenceur est liée à celle des fonctions **detach** et **resume** respectivement chargées d'interrompre et de reprendre son déroulement.

2.1.1 Le triplet <iprogn detach resume>

Pour notre modèle de coroutines, un appel de la fonction detach n'aura de sens qu'à **l'intérieur** d'une forme iprogn:

(iprogn S_1 ... S_i **(detach 'point-reprise)** S_{i+1} ... S_n)

Si aucune S-expression S_i ne correspond à un appel de la fonction detach, les S_i sont évaluées normalement à la progn. Par contre, à la rencontre d'une forme detach:

1. la séquence est suspendue,

2. la suite des calculs restant à entreprendre (S_{i+1} ... S_n) est sauvegardée et associée au symbole **point-reprise**,

3. la valeur de S_i est retournée à l'appelant.[2]

Pour reprendre la séquence interrompue on évaluera la forme:

(resume 'point-reprise 'arg$_1$ ... 'arg$_n$)

Cet appel de resume a pour effet de reprendre le iprogn interrompu à partir de l'expression S_{i+1} dans un contexte (optionnellement) enrichi par les valeurs des arguments (arg$_1$ ... arg$_n$).

2.1.2 Un exemple élémentaire.

Nous avons redéfini la *boucle racine Lisp (toplevel)* pour que la continuation de l'évaluateur soit le lecteur (read) et non plus le scribe (print). Les fonction foo et bar provoquent un effet de bord sur le buffer de sortie où elles placent, à tour de rôle, une portion de texte.
Le texte final, imprimé à l'appel de la primitive print, matérialise la suite de suspensions-reprises intervenues à l'exécution des deux corps de fonctions et à l'évaluation du resume toplevel.

Remarque1: Par simple commodité les noms des points de reprise se confondent avec ceux des fonctions dans lesquelles ils apparaissent.
Au passage, nous montrons qu'à un même atome peuvent être associés une définition fonctionnelle (de), et des λ-expressions de reprise (detach).
Remarque2: Le premier argument de chacune des formes iprogns est la liste vide: cet exemple ne justifie la sauvegarde d'aucune variable (cf. infra 2.4).

---

2. Cette convention prête à discussion, dans une vision *échappement* la valeur retournée pourrait être celle du dernier argument du detach.

Coroutines   en Lisp

```
? (de foo ()
?    (iprogn () (prin1 "Etude de") (detach 'foo) (prin1 "et de")))
= foo
? (de bar ()
?    (iprogn ()
?       (prin1 "resume, detach, des coroutines,")
?       (detach 'bar)
?       (prin1 "implementation")
?       (resume 'foo)))
= bar
? (de toplevel () (eval (read)))
= toplevel
?
? (foo)
? (bar)
? (prin1 "de leur")
? (resume 'bar)
? (print " leur utilisation.")
 Etude de resume, detach, des coroutines, de leur implementation et de
leur utilisation.
?
```

Figure 1. Les coroutines Lisp: vision naive.

2.2 Une implémentation de iprogn, detach et resume.

La suite de la séquence interrompue est préservée dans la P-liste de l'atome *point-reprise* sous l'indicateur **resume**. Cette sous-séquence *à reprendre* prend la forme d'une λ-expression dont l'unique argument (mail) capturera les arguments du resume et dont le corps utilisera (en prévision d'autres suspensions) une autre séquence iprogn explicite.

L'évaluation d'un resume est traitée comme un appel explicite au module apply (via applyn ou funcall), la fonction définissant la suite des calculs à reprendre étant accessible par la primitive get.

Deux problèmes restent alors à résoudre:

1. Celui de la détermination du contexte à restaurer: nous décidons de laisser à l'utilisateur le soin de **déclarer explicitement** la liste des variables dont les valeurs seront sauvegardées à l'instant de la suspension.

   (iprogn **(V1 ... VP)** S_1 ... S_i (detach 'point-reprise) S_{i+1} ... S_n)

2. Celui de la synchronisation des calculs interrompus attachés à un même point de reprise. Les interruptions seront gérées classiquement comme une queue: la première séquence interrompue étant la première relancée.
   Ce dernier point justifie le choix de la P-liste: celle-ci permet de stocker sous un même symbole un ensemble de définitions fonctionnelles, ce qui n'est pas le cas d'une F-val.

Nous proposons donc une nouvelle primitive opérant sur la structure de P-liste: **qput** (queue-put) gére les clefs non plus comme une pile (put, addprop) par chaînage avant, mais comme une queue par chaînage arrière.

Notre interprète Lisp favori étant Vlisp [Greussay82], nous donnons l'implémentation du triplet <iprogn detach resume> dans ce dialecte de Lisp, mais en prenant soin de l'écrire dans un *style portable*. Il vient:

```
(de qput (at key val)
   (when (litatom at)
      (if (plist at) (nconc (plist at) [key val])
         (put at key val))))
(df iprogn (%l)
 (let ((%env (nextl %l)))
  (let ((%r nil)) (cond
   ((null %l) %r)
   ((and (listp (car %l)) (eq (caar %l) 'detach))
    (eval (nextl %l)))
   (t (self (eval (nextl %l)))))))))
(de detach (save)
   (qput save
      'resume
       ['lambda 'mail
         ['letdicq %env ['quote (mapcar %env 'eval)]
          ['iprogn %env . %l]]])
   %r)
(de resume (fonc . args)
   (prog1
      (apply (get fonc 'resume) args)
      (remprop fonc 'resume)))
```

Figure 2. Implémentation de detach et resume

La fonction letdicq réalise une liaison d'arbre temporaire. Nous l'utilisons ici pour implémenter un dictionnaire Smalltalk: à l'instant du detach elle construit la fermeture chargée de ré-installer (au moment du resume) les C-vals des variables explicitement protégées[3]

3.
               (letdicq (V1 ... Vp) '(V1* ... Vn*) S1 ... Sn) [F-Subr]

Par *pattern-matching* (*liaison d'arbres*) chacune des variables (Vi) du premier arbre est liée à la valeur correspondante (Vi*) prise dans le second arbre. Dans cet environnement temporaire, les Si sont évaluées en séquence. Ensuite de quoi, chaque variable Vi retrouve son ancienne valeur.

2.2.1 Detach vu comme un échappement.

La primitive lock [Chailloux83] permet de traiter un appel à detach comme un échappement: à la rencontre de l'échappement **detach** celui-ci est *bloqué* par le **lock** qui appelle la fonction trdetach; celle-ci sauvegarde l'état du **iprogn** et relance l'échappement. D'où une autre version de detach:

```
(de iprogn (%l)
  (let ((%r nil) (%env (nextl %l)))
   (escape detach (lock trdetach
      (while %l (setq %r (eval (nextl %l))))
      %r))))

(de trdetach (escape-name escape-arg)
  (when (eq escape-name 'detach)
   (qput escape-arg
      'resume
      '(lambda mail (letdicq ,%env (quote ,(mapcar %env 'eval))
          (iprogn ,%env ,@%l)))))
  (escape-name %r))
```

Figure 3. Detach traité comme un échappement

2.3 Interruption des schémas récursifs.

Ainsi que le montre l'exemple suivant, le mécanisme de coroutine mis en place pour (V)lisp traite aussi la suspension des schemas récursifs à condition:

1. de faire apparaître **explicitement** la primitive **iprogn** dans chacune des structures de contrôle Lisp qu'il s'agit d'évaluer de façon interruptible.[4]

2. d'exprimer les schémas récursifs à l'aide de **continuations** donc en faisant un usage **systématique** des fermetures via la primitive **closure** [Greussay77, Cointe81]

2.3.1 Un exemple de calcul parallèle avec points de reprise

La fonction s-copie (suspension-copie) réalise *normalement* une copie *top-level* de la liste argument. Mais cette liste peut contenir des points de suspension explicites matérialisés par le symbole *; à la rencontre d'un doublet dont le car pointe le symbole *, la construction de la liste résultat est interrompue et ne sera reprise que par un appel: **(resume 's-copie 'evt)**.

Pour montrer l'ordre de construction et établir l'ordre de reprise des différentes incarnations de s-copie suspendues, le symbole * est remplacé par

---

4. Une vision à la Scheme, serait de démultiplier chaque structure de contrôle en définissant la structure équivalente mais dans un mode interruptible.

   (iwhen test sv1 ... svn) --> (when test (iprogn () sv1 ... svn))

```
? (s-copie '(1 2 3 4) (λ (x) x))
= (1 2 3 4)
? (s-copie '(1 * 2) (λ (x) x))
= s-copie suspendu
? (resume 's-copie 'evt1)
= (1 evt1 2)
?
? (s-copie '(do * re mi * fa) (λ (x) x))
= s-copie suspendu
? (s-copie '(1 * 2) (λ (x) x))
= s-copie suspendu
? (resume 's-copie 'evt1)
= s-copie suspendu
? (resume 's-copie 'evt2)
= (1 evt2 2)
? (resume 's-copie 'evt3)
= (do evt3 re mi evt1 fa)
?
```

Figure 4. Copie toplevel d'une liste avec suspension

un *événement* passé en argument du resume: S-copie est construite récursivement suivant le schéma EPR [Greussay77]. La reprise du calcul suspendu nécessite l'accès a la continuation (c) celle-ci est donc sauvegardée par la fermeture:

```
(de s-copie (l c)
   (if (null l) (c nil)
      (self (cdr l)
         (closure '(l c) (λ (msg)
            (if (neq (car l) '*)
               (c (cons (car l) msg))
               (iprogn (c msg)
                  "s-copie suspendu"
                  (detach 's-copie)
                  (c (cons (car mail) msg)))))))))
```

3. LES COROUTINES EN SMALLTALK.

Trois raisons motivent cette dernière étude:

1. Smalltalk [Kay76, Ingalls78, Goldberg83] est le fils spirituel de Lisp et Simula [Birtwistle73, Dahl70] , de ce dernier il a hérité les concepts de classe et d'objet [Cointe83]; or historiquement une coroutine Simula était définie comme un objet i.e. **l'instance d'une classe.**

2. Depuis les années 1970 les langages Lisp, Plasma et Smalltalk suivent une évolution parallèle, évolution qui a contribué au développement de la **programmation orientée objet** [Horowitz83]. Nous étudions dans une première partie l'introduction du calcul parallèle dans Lisp, dans cette

deuxième partie nous traitons le cas de Smalltalk en nous inspirant d'exemples Plasma.

3. Le modèle Smalltalk est aujourd'hui figé [Briot83] et conduit à distinguer des objets de deux types: les générateurs (classes ou meta-classes) et les objets terminaux non instanciables. Les premiers déterminent les capacités fonctionnelles dont héritent les seconds. Nous montrons que l'implémentation des coroutines en Smalltalk est une occasion d'étendre ce modèle en introduisant les **méthodes de reprise**[5]

3.1 Propositions pour des méthodes de reprise.

A la réception d'un message; l'objet receveur exécute une action décrite par la méthode sélectée dans le dictionnaire de sa classe. Le corps de cette méthode est une séquence Smalltalk, la rendre interruptible revient à permettre la suspension d'une transmission.

Dans le contexte Smalltalk:

- les objets sont des **fermetures**, il est donc inutile de prévoir la sauvegarde des valeurs des champs, celle-ci étant gérée par l'interprète.

- la pseudo variable **self** dénote à l'instant de la transmission le nom de l'objet receveur. De ce fait la primitive detach peut être sans argument, le point de reprise implicite étant déterminé par le nom du receveur.

- le calcul suspendu peut être représenté sous la forme d'une nouvelle méthode dite de **reprise**. Cette méthode doit être la propriété de l'objet, et non plus de sa classe, pour permettre à plusieurs instances d'une classe d'être suspendues simultanément dans l'exécution d'un même message.[6]

Notre *vision* Smalltalk du couple <detach resume> est celle des **méthodes de reprise** (ou méthodes d'instance). L'évaluation d'une forme detach dans une méthode **meth1** provoque la création d'une nouvelle méthode **resume-meth1** associée à l'objet receveur. Reprendre la transmission de la méthode **meth1** s'effectuera simplement par envoi du message **resume-meth1** à l'objet suspendu.

---

5. Nous aurions préféré le terme *méthode d'instances* mais celui-ci serait ambigu, puisque déjà utilisé par Smalltalk-80, pour désigner les méthodes appliquables aux objets et détenues par leurs classes. Les méthodes de reprises sont la propriété d'un objet et non pas celle de sa classe.
6. Un même sélecteur peut designer pour un objet donné plusieurs méthodes différentes, celles-ci sont alors gérées en FIFO (à la qput).

3.2 Choix de Objvlisp pour une implémentation des méthodes d'instance.

Une implémentation de Smalltalk-76 en Vlisp [Cointe83a] nous a conduit à proposer une sémantique opérationnelle de Smalltalk en Lisp. Cette étude a conduit à une extension de Vlisp par les objets denommée Objvlisp [Cointe84]. Objvlisp conserve la syntaxe Lisp, le noyau de l'interprète mais intègre les propriétés d'un interprète Smalltalk: la transmission de messages, les classes hiérarchisées, l'héritage multiple, les méta-classes. Par souci de continuité, nous développons l'implémentation des coroutines en Objvlisp, étant admis que le principe est immediatement transposable à Smalltalk.

3.3 Définition d'un générateur de stream: le same-fringe

A generator is a function which produces results one at a time, suspending itself so that it can later resume execution where it left of [McKay 80].[7]

L'algorithme du Same-fringe est l'exemple de calcul quasi-parallèle le plus traité par la *littérature Lispienne*.[8] Le principe est de parcourir **simultanément** et *pas à pas* plusieurs arbres binaires pour comparer leurs *feuillages* respectifs. La stratégie employée consiste à considérer chaque arbre comme un générateur capable de livrer, *une par une*, ses différentes feuilles: ainsi après don d'une feuille, *l'arbre-stream* se suspend.
Un *moniteur* synchronise l'accès aux différents arbres; par envoi du message **next** il compare les feuilles rencontrées dans chacun des parcours préfixes:

- Si ces feuilles sont identiques, le moniteur relance simultanément les différents parcours par envoi des messages: **resume-next**.

- Si ces feuilles diffèrent, les arbres diffèrent aussi par leurs feuillages et tous les parcours en attente s'interrompent définitivement.

Les arbres ont les même feuillages si tous les parcours se terminent normalement; les streams correspondants sont alors épuisés simultanément: ils ramènent la valeur conventionnelle nil.

La figure 5 donne la définition d'un *moniteur same-fringe* pour deux arbres x et y; la figure 6 montre deux exemples d'appels.

---

7. Charniak80 donne une définition voisine des générateurs (et des streams) (P 136-139)
8. [Steele75] P 8-9, [McKay80] P 33-34, [Moon83] P 195-196, [Hewitt76] P 33-34, [Durieux81] P 37-39.

Coroutines   en Smalltalk

```
(de same-fringe (x y)
 (GENERATOR 'new 'stream1 x)
 (GENERATOR 'new 'stream2 y)
 (let ((e1 (stream1 'next)) (f1 (stream2 'next)))
  (print "stream1 --> " e1 "stream2 --> " f1)
  (cond
   ((and (null e1) (null f1)) 'identiques)
   ((= e1 f1)
    (self (stream1 'resume-next) (stream2 'resume-next)))
   (t 'differents))))
```

Figure 5. Le moniteur same-fringe

```
? (same-fringe '((a (b)) c d e) '(a b (c (d (e)))))
 stream1 -->  a stream2 -->  a
 stream1 -->  b stream2 -->  b
 stream1 -->  c stream2 -->  c
 stream1 -->  d stream2 -->  d
 stream1 -->  e stream2 -->  e
 stream1 -->  nil stream2 -->  nil
= identiques
? (same-fringe '(1 (2 (3 (4 (5 (6 (7)))))))  '(1 2 3 4 6 5 7))
 stream1 -->  1 stream2 -->  1
 stream1 -->  2 stream2 -->  2
 stream1 -->  3 stream2 -->  3
 stream1 -->  4 stream2 -->  4
 stream1 -->  5 stream2 -->  6
= differents
```

Figure 6. Arbres binaires vus comme des streams

3.3.1 Définition de la classe GENERATOR

GENERATOR convertit une liste (paires pointées exclues) en un stream. Ce stream est caractérisé par son champ **tree** qui maintient la représentation arborescente de la liste et son champ **left-substream** pointant sur le sous-stream gauche en cours d'exploration. Chaque stream reconnaît les messages: **next, left, right?** et **resume-next** (après la première suspension).

- **next** lance l'exploration du sous-arbre gauche, ramène sa première feuille et se suspend.

- **resume-next** verifie via **right?** si le sous-stream gauche est épuisé, il relance alors le parcours sur le sous-arbre droit, sinon il re-interroge le sous-arbre gauche: **(left-substream 'resume-next)**.

- **left** cherche la premiere feuille du sous-arbre gauche. Si celui-ci est une feuille elle est retournée en valeur, sinon le sous-arbre est à son tour transformé en stream (instancié sur le modèle de GENERATOR) pour recevoir *récursivement* le message **next**.

Coroutines   en Smalltalk

```
(class 'new 'GENERATOR '(subclassof: object) '(fields: tree left-substream)

   next    (λ () (when tree (iprogn ()
                 (oself 'left)
                 (detach)
                 (oself 'right?))))
   left    (λ ()
              (if (atom (car tree))
                  (car tree)
                  ((GENERATOR 'new (dsetq left-substream (gensym)) (car tree))
                   'next)))
   right?  (λ () (let ((leave nil))
              (if (and left-substream
                       (setq leave (left-substream 'resume-next)))
                  leave
                  (dsetq left-substream nil tree (cdr tree))
                  (oself 'next)))) )
```

3.4 Un schéma général de backtracking:

Les coroutines sont aussi utilisées pour exprimer les algorithmes de backtrack [Christaller83]. Nous concluons par un exemple de ce style de programmation:

```
? (BD 'new 'MAISON '(
?       (piece cuisine
?             ((table bois) (chaise bois) (chaise bois) (banc bois)
?             (tabouret fer) (fourneau a gaz emaille)
?             (refrigerateur blanc) (ballon eau chaude) (evier)))
?       (piece living
?             ((banquette skai) (fauteuil skai) (televiseur couleur)
?             (bahut fer) (ballon caoutchouc gros bleu)))
?       (piece chambre-enfant
?             ((lit fer) (armoire a-glace) (chaise en-rotin)
?             (ours peluche) (ballon plastique rouge)
?             (balle caoutchouc bleu))) )
?
? (MAISON 'trouve 'ballon)
= (ballon (eau chaude dans cuisine))
? (MAISON 'trouve 'ballon 'rouge)
 BACKTRACK cuisine
 BACKTRACK living
= (ballon (plastique rouge dans chambre-enfant))
? (MAISON 'trouve 'ballon 'caoutchouc))
 BACKTRACK cuisine
= (ballon (caoutchouc gros bleu dans living))
? (MAISON 'trouve 'pipe)
= exhausted
```

En reprenant [Durieux81] nous expliciterons ainsi cet exemple d'un schéma général de backtracking:

Coroutines   en Smalltalk

- Parcours d'une base de données (BD) dont chaque item est de la forme:
  (piece nom-piece ((objet1 Q11 ... Q1p) ... (objetn Qn1 ... Qnk))

- Un premier traitement (**trait1**: *l'objet cherché figure t-il dans la pièce?*) est appliqué successivement à chaque item. Si **trait1** échoue le parcours continue, sinon le parcours est suspendu et un deuxième traitement est appliqué (**trait2**: *l'objet vérifie t'il les qualités requises?*).

- Si **trait2** réussit à son tour, la solution cherchée est trouvée, mais **trait2** peut échouer, auquel cas il faut relancer le parcours interrompu dans **trait1**.

```
(class 'new 'BD '(subclassof: object) '(fields: items)

   trouve         (λ (objet . qualites) (oself 'recherche))
   cdr            (λ () (let ((items (cdr items))) (oself 'recherche)))

   recherche      (λ ()
                    (let ((result nil))
                      (cond
                        ((null items) 'exhausted)
                        ((eq 'echec (setq result (oself 'trait1 (car items))))
                          (oself 'cdr))
                        (t (oself 'trait2 result)))))

   trait1         (λ (piece) (iprogn (piece)
                    (find objet (caddr piece))
                    (detach)
                    (print "BACKTRACK" (cadr piece))
                    (oself 'cdr))

   trait2         (λ (res)
                    ; res -> (nom-objet (prop1 propn dans nom-piece))
                    (if (verif (cadr res) qualites) (print res)
                      (oself 'resume-trait1))) )

(de find (obj bd)
 ; cherche une occurence de obj ds ((obj1 !?) ... (objn !?))
 (let ((bd bd)) (cond
   ((null bd) 'echec)
   ((eq obj (caar bd)) '(,obj (,@(cdar bd) dans ,(cadr piece))))
   (t (self (cdr bd))))))

(de verif (dat pat)
 (let ((pat pat)) (cond
   ((null pat) t)
   ((memq (nextl pat) dat) (self pat))
   (t nil))))
```

4. CONCLUSIONS

L'implémentation des coroutines en Lisp et Objvlisp n'est pas sans rappeler celle de la primitive closure qui permet à de nombreux programmeurs Lisp d'appréhender l'intérêt des fermetures et de la programmation dirigée par les objets. Nous souhaitons que le triplet <iprogn detach resume> servira de la même façon l'introduction de l'algorithmique parallèle dans les univers Lisp et Smalltalk.

Nous signalerons enfin une autre ouverture de Lisp vers le calcul parallèle, celle proposée par B. Serpette pour l'interprète Le_Lisp [Serpette83, Serpetteft] Il s'agit de l'adjonction deux primitives systèmes **setcont** (fixe l'état de l'interprète) et **resetcont** (restaure cet état); les coroutines s'expriment avec ces deux primitives, les processus aussi, mais requièrent l'adjonction d'une horloge.

Remerciements: le premier chapitre de la thèse de J.L Durieux est à l'origine de ce papier; les exemples exposés en sont issus.

La version préliminaire (et complète) de ce papier est parue en rapport LITP (84-12).

5. REFERENCES

[Birtwistle73] G. Birtwistle, O. Dahl, B Myhrhaug, et K Nygaard, *SIMULA BEGIN*, Petrocelli/Charter, New York (1973).

[Briot83] J.P. Briot, "L'instanciation dans les langages objets," *Bigre*, (37) pp. 173-209 (Décembre 83).

[Chailloux83] J. Chailloux, *Le_Lisp 80 (version 12)*, INRIA rapport technique No: 27 (Juillet 83).

[Charniak80] E. Charniak, C. R. Riesbek, et D. V. Mc-Dermott, *Artificial intelligence programming*, LEA Lawrence Erlbaum associates, New Jersey (1980).

[Christaller83] T. Christaller, *Ein Objektorientierter Ansatz fur die Realisierung komplexer Kontrollstrukturen*, Objektorientierte Software- und Hardware- architekturen, Berlin (5. und 6.5 1983).

[Cointe81] P. Cointe, "Fermetures dans les λ−Interprètes : Application aux Langages LISP, PLASMA et SMALLTALK," LITP 82-11, Université Paris VI, Paris (Décembre 1981). thèse de 3ième cycle

[Cointe83] P. Cointe, "Evaluation of Object-oriented Programming from Simula to Smalltalk," pp. 17-24 dans *Proceedings of the Eleventh Simula Users' Conference*, SIMULA INFORMATION , Paris (7th -9th September 1983).

[Cointe83a] P. Cointe, "A VLISP Implementation of SMALLTALK-76," pp. 89-102 dans *Integrated Interactive Computing Systems*, ed. P. Degano & E. Sandewall, North-Holland, Amsterdam, New York, Oxford (1983).

[Cointe84] P. Cointe, "Objvlisp: une extension de Vlisp par les Objets," *Science of Computer Programming.*, (1984). à paraître

[Dahl70] O. Dahl, B. Myhrhaug, et K. Nygaard, "COMMON BASE LANGUAGE," S-22, Norvegian Computing Center, Oslo (October 1970). SIMULA information

[Durieux81] J.L. Durieux, *Sémantique des liaisons nom-valeur: application à l'implémentation des λ-langages*, Université Paul Sabatier, Toulouse (Septembre 81). thèse d'Etat

[Goldberg83] A. Goldberg et D. Robson, *SMALLTALK-80 The Language and its Implementation*, Addison-Wesley Publishing Compagny (1983).

[Greussay77] P. Greussay, *Contribution à la définition interprétative et à l'implémentation des λ-langages*, Université Paris 7 (Novembre 1977). thèse d'Etat

[Greussay82] P. Greussay, "Le Système VLISP-UNIX," Département Informatique, Université Paris 8 - Vincennes (Février 1982). Draft

[Hewitt75] C. E. Hewitt et B. Smith, *A PLASMA Primer*, MIT Artificial Intelligence Laboratory (September 1975). Draft

[Hewitt76] C. E. Hewitt, "Viewing Control Structures as Patterns of Message passing," A.I. MEMO 410, MIT (December 1976).

[Horowitz83] E. Horowitz, *Fundamentals of Programming Languages*, Springer-Verlag, Berlin-Heidelberg New York (1983).

[Ingalls78] D. H. Ingalls, "The Smalltalk-76 Programming System Design and Implementation," dans *Conference Record of the 5th Annual ACM Symposium on Principles of Programming Languages*, Tucson (January 1978).

[Kay76] A. Kay et A. Goldberg, "SMALLTALK-72 Instruction Manual," SSL 76-6, Xerox Palo Alto Research Center, Palo Alto, CA. (March 1976).

[McKay80] P. McKay et C. Shapiro, *MULTI - A LISP Based Multiprocessing System*, Conference Record of the 1980 LISP Conference, Stanford (August 25-27 1980).

[Meehan79] J. R. Meehan, *The new UCI LISP manual*, LEA Hillsdale, New Jersey (1979).

[Moon83] D. A. Moon, R. Stallman, et D. Weinreb, *LISP MACHINE MANUAL (fifth edition)*, MIT, Cambridge, Mass. (January 83).

[Rees82] J. Rees et I. Adams, *T: A Dialect of Lisp or, LAMBDA: The Ultimate Software Tool*, Conference Record of the 1982 ACM symposium on LISP and Functional Programming, Pittsburgh (1982).

[Serpette83] B. Serpette, *Une extension de LISP vers les processus*, Soumis a publication au 6 ème colloque international sur la programmation Octobre 1983.

[Serpette84] B. Serpette, *Un modèle d'implémentation des processus dans les langages applicatifs.*, Draft Fevrier 84.

[Steele75] G.L. Steele et G.J. Sussman, "SCHEME: An Interpreter for Extended λ Calculus," Memo 349, MIT Artificial Intelligence Laboratory (December 1975).

[Teitelman78] W. Teitelman, *INTERLISP Reference Manual*, Xerox Palo Alto Research Center, Palo Alto (October 1978). 3rd revision

[Wand80] M. Wand, *Continuation-based Multiprocessing*, Conference Record of the 1980 LISP Conference, Stanford (August 25-27 1980).

VESTA

VECTORISATION AUTOMATIQUE ET PARAMETREE DE PROGRAMMES

JC. COTTET
C. RENVOISE
D. SCIAMMA

Centre de recherche BULL
68, route de Versailles
78430   Louveciennes

1. INTRODUCTION

Les machines scientifiques de haute performance ayant une structure non conventionnelle (machine pipe-line à flots parallèles ou non, machines cellulaires, machines multiprocesseurs, etc...), ceci induit un problème de programmation si l'on veut utiliser au mieux les possibilités du matériel.

Deux approches sont envisageables :
   * La premiere repose sur une programmation parallèle explicite au moyen de langages spécifiques, ou de traits de langages spéciaux dans des langages algorithmiques classiques (extensions de Fortran Pascal).
   * La seconde propose des outils de transformations de programmes, automatiques ou assistées.

Cette dernière approche présente les avantages de ne pas introduire de nouveaux langages de programmation, d'autoriser la reprise d'applications existantes sur ces nouveaux matériels, et, sous réserve que l'outil soit paramétrable, de pouvoir faire exécuter une application de manière quasi transparente sur des architectures cibles de structures différentes.

VESTA (VEctoriseur de programmes Scientifiques par Traduction Automatique) est un tel outil paramétrable qui, à partir d'un programme Fortran, produit un programme Fortran vectorisé ou parallélisé suivant la nature de la machine cible.

2. FONDEMENTS THÉORIQUES UTILISES PAR VESTA

La parallélisation automatique des programmes repose sur une analyse des conflits entre instructions liées aux objets qu'elles utilisent. Des transformations de programmes permettent d'enrichir le taux de parallélisme exploitable. L'approche retenue par VESTA est plus "Sémantique" que celles développées dans d'autres outils, à l'étude ou commercialisés [2] , qui procèdent davantage par "reconnaissance de formes". Cette approche a de plus été renforcée par le développement d'un évaluateur symbolique qui fait l'objet d'un papier associé [4].

2.1 Règles de base pour la mise en parallèle d'un programme

Les conditions dites de BERNSTEIN [1] constituent un premier ensemble de règles permettant d'exprimer les conflits entre les instructions d'un programme:
* Considérant deux instructions I1, I2 séquentielles dans le programme initial, celles-ci seront éxecutables simultanément si on peut lever les trois contraintes suivantes:

PC : I1 produit une valeur d'une variable consommée par I2
CP : I1 consomme une valeur d'une variable que I2 produit
PP : I1 I2 produisent toutes deux des valeurs d'une même variable

Le parallèlisme de calcul d'un programme est déterminé à partir d'un graphe orienté appelé Graphe de Dépendance dans lequel les noeuds représentent les instructions et les arcs matérialisent les relations de dépendance de nature CP ,PC ,PP existant entre les instructions.
Les instructions représentées par les noeuds constituant les composantes fortement connexes doivent être éxecutées séquentiellement. L'ordre d'éxecution des autres instructions du programme est directement déterminable à partir du graphe réduit (graphe obtenu en réduisant chaque composante fortement connexe à un seul noeud).

2.2 Au delà des conditions de Bernstein

* Vers Un parallélisme plus sémantique
Les conditions de Bernstein conduisent à dégager un parallélisme

syntaxique dans la mesure où il est principalement défini à partir des noms de variables accédées tant en lecture qu'en écriture.
Un parallélisme plus sémantique peut être exploité en considérant les caractéristiques des opérateurs appliqués sur ces variables (associativité, commutativité,...).

EXEMPLE 1 :

```
      DO 10 I = 1,N
  10  S = S + A(I)
```
{ Les conditions de BERNSTEIN conduisent à exécuter successivement les itérations de la boucle, celles-ci étant toutes en relation PC relativement à S.

Si par contre on comprend que l'objet de la boucle est d'ajouter au scalaire S les N premières composantes du vecteur A, on peut alors mettre en oeuvre d'autres schémas de calcul comme la somme pyramidale qui nécessite Log(N) pas de calcul, ou la somme par parties, chacune d'elles calculant la somme partielle d'une tranche de vecteurs.

* Vers un parallélisme syntaxique maximal

Les relations CP et PP , traduisent des contraintes issues de la réutilisation des contenants d'information. On peut les faire disparaitre en se plaçant dans un contexte dit d'Assignation Unique [2] où la production d'une donnée se fait toujours dans un nouveau contenant d'information. Ainsi ne subsistent que les contraintes de type PC qui peuvent parfois être levées grace à des transformations de programme. On tend ainsi vers un parallélisme syntaxique maximal.

La Transformation de programme a l'avantage de ne mettre en oeuvre le concept d'assignation unique que lorsque il est favorable à un parallélisme exploitable, compte tenu des caractéristiques de la machine cible.

2.3 Catalogue des transformations de programme

Pour augmenter le taux de parallélisme exploitable dans le programme VESTA réalise les transformations de programme qui conduisent en pratique à supprimer des arcs dans le graphe de dépendance.

* Eclatement de Boucle : Une boucle est constituée d'un corps de boucle noté (S1,S2,..,SN), et d'une fonction d'itération. L'éclatement de boucle consiste en l'application de la fonction d'itération sur un partitionnement des instructions (S1,S2, ...,SN) déduit de l'étude du graphe de dépendance.

* L'Expansion des scalaires et pseudo-scalaires consiste à remplacer un scalaire(variable simple) ou un pseudo-scalaire(élément de structure dont la désignation est indépendante de la fonction d'itération de la boucle) par un vecteur dont la taille dépend de celle de l'espace de valeur de la fonction d'itération ou une partie de celle-ci.

* La Substitution consiste à remplacer une occurence d'utilisation d'une variable (scalaire, pseudo-scalaire, élément de strcuture) par l'expression de définition (unique) de cette variable.

* L'Eclatement consiste à séparer une instruction en deux parties ou plus, l'une d'entre elles permettant d'exploiter du parallèlisme.

* La Dérécursivation consiste à remplacer l'expression de définition récursive d'une variable(contenue dans une boucle) par une expression de définition directe. La valeur de remplacement est généralement obtenue par l'évaluateur symbolique [4].

* La Reformulation de fonctions boucles imbriquées, connue dans la littérature sous le nom de Méthode des Vagues [3] [5] s'applique après la distribtion de boucle dans le cas de boucles imbriquées. Elle définit des sous-ensembles de l'ensemble des itérations du corps de boucle commun pour lesquelles l'éxecution peut être simultanée, ainsi que l'ordre dans lequel ces sous-ensembles se succèdent.

Ces transformations de programme ne constituent bien évidemment qu'un sous-ensemble des transformations imaginables ou appliquées par VESTA (VESTA sait aussi appliquer la permutation de boucles ainsi que l'extraction de tests constants). Elles ont été choisies pour leur prépondérance au plan pratique pour traiter des programmes réels.

Au delà de leur choix, il faut de plus résoudre le problème de leur ordonnancement, sachant que certaines d'entre elles atteignent le même objectif final avec des contreparties différentes.

EXEMPLE 2 :

```
      DO 10 I = 1 , N
         S = A(I) + B(I)
         . = S
         . = S
   10 CONTINUE
```
{ L'expansion comme la substitution permettent de réduire les contraintes PP et CP existant entre les 3 instructions du corps de boucle.

La substitution conduit ici à effectuer deux fois la somme vectorielle de A et B tandis que l'expansion permet de ne l'effectuer qu'une fois, au prix d'un vecteur temporaire.

2.4 Paramètrisation de VESTA

VESTA tient compte de la nature de la machine cible au moyen de sa paramètrisation. Celle-ci permet ainsi de définir pour une session, les choix comme les limites des transformations proposées par VESTA.

Ainsi, dans l'exemple précédent, le choix de la Substitution s'imposerait-il dans le cas de machine de type ISIS [8], alors que l'expansion serait plus adaptée à des machines comme le CRAY.

De même, dans le cas de boucle imbriquées dont l'un est vectorielle, la commutativité étant alors immédiate, deux options se présentent suivant la nature de la machine cible.

Dans le cas de machines MIMD, on a tout intérêt à ce que la boucle vectorielle soit la plus externe possible, alors qu'au contraire l'utilisation de machines SIMD est optimale quand la boucle vectorielle est la plus interne.

En ce qui concerne la vectorisation d'instructions conditionnelles, la capacité de la machine de traiter ou non des vecteurs de bits, peut entrainer la manipulation de vecteurs intermédiaires (SCATTER, GATHER)

3. PRESENTATION DE VESTA

3.1 Organisation générale de VESTA

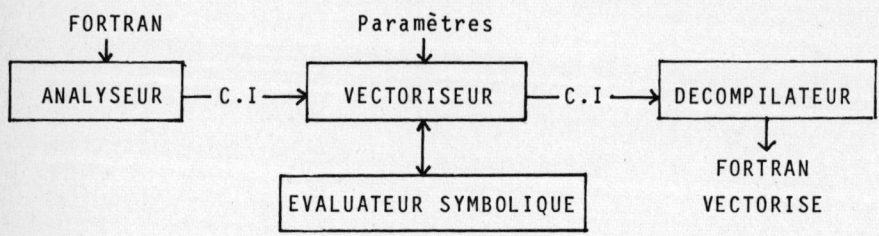

Le code intermédiaire généré par l'analyseur est un code arborescent classique qui permet de décrire la structure du programme, tant d'un point de vue statique que dynamique. C'est à partir de ce code que le vectoriseur mettra en oeuvre la méthodologie d'analyse et de réécriture dérivée des fondements théoriques, et c'est encore ce code qu'il délivrera en entrée du décompilateur qui se chargera de le réécrire sous une forme source enrichie.

A ce titre, et pour simplifier la lecture, nous avons rajouté au FORTRAN de nouvelles instructions pour pouvoir rendre compte des opérations vectorielles detectées.

EXEMPLE 3 :

```
    DO 10 // I = 1 , N
     ......                  { Toutes les itérations d'un corps de
    10 CONTINUE              { boucle sont éxecutables simultanément.

    DO 10 CUMUL I = 1,N
     .......                 { Opération pyramidale (somme des éléments
    10 CONTINUE              { d'un tableau).
```

3.2 Méthodologie d'analyse

L'identification des instructions vectorielles d'un programme est réalisée en étudiant successivement les boucles qu'il contient, et ce <u>de la plus externe vers la plus interne</u>. Une telle démarche permet en effet dans de fréquents cas, grâce à l'éclatement de la boucle, de se ramener à l'étude de corps de boucles partagés par plusieurs boucles imbriquées.

EXEMPLE 4:

```
    DO 10    ⎫                        DO 10 I
    S1       ⎪   Pourra devenir       S1
    DO 20    ⎬   si les contraintes   10 CONTINUE
    S2       ⎪   le permettent        DO 20 I
 20 S3       ⎪                          DO 20 J
 10 CONTINUE ⎭                          S2
                                     20 S3
```

3.2.1 Découpage linéaire du programme

La première opération nécéssaire à la vectorisation d'un programme consiste en son Découpage. Cette opération a pour objet d'identifier les "Blocs" contenus dans le programme, étant entendu que par "Blocs" on désigne une partie dynamiquement connexe d'instructions, la plus petite possible, satisfaisant la condition suivante:

Tout bloc a un point d'entrée et un point de sortie unique.

Le programme est donc ainsi découpé en une suite linéaire de blocs. On distingue plusieurs types de blocs:

* Bloc BOUCLE   : Une boucle(éventuellement implicite).
* Bloc CALL   : Une instruction d'appel.
* Bloc SIMPLE   : Une affectation.
* Bloc COMPLEXE : Tout le reste(test,etc...).

L'opération de découpage est récursive. Ainsi chaque bloc de nature BOUCLE ou COMPLEXE est-il redécoupé en une(ou plusieurs) suite(s) linéaire(s) de blocs plus petits. On obtient alors une décomposition arborescente du programme. Un des intérêts du découpage est qu'il permet à VESTA d'être moins sensible à la forme du programme qu'à sa sémantique. A partir de ce découpage, VESTA effectue, pour chaque boucle du programme, deux analyses successives (si nécessaire) avant de restituer le source vectorisé.

3.2.2 Schema d'analyse d'une boucle

Il consiste en l'enchaînement des 4 phases suivantes:
* La _création du graphe de dépendance_ consiste à determiner et matérialiser les relations de dépendance existant entre les blocs du programme.
* Le _Partitionnement du programme_ définit les plus petits ensembles fortement connexes contenus dans le graphe de dépendance. Chaque partition représente donc le plus petit ensemble d'instructions du corps de boucle, sur lequel on peut distribuer celle-ci. L'ordre d'exécution des différentes partitions est déterminé à partir du graphe réduit déduit du partitionnement.
* L'_Analyse des partitions_ permet de déterminer quelles partitions sont susceptibles d'être executées vectoriellement, et ce au prix de quelles transformations.
* La _Transformation de programme_ consiste alors en la validation de ces transformations sur le code intermédiaire, en fonction de l'amélioration du taux de parallélisme qu'elles induisent sur la machine cible considérée, décrite dans les paramètres d'entrée de VESTA.

Dans la première analyse, Vesta va dégager le parallélisme le plus immédiat en ne considérant les blocs complexes que dans leur découpage le plus grossier. Cette analyse dégage alors une première réécriture du programme. Sur cette réécriture, VESTA va, au besoin, effectuer une deuxième analyse sur _toutes les boucles résultantes non-vectorielles contenant des blocs complexes_, et ce en tenant compte cette fois-ci de leur découpage le plus fin.

Cette deuxième phase, pensons-nous, différencie VESTA de ses concurrents, et en fait un outil particulièrement puissant [6].

3.3 Traitement des blocs complexes

Lors de la première analyse, les blocs complexes sont considérés comme des "tout" dans le cadre de la création du graphe de dépendance. De ce fait, la reconstitution des partitions, vectorielles ou non, contenant de tels blocs est aisée.

Dans le cas de relations de dépendance simples, cette analyse suffit à mettre en évidence du parallélisme dans le cas d'instructions conditionnelles.

EXEMPLE 5:

```
   DO 10 I = 1 , 10              DO // 20 I = 1 , 10
   IF(A(I).EQ.0)GOTO 10          IF(A(I).EQ.0)B(I)=B(I)+1
   IF(C(I).LT.1)GOTO 5        20 CONTINUE
   A(I)=B(I)                     DO // 100 I = 1 , 10
   GOTO 20                       IF((C(I).LT.1)AND(A(I).NE.0))B(I)=A(I)
 5 B(I)=A(I)                 100 CONTINUE
   GOTO 20                       DO // 200 I = 1 , 10
10 B(I)=B(I)+1                   IF((C(I).GE.1)AND(A(I).NE.0))A(I)=B(I)
20 CONTINUE                  200 CONTINUE
```

En règle générale toutefois, les relations de dépendance établies en considérant les blocs comme des "Tout" sont trop fortes pour que l'on puisse exploiter tout le parallélisme qu'ils contiennent. D'où la nécessité, dans la deuxième passe, de considérer toutes les instructions d'un bloc complexe pour la constitution du graphe de dépendance. Pour ce faire, il faut introduire une nouvelle relation venant s'ajouter aux trois précédemment définies par les conditions de BERNSTEIN. Il s'agit de la relation de <u>Dépendance Conditionnelle</u>, notée "T.", entre un test et toutes ses instructions alternantes. Dans le cadre d'un tel graphe de dépendance, la multiplicité des chemins d'éxecution(qui était nulle lors de la première analyse) rend plus délicate la proposition des modifications (substitution, expansion, éclatement) et ce essentiellement pour des raisons de cohérence sémantique du programme final.

Dans le cas, par exemple, de l'expansion d'un scalaire S à l'intérieur d'un bloc complexe, il faut s'assurer par des ajoûts d'instructions si nécessaire, la production de S(I) sur chacun des chemins d'éxecution possibles(Pi-Modification [5]).

En fin d'analyse, VESTA aura mis en évidence dans un bloc complexe une partie vectorielle et une partie non-vectorielle.

* <u>En ce qui concerne la partie vectorielle</u>, VESTA va reconstituer la suite de tests dont elle dépend. Cette reconstitution s'effectuera de différentes façons, en fonction des problèmes de transparence existant entre un test et chacun des ses alternants, ce qui peut ainsi entrainer la <u>création de vecteurs de bits</u>.

* <u>En ce qui concerne la partie non-vectorielle</u>, VESTA va, en étudiant la partition qui la contient, l'inclure dans un unique corps de boucle. Cet unique corps de boucle contiendra de plus toutes les instructions de la partition n'appartenant pas à ce bloc complexe.

4. EXEMPLE DE TRAITEMENT

Cet exemple, purement académique, a pour but de montrer le fonctionnement de VESTA dans ses 2 phases d'analyse.

```
      DIMENSION A(11),B(10),C(10)
      DO 10 I = 1,10
      C(I) = A(I-1) ** 2
      V = COS(V)
      IF (B(I).EQ.0) GOTO 11
      A(I) = B(I-1) + V
      GOTO 10
   11 B(I) = V + 3
   10 CONTINUE
```

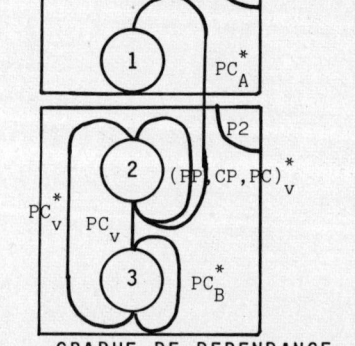

- GRAPHE DE DEPENDANCE -

Pour essayer de lever les contraintes sur V, VESTA propose une expansion sur cette variable. Cette modification ne permet pas de supprimer la partie connexe du graphe. Elle n'induit donc pas de parallélisme et n'est donc pas validée. Seule la Partition 1 permet l'exécution vectorielle de l'instruction qu'elle contient, sous reserve de réordonner le programme :

```
      DIMENSION A(11),B(10),C(10)
      DO 10 I = 1,10
      V = COS(V)
      IF (B(I).EQ.0) GOTO 11
      A(I) = B(I-1) + V
      GOTO 10
   11 B(I) = V + 3
   10 CONTINUE
      DO // 100 I = 1,10
      C(I) = A(I-1) ** 2
  100 CONTINUE
```

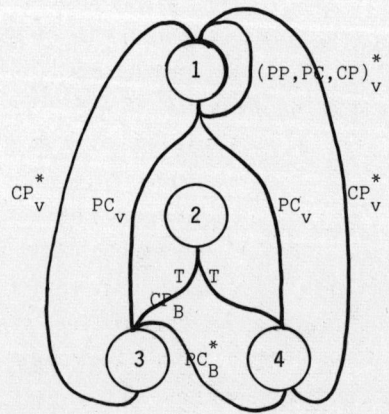

Cette fois ci l'expansion sur V est valide car au moins une des partitions induites correspond a une instructions vectorielle.
On obtient le programme final :

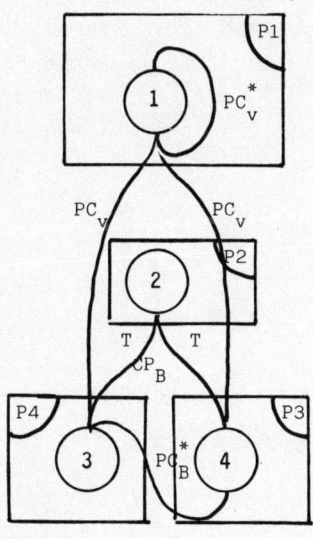

- GRAPHE SIMPLIFIE -
(prise en compte de
la modification)

```
                    LOGICAL T1(I)
                    DIMENSION V(10)
                    DIMENSION A(11),B(10),C(10)
                    V(0) = V
                    DO // 10 I = 1,10
                    T1(I) = B(I).EQ.0
                 10 CONTINUE
                    DO 200 I = 1,10
                    V(I) = COS(V(I-1))
                200 CONTINUE
                    DO // 300 I = 1,10
                 11 IF (T1(I)) B(I) = V(I) + 3
                300 CONTINUE
                    DO  //  400  I  =  1,10
                    IF(.NOT.T1(I)) A(I)=B(I-1)+V(I)
                400 CONTINUE
                    V=V(10)
                    DO // 100 I = 1,10
                    C(I) = A(I-1) ** 2
                100 CONTINUE
```

On peut noter les points suivants :
- VESTA a été obligé de créer un vecteur de bit du fait de la non transparence du test. VESTA aurait pu le remplacer par un scatter suivant les exigences de la machine cible.
- Dans le cas d'un programme réel vesta evitera la restitution de V en sortie de boucle car V n'est pas réutilisé dans la suite du programme.

5. CONCLUSION

Les résultats jusqu'à présent obtenus nous permettent d'affirmer le bien fondé de l'orientation analytique choisie. En effet elle permet à VESTA d'être peu sensible à la forme externe du programme, de favoriser une appréhension sémantique de celui-ci , à l'inverse de nombreux autres vectoriseurs fonctionnant à partir de méthodes de reconnaissance de formes. De même, sa paramétrabilité,l'utilisation d'un évaluateur symbolique et plus particulièrement le traitement des blocs complexes permettent à VESTA de vectoriser des boucles que ne traitent pas ces derniers. De ce fait, VESTA devrait se positionner un degré au dessus des logiciels de vectorisation actuellement utilisés sur CRAY ou CYBER. Toutefois, il faut considérer que le travail effectué n'a donné naissance jusqu'à présent qu'à un prototype qui devrait être amené, pensons-nous, à se consolider et à se transformer en un produit de qualité industrielle, produit nécessité à terme par le développement irrémédiable du parc de machines vectorielles.

BIBLIOGRAPHIE

[1] Analysis of programs for parallel processing
A.J. BERNSTEIN   Octobre 1966.
IEEE Transactions on electronic computers Vol EC-15 N° 5

[2] The LAU parallel system : Software definition and implementation through a multimicroprocessor architecture
COMTE, D., SYRE, JC. et al   Congres Euromicro-VENISE 1976.

[3] .The parallel execution of DO LOOPS
L. LAMPORT   February 1974
Communication of the ACM Vol.17 Num.2

[4] Outil de calcul symbolique
P. FEAUTRIER 1983   Article du présent colloque.

[5] Détection automatique d'opérations parallèles dans les programmes.
C. RENVOISE, G. ROUQUIE, J.C. COTTET, P. FEAUTRIER   BULL 80

[6] VESTA : Intégration du traitement des SI complexes, Evaluation sur FPS 100, Vers une version programmable de la calculette symbolique
C. RENVOISE, J.C. COTTET, D. SCIAMMA, P. FEAUTRIER   BULL 83

[7] VAST User's guide
Pacific Sierra Research Corp.   June 82

[8] ISIS : Machine pour le calcul scientifique de haute performance.
C. TIMSIT   A Paraitre Bulletin de liaison de l'INRIA.

[9] Dependance Graphs and Compiler Optimizations
D.J. KUCK, R.H. KUHN, D.A. PADUA, B. LEASURE, M. WOLFE 1981
Communication of the ACM

L'INCLUSION DE FILTRES : UNE APPROCHE DE LA CREATION D'ENVIRONNEMENTS SYMBOLIQUES EN PLASMA

J. FINET et P. SALLE
Laboratoire Langages et Systèmes Informatiques U.P.S.

RESUME

Un filtre PLASMA peut être considéré comme une représentation de l'ensemble des messages qu'il accepte. La relation d'inclusion sur l'ensemble des messages induit une relation d'inclusion sur l'ensemble des filtres. Nous présentons un algorithme calculant cette inclusion.

L'INCLUSION DE FILTRES : UNE APPROCHE DE LA CREATION D'ENVIRONNEMENTS SYMBOLIQUES EN PLASMA

I. INTRODUCTION

Nous partons de la constatation qu'un filtre ("Pattern") peut être considéré comme la représentation symbolique de l'ensemble des messages qu'il accepte. L'inclusion de deux filtres peut alors se définir comme la relation induite sur l'ensemble des filtres par la relation d'inclusion ensembliste. Nous proposons un algorithme de calcul de l'inclusion, première étape vers la métaévaluation du langage PLASMA.

Outre son utilisation comme procédure de test dans un filtrage symbolique, cet algorithme trouve également une application simple dans le cadre de l'ordonnancement des clauses au sein des aiguillages PLASMA. Il permet, en effet, de vérifier si une clause de rang n dans un aiguillage accepte des messages différents de ceux acceptés par les n-1 autres clauses qui la précédent.

Pour faire de la vérification ou de la compréhension de programmes, il faut rendre le programme sur lequel on travaille, capable de décrire sa propre activité. Pour cela, il faut construire une procédure capable de fournir une description symbolique du travail que le programme peut effectuer. Une telle construction correspond à évaluer symboliquement le programme afin qu'il travaille non seulement sur des données concrètes mais aussi sur des classes potentiellement infinies de données concrètes que l'on appelle données symboliques.

Si l'on considère un programme P calculant une fonction f sur un domaine D, le méta-programme M(P) calcule une fonction M(f) sur l'ensemble des restrictions de D. M(P) construit la restriction de f à tout domaine X inclus dans D et on peut définir M(f) comme suit :

$$\forall X \subset D \; M(f)(X) = \{<y,z> \text{ tel que } (y \in X) \text{ et } (z = f(y))\}$$

Pour associer à un programme un méta-programme il existe deux solutions :

1. Construire pour chaque programme un autre programme capable de décrire le fonctionnement du premier . (Technique se rapprochant de celle de la compilation).

2. Construire un méta-interprète capable à partir d'un programme P, calculant une fonction f sur un domaine D, et de son environnement décrit de manière symbolique de nous donner l'image par la fonction M(f) de cet environnement.

Dans notre étude, nous avons retenu la deuxième solution qui, à notre avis, est la meilleure car la plus simple. En effet, si l'on considère que le méta-interprète n'est autre que le méta-programme de l'interprète, on n'a qu'un seul méta-programme à construire et cela pour tout programme à traiter.

PLASMA (HEWITT 73)(MARCOUX-POMIAN 78)(DURIEUX 80) est un langage d'intelligence artificielle fondé sur la notion d'acteurs échangeant des messages. La réception d'un message par un acteur se fait par une opération de filtrage ou "pattern-matching" qui généralise la notion de passage de paramètres à une procédure. Le filtrage du message peut réussir ; il produit alors un environnement dans lequel est évalué le script de l'acteur receveur. Le filtrage peut également échouer ; il fournit alors un moyen simple d'exprimer la structure de contrôle alternative.

Un méta-évaluateur PLASMA doit donc comporter un méta-filtrage qui, à partir d'une classe de messages et d'un filtre, permettra de construire un environnement symbolique nécessaire à la méta-évaluation du script de l'acteur. Après avoir décrit la syntaxe des filtres PLASMA, nous montrons comment ces filtres permettent également de représenter des classes de messages et peuvent constituer les données symboliques de la métaévaluation. Nous montrons dans une deuxième partie que le filtrage par un filtre F_1 d'une classe de messages représentée par un filtre F_2 est un succès si et seulement si $F_2 \subset F_1$ où $\subset$ est une relation d'ordre partiel sur les filtres.

Nous exposons alors l'ensemble des règles d'inclusion permettant la construction d'un algorithme d'inclusion de filtres. En conclusion, nous traitons sur un exemple les problèmes posés par le métafiltrage.

2. UNE REPRESENTATION SYMBOLIQUE DES MESSAGES : LE FILTRE

En PLASMA, les messages échangés par les acteurs peuvent être des <u>atomes</u> ou des <u>séquences</u>. Ces dernières sont des listes d'atomes ou de séquences entre crochets.

ex : [A 3 [B C] E]

Un opérateur particulier !, "unpack", permet de linéariser une sous-séquence.

ex : [A ! [A [A A]] A] s'évalue [A A [A A] A]

Un filtre a la même structure qu'un message, soit atomique soit sous forme de séquence. Toutefois, dans un filtre, tout atome peut être remplacé par une variable de filtre, laquelle est soit de la forme = atome, soit ?. Enfin, toute variable de filtre peut être précédée de l'opérateur !. On désignera parfois par

"Acteur liant" une variable de filtre précédée ou non de !.

ex : [=X A !=Y]   ou [? A !?]

Les règles intuitives du filtrage sont les suivantes :

- toute expression se filtre elle même

[A]filtre [A]

- Une variable de filtre peut filtrer une expression quelconque. Toutefois si dans un filtre il existe plusieurs occurrences d'une même variable, toutes les occurences doivent filtrer la même expression :

[A = X =X]   filtre [A [A B] [A B]]

- Une variable de filtre précédée de ! filtre un nombre quelconque d'expressions

[!=X A !=Y] filtre [B B A B B B]

On peut donner la définition plus rigoureuse du filtrage suivante :

Le <u>filtrage</u> d'un message M par un filtre F contenant des variables $X_1, \ldots, X_n$ <u>réussit</u> si et seulement si il existe un environnement $(X_1, A_1), \ldots (X_n, A_n)$ tel que $M = (A_1/X_1, \ldots, A_n/X_n)F$ c'est à dire que M s'obtient par substitution des A_i aux X_i dans F puis par application des opérateurs !

L'<u>environnement résultant du filtrage</u> est la solution pour laquelle les X_i les plus à gauche sont liés à des sous-séquences les plus courtes possibles.

Exemple

[!=X A !=Y]   filtre [B B A B B B]

car il existe

{(X,[B B]) ; (Y,[B B B])}

tel que par substitution dans le filtre on obtienne

[! [B B] A ! [B B B]]

et par application de !

[B B A B B B]

Exemples

Message	Filtre	Environnement résultant
A	A	{ }
A	B	échec
A	=X	{(X,A)}
[A B C D]	[=X !=Y]	{(X = A),(Y,[B C D])}
[A A A A]	[!=X A !=Y]	{(X = []),(Y,[A A A])}
[A [B C] D [B C] E]	[!=X =Y !=Z =Y !=T]	[(X, [A], (Y, [B C])(Z, [D]),(T,[E])]

On peut donc considérer qu'un filtre F est une représentation symbolique de l'ensemble des messages qu'il peut filtrer.

Par exemple, le filtre [=X =Y =Z] correspond à la représentation du sous-ensemble de messages formé par les séquences de trois éléments au premier niveau. Les messages [A B C], [A[B[C D]]E], [[A] 3 A], [1 2 [3[10]8]] appartiennent à l'ensemble des messages représentés par [=X =Y =Z].

La présence de l'opérateur "Unpack" et des [] nous permet de représenter des classes de messages n'ayant pas tous la même longueur ou possédant des sous-structures.

Par exemple :

* le filtre [!=X A] nous permet de représenter l'ensemble de messages formé par les séquences se terminant par la constante A sans restriction sur la longueur.

* le filtre [!=X [[=Y]=Z] !=T] nous permet de représenter l'ensemble de messages formé des séquences possédant une sous-structure de la forme [[=Y] =Z] au premier niveau.

3. INCLUSION DE FILTRES

L'opération de filtrage du langage PLASMA réalise deux opérations distinctes à la réception d'un message par un acteur. Elle sélectionne les messages acceptés par un acteur ou une clause particulière d'un acteur et construit l'environnement utile à l'évaluation du code acceptant le message.

Nous allons dans ce paragraphe nous intéresser à la première tâche effectuée par un filtrage symbolique où les classes de messages sont représentées par des filtres PLASMA.

Le filtre, en tant que représentation symbolique de messages est la représentation de l'ensemble des messages qui lui est associé. Lors d'un filtrage symbolique, dire qu'un filtre M est accepté par un filtre F est équivalent à dire que l'ensemble des messages acceptés par M est inclus dans l'ensemble de messages associé à F. D'où la nécessité d'introduire la notion d'inclusion de filtres :

Soient deux filtres F et F' et leurs ensembles associés respectifs A et A'.

On dit que le filtre F est inclus dans le filtre F' si et seulement si A est inclus dans A' au sens des ensembles.

De la définition de l'inclusion de filtres, on peut déduire que cette dernière est en bijection avec l'inclusion d'ensembles et donc possède des propriétés identiques.

Par exemple :

L'inclusion de filtres est une relation d'ordre partiel. L'opération de sélection de messages va en présence d'un filtre message M et d'un filtre modèle F, vérifier si tous les messages acceptés par M sont acceptés par F. Ceci correspond à vérifier si l'ensemble des messages associés à M est inclus dans celui associé à F.

Lors d'un filtrage symbolique, un filtre message M est accepté par un filtre modèle F si et seulement si M est inclus dans F.

3.1. Règles élémentaires d'inclusion

Nous présentons ici un ensemble de règles élémentaires d'inclusion de filtres dont les démonstrations découlent directement des règles du filtrage PLASMA.

a) Filtre de constante

Soient deux filtres F et F' avec F' $\equiv$ [Cste]
F est inclus dans F' si et seulement si F $\equiv$ [Cste]

b) Filtre liant de variable

Soient deux filtres F et F' $\equiv$ [=X]
F est inclus dans F' si et seulement si
F $\equiv$ [=Y] $\forall$ Y
ou   F $\equiv$ [Cste] $\forall$ Cste
ou   F $\equiv$ [[α]] $\forall$ le filtre [α]
ou   F $\equiv$ [?]

c) Filtre Any ou ?

Soient deux filtres F et F' avec F = [?]
F inclus dans F' si et seulement si
F ≡ [=X]   ∀X
ou   F ≡ [Cste]   ∀Cste
ou   F ≡ [[α]]   ∀ [α]
ou   F ≡ [?]

d) Filtre de sous-séquence

Soient deux filtres F et F' ≡ [[α]] ∀ le filtre [α]
F est inclus dans F' si et seulement si
F ≡ [[β]] ∀ le filtre [β] tel que [β] soit inclus dans [α]

e) Filtre Unpack ou !

Soient deux filtres F et F' ≡ [! =X] ou F' ≡ [!?]
F est inclus dans F' ∀ le filtre F de la forme $[F_1...F_n]$ où quelque soit
i F_i est un filtre quelconque.

3.2. Construction de l'environnement de l'inclusion

On appelle environnement de l'inclusion l'ensemble des couples <élément du modèle, éléments du message> qui résulte des correspondances entre éléments au cours du calcul de l'inclusion.

L'algorithme d'inclusion présente des analogies avec l'algorithme de filtrage de PLASMA. Il se fait par parcours de la structure des deux filtres. Au départ de l'algorithme d'inclusion, l'environnement est vide. ENV = { }. A chaque étape de ce parcours, l'environnement est enrichi de nouvelles liaisons, si elles sont compatibles avec les liaisons déjà existantes, sinon il y a échec.

On peut décrire les règles de calcul de l'environnement de la manière suivante :

3.2.1. Filtres ne comportant qu'un seul élément

Les filtres constantes ainsi que les filtres ? et !? ne modifient pas l'environnement.

Dans le cas des autres filtres élémentaires vus au paragraphe précédent, si on a F ⊂ F' avec F ≡ [α] et F' ≡ [β] l'environnement devient ENV = {<β,α>}

3.2.2. Filtres comportant plus d'un élément

a) Règle générale

Soient deux filtres F et F', alors F est inclus dans F', dans un environnement ENV si et seulement si il existe des filtres $[F_1...F_n]$, $[F_{n+1}...F_m]$, $[F'_1...F'_{n'}]$ et $[F'_{n'+1}...F'_m]$ tels que

$$F \equiv [F_1...F_n \; F_{n+1}...F_m]$$

$$F' \equiv [F'_1...F'_{n'} \; F'_{n'+1}...F'_m]$$

avec

$[F_1...F_n]$ inclus dans $[F'_1...F'_{n'}]$ dans ENV en donnant ENV'

et $\quad [F_{n+1}...F_m]$ inclus dans $[F'_{n'+1}...F'_m]$ dans ENV'

b) Règle des répétitions

Si dans un même filtre modèle, on a plusieurs occurrences de la même variable X, cette dernière doit être toujours liée aux mêmes éléments du message dans l'environnement.

c) Règle des sous-structures

Si l'on a une sous-structure dans le filtre modèle et qu'il existe une sous-structure dans le message incluse dans celle du modèle, l'environnement s'incrémente des liaisons issues de l'inclusion des sous-structures.

d) Règles de concaténation

Définitions

Les éléments de base d'un filtre sont les éléments qui doivent obligatoirement figurer dans l'objet à filtrer. Ce sont les acteurs liants =X, Cste,? ainsi que les filtres des sous-structures. Les acteurs liants !=X et !? correspondent aux éléments de compléments.

Première règle de concaténation

Soient deux filtres F' et F"

Si $F' \equiv [\alpha \; \beta]$ avec α élément de base

Si $F" \equiv [\gamma \; \sigma]$ avec γ élément de base

alors F' est inclus dans F" dans l'environnement ENV si et seulement si

$[\alpha]$ est inclus dans $[\gamma]$ dans ENV en appliquant les règles précitées

et $[\beta]$ est inclus dans $[\sigma]$ dans ENV' = {ENV ; $<\alpha, \gamma>$}

Deuxième règle de concaténation

Soient deux filtres F et F'

Si F' ≡ [α β] avec α élément de complément

alors

F est inclus dans F' dans l'environnement ENV si et seulement si on a

F ≡ [γ σ] avec

[σ] inclus dans [β] dans ENV' ≡ {ENV,<α,γ>}

e) Règle de terminaison

Soient deux filtres F et F' tels que

F ≡ F' = [ ]

alors F est inclus dans F' dans ENV quelque soit l'environnement ENV

f) Preuves

Les preuves des règles citées dans ce paragraphe sont faites par induction sur la structure des filtres.

3.4. Un exemple de vérification d'inclusion de filtre

Soient deux filtres F et F' tels que

F ≡ [=X A B !=Y A]

et F' ≡ [=X =Y B !=Z =Y]

Montrons que F est inclus dans F'

Au départ ENV_1 = { }

On a F' ≡ [γ σ] avec γ ≡ =X et F ≡ [α β] avec α ≡ =X, γ et α sont des éléments de base tels que α est inclus dans γ dans ENV_1.

On doit donc montrer que F_1 ≡ [A B !=Y A] est inclus dans F'_1 ≡ [=Y B !=Z =Y] dans ENV_2 ≡ {<=X, =X>}.

On a F'_1 ≡ [$γ_1, σ_1$] avec $γ_1$ ≡ =Y et F_1 ≡ [$α_1$ $β_1$] avec $α_1$ ≡ A
$γ_1$ et $α_1$ sont des éléments de base tels que $α_1$ est inclus dans $γ_1$ dans ENV_2.

Vérifions maintenant que F_2 ≡ [B !=Y A] est inclus dans F'_2 ≡ [B !=Z =Y] dans ENV_3 ≡ {<=X,=X>;<=Y,A>}

$F'_2 \equiv [\gamma_2 \sigma_2]$ et $F_2 \equiv [\alpha_2 \beta_2]$ avec $\gamma_2 \equiv \alpha_2 \equiv A$ éléments de base, on teste donc maintenant que :

$F_3 \equiv [!=Y\ A]$ est inclus dans $F'_3 \equiv [!=Z\ =Y]$ dans $\{<=X,=X>\ <=Y,A>\}$.

On applique la deuxième règle de concaténation à $F'_3 \equiv [\gamma_3 \sigma_3]$ avec $\gamma_3 \equiv\ !=Z$ et $F_3 \equiv [\alpha_3 \beta_3]$ avec $\alpha_3 \equiv\ !=Y$.

Il nous reste donc à vérifier si $F_4 \equiv [A]$ est inclus dans $F'_4 \equiv [=Y]$
$ENV_5 \equiv \{<=X,=X>;<=Y,A>;<!=Z,!=Y>\}$

$=Y$ et A sont des éléments de base tels que A est inclus dans $=Y$ dans ENV_5.

On montre maintenant que $F_5 \equiv [\ ]$ est inclus dans $F'_5 \equiv$ dans
$ENV_6 \equiv \{<=X,=X>\ ;\ <=Y,A>\ ;\ <!=Z,!=Y>\}$ ceci est évident d'après la règle de terminaison donc F est bien inclus dans F'.

4. CREATION D'ENVIRONNEMENTS SYMBOLIQUES PAR META-FILTRAGE

L'algorithme d'inclusion de filtre permet de métaévaluer l'acceptation ou le rejet d'un ensemble de messages par un filtre donné. Ce mécanisme d'acceptation est à la base du transfert de contrôle en PLASMA (acteur Cases).

La deuxième étape pour réaliser une métaévaluation de PLASMA est la définition du <u>métafiltrage</u> par un filtre F_2 d'un ensemble messages représentés par un filtre F_1.

Il s'agit alors de produire un environnement associant aux variables de F_1 des segments de filtres de F_2.

Ainsi, le métafiltrage de $[=X\ =Y]$ l'ensemble des messages à deux éléments par $[=Z\ !=T]$ doit produire $\{(X,Z),(T,[Y])\}$.

Toutefois, nous montrons sur deux exemples qu'il n'est pas possible de produire un environnement unique.

1) Soit à filtrer $[=X\ !=Y\ A\ !=Z]$ par $[!=XX\ A\ !=YY]$
alors si
$X \equiv A$, on obtient $\{(XX,[]),(YY,[!Y\ A\ !Z])\}$
et si $X \not\equiv A$ et $Y \equiv [!Y1\ A\ !Y2]$ on obtient $\{(XX,\ [X!Y1]),(YY,[!Y2\ A\ !Z])\}$
enfin si $X \not\equiv A$ et $Y \not\equiv [!Y1\ A\ !Y2]$ on obtient $\{(XX,[X!Y]),(YY,[!Z])\}$

Mais ce problème posé par la présence de constantes dans les filtres n'est pas unique puisque

2) Si on veut métafiltrer [!=XX =YY =ZZ] par le filtre [=X =Y !=ZZ] on obtient des résultats différents selon que

$X \equiv [\ ]$ $\qquad$ $\{(X,YY),(Y,ZZ),(Z,[\,])\}$
$X \equiv [X1]$ $\qquad$ $\{(X,X1),(Y,YY),(Z,ZZ)\}$
$X \equiv [X1\ X2\ !X3]$ $\qquad$ $\{(X,X1),(Y,X2),(Z,[!X3\ !YY\ !ZZ])\}$

CONCLUSION

L'algorithme d'inclusion des filtres a fait l'objet d'une implémentation qui semblait prometteuse en ce qui concerne les possibilités d'utiliser les filtres comme expression symbolique de classes de messages. Toutefois, les principales limitations de cette approche sont dues à deux problèmes majeurs.

- Le premier cité dans la dernière partie est que le métafiltrage peut conduire à plusieurs environnements différents et oblige à métaévaluer dans chacun des environnements produits.

- Le deuxième est que l'union, l'intersection de deux filtres ainsi que le complément d'un filtre (définis par les opérations correspondantes sur les ensembles de messages correspondants) n'est en général pas un filtre unique. Ceci pose donc également problème dans la mesure où c'est l'échec du filtrage (l'appartenance au complément du filtre) qui constitue en PLASMA la structure de contrôle alternative.

Toutefois, l'algorithme d'inclusion trouve une application simple pour une vérification sémantique de l'ordonnancement des clauses de l'acteur alternatif CASES de PLASMA.

Rappelons que cet acteur est un aiguillage de la forme
(CASES
    (= >> $filtre_1$ $expression_1$)
    (= >> $filtre_n$ $expression_n$))

A la réception d'un message M l'expression CASES envoie ce dernier de manière séquentielle à la suite ordonnée des clauses. Dès que le filtre d'une clause i accepte M, elle retourne le résultat correspondant à l'évaluation de l'$expression_i$. On conclut alors aisément que si $f_j \subset f_i$ avec $j > i$ alors la jème expression ne sera jamais évaluée.

BIBLIOGRAPHIE

(GOOSSENS 80)
La métaévaluation au service de la compréhension automatique de programmes.
Thèse 3° Cycle. Université PARIS VI. Rapport LITP N° 80-52. (1980)

(HEWITT 73)
An universal modular actor formalism for artificial intelligence.
IJCAI 1973. STANDFORD pp. 235-245.

(MARCOUX POMIAN 78)
Acteurs et continuations.
Actes Congrès AFCET (1978). Ed. Hommes et Techniques p. 338-347.

(DURIEUX 80)
Sémantique des liaisons Nom-valeur : application à l'implémentation des lambda-langages. Thèse d'Etat. Université Paul Sabatier. Toulouse 1980.

(WERTZ 78)
Un système de compréhension, d'amélioration et correction de programmes incorrects.
Thèse de 3° Cycle. Université P. et M. CURIE.

(YONEZAWA HEWITT 76)
Symbolic evaluation using conceptual representations for programs with side-effects.
MIT, A.I. Lab.

(YONEZAWA 77)
Specification and verification techniques for parallel programs based on message passing semantics.
PH. D. MIT Lab. for Comp.

PROJET VESTA

Outil de calcul symbolique

P.FEAUTRIER
Université Pierre et Marie Curie
2 Place Jussieu
75230   PARIS CEDEX 05

1   INTRODUCTION

Le projet VESTA qui est décrit plus en détail dans l'article [1], s'est donné pour but d'élaborer des programmes parallèles ou vectoriels à partir de programmes séquentiels classiques. Le domaine visé est celui du calcul scientifique; en conséquence le langage source est FORTRAN.
Après une analyse syntaxique classique, VESTA cherche à déterminer, pour chaque instruction, les variables lues et les variables modifiées L'étude des dépendances entre instructions induites par l'utilisation de variables communes forme la base de la construction d'un programme parallèle ou vectoriel équivalent.
Lorsque cette analyse montre qu'une mise en parallèle est illégitime, VESTA tente de rompre les dépendances gênantes par des transformations de programme bien choisies : éclatement de boucle, transformation d'un scalaire en vecteur, remplacement d'une variable par sa valeur, remplacement d'une expression récursive par une autre non récursive. Pour chacune de ces transformations, VESTA doit déterminer sa légitimité (Le sens du programme est-il conservé ?) et son opportunité (La tranformation permet-elle de dégager du parallélisme supplémentaire ?).
Pour que ce programme puisse être mené à bien il est nécessaire de disposer d'un outil puissant d'analyse et de manipulation du programme origine; cet outil ne peut pas se limiter à l'étude de la syntaxe; il doit être capable de "comprendre" le programme origine, cette compréhension se manifestant par la capacité de répondre à des questions fines sur le comportement du programme.
Prenons pour exemple le cas de la détermination des dépendances entre instructions. Si les variables utilisées sont toutes scalaires, une analyse syntaxique suffit à déterminer la réponse.

Pour les instructions sur tableau par contre, une analyse de l'évolution des indices est indispensable.
Considérons par exemple un programme contenant les deux boucles :

B1 : DO 1 I = 1, N, 2   B2 :   DO 2 J = 2, N, 2
   1 A(I) = B(I)   2   A(J) = C(J)

Il parait "évident" que ces deux boucles peuvent être exécutées en parallèle.
Essayons d'identifier les étapes du raisonnement qui mène à cette conclusion :

a) on analyse le corps de la boucle B1 et on trouve que son effet sur I peut, s'écrire :
[I ← I+1]

b) on introduit un compte-tours k pour B1 ; la valeur de I après k tours est donnée par la récurrence

$$I_k = I_{k-1} + 2$$

la solution de cette récurrence est $I_k = I_0 + 2k$, dans laquelle on substitue la valeur initiale $I_0 = 1$.

c) les mêmes opérations pour B2 conduisent à : $J = 2\ell + 2$

d) on forme enfin "l'équation aux collisions"

$$2k - 2\ell = 1$$

et comme le PGCD des coefficients de k et ne divise pas le terme constant, on en conclut qu'elle n'a pas de solutions entières.

L'étape la plus difficile de ce travail est la résolution de la récurrence b). On pourrait envisager de se donner un catalogue de schéma de programmes avec la solution correspondante ; un tel catalogue fera par exemple correspondre :

    DO 1 i = a, b, c
    ...   et $i_k = ck + a$
  1 CONTINUE

sous la condition que i ne soit pas modifié dans le corps de boucle. On exploite ce catalogue par des techniques de reconnaissance de formes.

Cette méthode se heurte à la grande variété des programmes qui correspondent à la même récurrence ; il faut par exemple pouvoir se rendre compte que la boucle B3 ci-contre obéit à la même récurrence que B1.

	I = 1	
	...	
	I = I + 1	D'où l'idée d'introduire une <u>représentation</u>
B3	...	<u>interne</u> algébrique des programmes qui en cons-
	K = I + 1	titue une "forme normale" où certaines varia-
	...	tions non significatives sont masquées.
	I = K	

(Cette idée de normalisation est bien mise en évidence dans [2]). Cette représentation est construite et manipulée par un module qu'il a paru commode de structurer comme une "calculette" à pile.
Cette calculette doit être capable :
- de manipuler et simplifier les expressions algébriques et logiques usuelles ;
- de représenter et manipuler les instructions de traitement, c'est à dire les transformations de l'état de la mémoire ;
- de résoudre dans la mesure du possible les récurrences liées aux boucles.
 On verra plus loin dans quelle mesure ces objectifs ont été atteints et comment la calculette symbolique s'intègre au système VESTA.
On présente, en conclusion quelques réflexions sur les méthodes présentées ici et leurs développements futurs.

2 - <u>ORGANISATION GENERALE DU PROGRAMME DE CALCUL SYMBOLIQUE.</u>

<u>2.1 Structure du programme.</u>
 Ecrit en PL/I, il se présente comme une machine à pile gérant des <u>expressions</u>. Celles-ci peuvent être créées à partir d'un langage d'entrée rudimentaire (pour les besoins de la mise au point), ou créées directement par VESTA.
Les expressions atomiques sont les identificateurs du programme étudié et des variables destinées à être liées par des λ-expressions (voir plus bas). Comme on peut supposer que les programmes à paralléliser

ont été vérifiés dans leur version séquentielle, le programme n'effectue aucun controle de cohérence de type.
Les opérateurs sont les signes usuels de l'algèbre (+,-,....) l'opérateur ternaire if , l'indexation et l'appel de fonction et enfin la λ-abstraction(voir [3]).
La représentation choisie pour les expressions tient compte des propriétés algébriques usuelles et facilite les simplifications. Le programme est suffisemment puissant pour, à titre d'exercice, être capable de démontrer qu'une valeur absolue est toujours positive, c'est à dire pour arriver à simplifier (if x $\geq$ 0 then x else -x)$\geq$ 0 en true.
Les λ-expressions sont utilisées pour définir des fonctions à partir d'expressions. Si x est une variable et si e est une expression (qui peut contenir x) λ x.e désigne la fonction qui fait correspondre à l'argument a la valeur [x←a]e. Le système est capable de construire des λ-expressions et de les simplifier, en particulier en appliquant la définition ci-dessus.
Lorsque l'on doit spécifier de longues séquences de calcul faisant appel à des opérations déja programmées, on peut utiliser un prototype prédéfini que l'on utilise comme un programme. Il est possible dans un programme de donner une valeur à une variable, mais également de reconnaitre une forme et d'agir en conséquence.
 Au prix d'une perte d'efficacité certaine, la fonction de programmation apporte beaucoup de souplesse et de lisibilité. En particulier, les programmes symboliques sont des données pour le système, de sorte qu'ils peuvent être modifiés sans passer par le processus laborieux de la compilation et de l'édition de lien.
2.2 Représentation des objets utilisés en programmation.
Comme nous l'avons dit plus haut, les éléments de base du programme origine sont représentés par des atomes du système symbolique. Donner une valeur à l'un de ces éléments, c'est lui substituer une expression représentant cette valeur.
Pour un scalaire, il s'agit d'une expression classique. Un tableau est par contre assimilé à une fonction ; l'expression correspondante est donc une λ-expression.
On considère une instruction d'affectation comme une transformation de l'ensemble des états de mémoire. Un état de mémoire est une fonction qui associe une valeur à chaque identificateur, ou mieux une substitution

(1) $\quad t = [n_1 \leftarrow v_1, \ldots n_k \leftarrow v_k]$

L'avantage de cette représentation est que si e est une expression, sa valeur dans l'état t s'obtient en formant t(e). Il est alors facile de se convaincre que l'instruction d'affectation

(2) $\quad n = e$

se représente par la substitution $s = [n \leftarrow e]$ et que l'état de la mémoire après exécution de $n = e$ est $t°s$ où $°$ représente le produit de composition. Si $I_1, \ldots I_n$ sont des instructions représentées par les substitutions $s_1, \ldots, s_n$ l'exécution en séquence $I_1; \ldots ; I_n$ est représentée par le produit $s_1 ° \ldots ° s_n$. Par exemple, dans la boucle B3, l'effet sur I est donné par le produit de composition

(3) $\quad [I \leftarrow I+1] ° [K \leftarrow I+1] ° [I \leftarrow K]$
$\qquad = [I \leftarrow I+2, K \leftarrow I+1]$.

Si la variable affectée est un élément de tableau, on considère que c'est tout le tableau qui est modifié. A l'affectation $A(I) = e$ correspond la substitution:

(4) $\quad [A \leftarrow \lambda x. (\underline{if}\ x = I\ \underline{then}\ e\ \underline{else}\ A(x))]$.

3 LA RESOLUTION DES RECURRENCES ASSOCIEES AUX BOUCLES

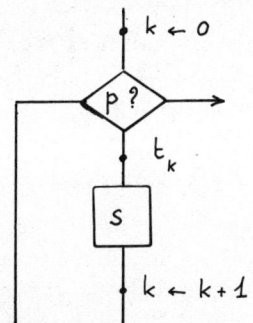

Une boucle bien structurée peut se schématiser par la figure ci-contre. s est la substitution qui représente le corps de boucle; p est le prédicat de continuation; k est un compte-tour introduit pour suivre l'avancement du calcul. Enfin t_k est l'état de la mémoire avant l'exécution du tour numéro k de la boucle.

Résoudre la récurrence associée à la boucle ci-dessus, c'est trouver une formule explicite donnant t_k en fonction de k; il est possible de trouver des solutions partielles, qui donnent t_k pour un sous-

ensemble des identificateurs modifiés.
La récurrence associée s'écrit simplement:

(5) $\quad t_k = t_{k-1} \circ s$;

on dira que s est le <u>noyau</u> de (5). Pour en exprimer la solution générale, on introduit l'opérateur d'évolution S_k défini par

(6) $\quad t_{k+1} = t_0 \circ S_k$

S_k peut être caractérisé par l'une quelconque des trois récurrences :

(7) $\quad S_0 = I$ et $S_k = S_{k-1} \circ s$,

(8) $\quad S_0 = I$ et $S_k = s \circ S_{k-1}$,

(9) $\quad S_0 = I$, $S_1 = s$ et $S_{k+1} = S_k \circ S_1$.

Il ne faut évidemment pas espérer résoudre toutes les récurrences d'un programme; nombre d'entre elles, spécialement en analyse numérique, expriment la recherche d'un point fixe dont l'expression explicite est inconnue. La démarche suivie s'apparente donc aux techniques de l'intelligence artificielle : on sait résoudre les récurrences scalaires linéaires; on dispose d'autre part de techniques qui permettent de se ramener à une récurrence plus simple. Si la récurrence n'est pas classique et ne se simplifie pas, la dérécursivation échoue.

3.1 L'analyse des dépendances.

Soit s une substitution, V(s) l'ensemble des identificateurs qui y figurent. On peut définir le graphe de dépendance GD(s) : il a pour ensemble de sommets V(s) ; il y a un arc de a vers b si b figure dans l'expression s(a).

Soit X un sous-ensemble de V(s); si tous les identificateurs de s(X) appartiennent à X, il est facile de se convaincre que la résolution de la récurrence associée à s peut se mener dans X indépendemment des autres identificateurs de V(s). Ceci fait, on peut poursuivre la résolution dans V(s)-X, en remplaçant les identificateurs de X par les valeurs obtenues.

Exploitée au maximum, cette idée conduit à décomposer GD(s) en ses composantes fortement connexes et à former le graphe réduit GR (où cha-

que composante est remplacée par un point). Le graphe réduit est acyclique. On traite chaque composante indépendemment des autres, en partant des sommets terminaux du GR et en remontant vers les sommets initiaux.
Pour fixer les idées, on suppose que GD(s) a deux composantes X et Y, Y précédant X dand le GR. On peut mettre s sous la forme :

(10)   s = [X ← f(X), Y ← g(X,Y)]

Le lecteur pourra supposer que les ensembles X et Y sont réduits à un seul élément, ou imaginer que X et Y représente des <u>vecteurs</u>. Alors la solution S_k de (1) peut se mettre sous la forme

(11) S_k = [X ← F(X,k) , Y ← G(X,Y,k)]

et les récurrences pour F et G sont :

(12)   F(X,k) = f(F(X,k-1))

(13)   G(X,Y,k) = g(F(X,k-1),G(X,Y,k-1))

La première de ces récurrences est de la même forme que (5), avec pour noyau la substitution [X ← f(X)]. La deuxième correspond à une généralisation de (7) :

(14) S_k = s_{k-1} ° s_{k-1} ,
avec
(15) s_{k-1} = [Y ← g(F(X,k-1),Y)].

Ces indications se transposent sans difficultés au cas général.
On peut parfois aller au-delà du découpage matérialisé par GR, si d, le PGCD des longueurs des cycles d'une composante connexe est supérieur à 1. On passe dans ce cas "à l'ordre supérieur" en étudiant la recurrence de noyau s^d.

3.2 Récurrences scalaires linéaires.

On reconnait une récurrence scalaire à ce que la composante correspondante du GD n'a qu'un seul élément, et que cet élément n'est pas un tableau. Soit :

(16) s_k = [X ← g(X,k)]

la substitution associée. Pour tester la linéarité de g, le moyen le plus simple est de former g(X+h,k)-g(X,k). Si la fonction g est continue, et si cette quantité ne contient plus X, alors g est linéaire.

Des formules classiques donnent alors la solution. Les sommes et produits qui y apparaissent peuvent être calculés, dans de nombreux cas, à partir d'un catalogue de solutions.

3.3 Méthode du changement de fonction inconnue.

Plutot que de chercher à résoudre directement la récurrence (7) avec:

(17) $s = [X \leftarrow f(X)]$

on peut chercher la forme de la solution, c'est à dire une substitution

(18) $S(u) = [X \leftarrow F(X,u)]$

dépendant d'un paramétre variable u, et telle que:

(19) $S_k = S(u_k)$

pour une suite u_k à déterminer. Pour que S(u) donne bien la forme de la solution, on doit pouvoir traduire (9) en:

(20) $(\exists w)\ F(F(X,u),v) = F(X,w).$

La valeur du paramétre w dont (20) affirme l'existence doit dépendre uniquement de u et v, ce que nous noterons:

(21) $w = u \oplus v,$

où $\oplus$ est un opérateur dont on peut, moyennant des hypothéses de régularité, prouver l'associativité.

Pour deviner F, on note que:
- pour un certain u_0 $F(X,u_0) = X$;
- pour un certain u_1 $F(X,u_1) = f(X)$;
- pour un certain u_2 $F(X,u_2) = f(f(X))$, etc...

On peut définir un algorithme de généralisation qui permet d'induire F à partir des instances ci-dessus. Il faut alors vérifier (20) ce qui est une opération de filtrage.

C'est pour l'application de cette méthode que les techniques de simplification présentées plus haut prennent tout leur intérêt. Tout d'abord, il est facile de se convaincre que dans le cadre d'une théorie non interprétée, une équation de la forme

(22) $F(X,w) = F(F(X,u),v)$

n'a pas de solution, puisque les deux membres ont une hauteur différente.

D'autre part, on peut montrer dans le cas unidimensionnel, moyennant des hypothèses de régularité assez fortes, que tout opérateur associatif peut se mettre sous la forme :

(23) $u \oplus v = h^{-1}(h(u) + h(v))$

(voir par exemple Aczel [4]). Or beaucoup de règles de simplification ont pour but d'associer des paires de fonctions inverses l'une de l'autre.

Les récurrences sur tableau sont justiciables de la méthode par changement de variables. Mais les généralisations nécessaires vont au delà des possibilités de l'algorithme actuel. On traite donc séparément quelques cas particuliers usuels:
   -la valeur affectée ne dépend pas du contenu antérieur du tableau;
   -la valeur affectée ne dépend que des éléments non encore modifiés;
   -il y a une récurence scalaire entre valeurs affectées successives.

3.4 Exemple.

La résolution de certaines équations différentielles avec conditions aux limites (voir par exemple Feautrier [5]) conduit à la résolution d'une récurrence qui s'exprime par la boucle suivante

```
      R=R0
      DO 1 I=1,N
    1 R=1./(A(I)+R)
```

Le calcul de l'effet du corps de boucle est simple. On trouve :

(24) $s = [I \leftarrow I+1, R \leftarrow 1./(A(I) + R)]$.

Le graphe GD a la forme ci-dessous :

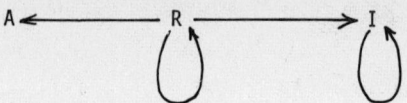

A est une constante dans la boucle. Les deux composantes connexes sont [I] et [R]. Suivant les méthodes de 4.1, on cherche la solution sous la forme :

(25) $S_k = [\, I \leftarrow F(I,k),\ R \leftarrow G(I,R,k)\,]$.

La récurrence sur I est linéaire; on trouve très facilement la solution :

(26) $F(I,k) = I + k$.

La récurrence pour G s'écrit :

(27) $G(I,R,k) = 1./(A(I+k-1) + G(I,R,k-1))$

On calcule les premières valeurs de G :

(28) $G(I,R,0) = R$

(29) $G(I,R,1) = \dfrac{1}{A(I)+R}$

(30) $G(I,R,2) = \dfrac{A(I)+R}{A(I)*A(I+1)+1+R*A(I+1)}$

L'algorithme de généralisation fournit :

(31) $G(I,R,k) = \dfrac{a_k R + b_k}{c_k R + d_k}$

Les récurrences fournies par l'algorithme de filtrage peuvent se mettre sous forme matricielle:

(32) $\begin{pmatrix} a_k & b_k \\ c_k & d_k \end{pmatrix} = \begin{pmatrix} 0 & 1 \\ 1 & A(I+k-1) \end{pmatrix} \begin{pmatrix} a_{k-1} & b_{k-1} \\ c_{k-1} & d_{k-1} \end{pmatrix}$

D'où la solution :

$$(33) \quad \begin{pmatrix} a_k & b_k \\ c_k & d_k \end{pmatrix} = \prod_{l=1}^{k} \begin{pmatrix} 0 & 1 \\ 1 & A(I+l-1) \end{pmatrix}$$

Le produit de deux matrices étant associatif, la matrice solution peut être calculée sur un multiprocesseur par la technique du produit pyramidal.
On peut relier le résultat ci-dessus à une règle de simplification:

$$1/(1/x) = x$$

qui exprime d'ailleurs le fait que la fonction $1/x$ est son propre inverse.

4 CONCLUSION ET PERSPECTIVES D'AVENIR.

<u>4.1</u> Le système ci-dessus défini est en cours de mise au point finale sous la forme d'un module PL/1 sous le système Siris 8. Sa liaison avec VESTA se fera à trois niveaux :
- Lorsque VESTA transforme une expression (par exemple par substitution), le système est utilisée pour simplifier le résultat.
- Le module de résolution de récurences permet de déterminer dans la majorité des cas l'évolution des indices de boucle. Un opérateur spécial permet ensuite de dire s'il y a ou non dépendance entre deux expressions pouvant contenir des scalaires ou des tableaux.
- Enfin, lorsqu'une récurrence peut être explicitement résolue, on peut remplacer une boucle séquentielle par une boucle parallèle.
<u>4.2</u> Au delà de VESTA, ce système préfigure une nouvelle approche de certains problèmes liés à la transformation de programme. On peut en effet considérer que le résultat de l'analyse d'un programme en donne la signification et que de nombreuses manipulations (dont la mise en parallèle, l'optimisation et la détection d'erreur ...) peuvent se mener plus naturellement sur cette représentation abstraite que sur une forme trop proche de la syntaxe du langage source.

<u>4.3</u> L'implémentation actuelle du système n'est pas pleinement satisfaisante. En particulier, aucun effort n'a été fait pour en assoir les algorithmes sur une base théorique solide. De même les connaissances du programme en matière de traitement symbolique sont représentés entièrement sous forme procédurale, ce qui ne facilite pas les éventuelles modifications. Enfin, la même information, (par exemple l'associativité de l'addition) est représentée dans plusieurs parties du programme : l'algorithme d'addition, l'algorithme "match" de la fonction de programmation et l'algorithme de généralisation et filtrage.

Le présent système, tel qu'il se présente, a permis de mettre en évidence la faisabilité d'une analyse automatique des programmes du domaine scientifique. On doit le considérer comme un prototype d'un outil construit sur des bases plus solides et dont nous espérons entreprendre un jour la réalisation.

BIBLIOGRAPHIE

[1] J.C. COTTET, C. RENVOISE, D. SCIAMMA
VESTA : Vectorisation et Parallélisation de programmes scientifiques
present colloque.

[2] J.P. LAURENT, A. ADAM
Thèses, Paris, 1978.

[3] H. BARENDREGT
The Lambda Calculus, its Syntax and Semantics.
North-Holland, 1981.

[4] ACZEL
Lecture on Functional Equations and their Applications
Academic Press, 1965.

[5] P. FEAUTRIER
Cr Acad Sci Paris, 258, p469, 1964.

[6] P. FEAUTRIER
Outil de calcul symbolique pour la compréhension des programmes.

[7] P. FEAUTRIER
Outil de calcul algébrique pour la compréhension des boucles.

[8] P. FEAUTRIER
Evolution de la calculette vers une version programmable.
[6-8] : Rapports BULL 1980-1983.

THE PROGRAM DEPENDENCE GRAPH AND ITS USE IN OPTIMIZATION

Jeanne Ferrante
IBM T. J. Watson Research Center
P.O. Box 218
Yorktown Heights, NY 10598 USA

Karl J. Ottenstein
Dept. of Math. and Computer Science
Michigan Technological University
Houghton, MI 49931 USA

Joe D. Warren
Department of Computer Science
Cornell University
Ithaca, NY 14850 USA

ABSTRACT

In this paper we present an intermediate program representation, called a **program dependence graph** or **PDG**, which summarizes not only the data dependences of each operation but also summarizes the control dependences of the operations. Data dependences represent only the relevant data flow relationships of the program. Analagously, control dependences represent only the relevant control flow relationships of the program, in contrast to the usual control flow graph. The PDG allows transformations such as vectorization, which previously required special treatuent of control dependence, to be performed in a manner which is uniform for both control and data dependences. Program transformations which require interaction of the two can also be easily handled by the representation. As an example, a new incremental approach to modifying data dependences resulting from branch deletion is introduced. Another value of our representation is that many traditional optimizations operate more efficiently on the PDG. Since dependences in the PDG connect computationally relevant parts of the program, a single walk of these dependences is sufficient to perform many optimizations.

1. Introduction

In this paper we present a program representation, called a **program dependence graph** or **PDG**, which summarizes not only the data dependences for an operation but also concisely summarizes the control dependences for that operation. Data dependence graphs have been used as an explicit representation of the data flow relationships implicitly present in a source program (2), (9). The program dependence graph *in addition* explicitly represents the essential control relationships implicitly present in the control flow graph. In both the data dependence graph and the PDG, the data values on which an operation depends can be found by simply walking back to data predecessors of the operation. In the PDG the control values on which an operation depends are found by looking at control predecessors of the operation. Since the PDG collects together all the code executed under identical control conditions, potential parallelism is exposed.

Acknowledgement: We would like to thank Fran Allen for having posed many of the problems solved in this paper, and Michael Burke and Larry Carter for their helpful comments.

Karl Ottenstein was supported in part by the National Science Foundation under Grant No. MCS-8203487.

Since both kinds of dependences are present in a single representational form, transformations like vectorization can treat control and data dependence *uniformly*. Program transformations which require *interaction* of the two can also be easily handled by our single graph. Furthermore, dependences can be represented hierarchically in the form. This hierarchical representation is incorporated in (14) to facilitate vectorization and loop fusion, and we expect it to be the basis for future work in scheduling for multiprocessors.

We outline here the advantages of our form in contrast to previous work. Most of the work utilizing data dependence graphs (2) (9) (10) uses separate structures to represent different aspects of the program, making updates to those structures difficult. Our program dependence graph is a single representation on which we base all of our program transformation algorithms.

"If-conversion" of the program has been used in (11) and (2) to represent control dependences in the data dependence graph. After this transformation, the efficiency of the original control structure is difficult if not impossible to recover, even if no optimizations were performed. In contrast, the PDG already *directly* represents the control dependences needed while allowing the original control structure to be easily recaptured.

Unlike the form in (5), our program dependence graph can represent unstructured programs. All of the transformations presented in (5) can be performed on PDG's. Our program dependence graph can also be extended to handle the more refined dependences that result from array subscript analysis (14), which is not done in (5).

Unlike the data flow graphs of (3) and (4), the program dependence graph need not be purely value-oriented. Updates and accesses for both scalars and arrays may appear as operators in the PDG, leading to simpler vectorization and an easier code generation scheme for machines other than data flow machines.

We now outline the remainder of the paper. We first present a description of the program dependence graph. We then sketch its use in three separate program transformation settings: vectorization; invariant code motion; and the incremental update of data dependences following branch deletion. Further details on this work can be found in (6).

2. The Program Dependence Graph

Since the data dependence representation in the PDG is basically that of (9) and (10), we emphasize in this section the importance of our control dependence representation. In Figure 1 we give a segment of code and show its ordinary control flow graph. In Figure 2 we show the control dependence subgraph of its PDG. In what follows, control dependence edges are drawn with dashed lines, and data dependence edges with solid lines. (Here P and Q are predicates, and S1 through S6 are statements.)

```
       S1
       IF P GOTO 10
       S2
       IF Q GOTO 20
       S3
   10  S4
   20  S5
       S6
```

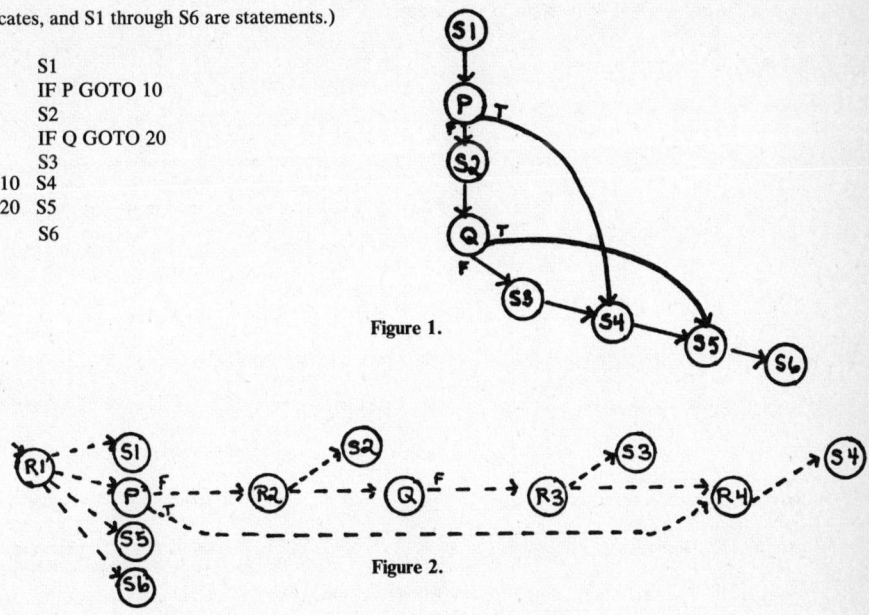

Figure 1.

Figure 2.

There are three kinds of nodes indicated in Figure 2: statement nodes S1 to S6; predicate nodes P and Q; and region nodes R1 to R4. (Operators at a lower level than the statement appear in the PDG, but are not relevant to our example). The main purpose of *region nodes* is to collect blocks of code with identical control conditions for execution. Such blocks will be made immediate successors of a region node. Region nodes are also used in our representation to reflect the merge of control flow.

The control dependence subgraph of Figure 2 is obtained from the control flow graph in Figure 1 by first identifying the single-entry, single-exit region consisting of nodes P, S2, Q, S3, S4, S5, and then abstracting the region, minus the exit node S5, to a single node. The T2' transformation of (7) is then repeatedly applied to nodes with unique successor and predecessor, and a region node is inserted. Region node insertion is also applied to the internal nodes inside the abstracted node, finally obtaining the PDG of Figure 2.

The control dependence subgraph of the PDG can be constructed from the control flow graph of the program by identifying single-entry, single-exit regions of the control flow graph called hammocks, innermost to outermost, and for each such region, applying the transformations mentioned above. This algorithm is detailed in (6). The algorithm of (8) can be used for recognizing the hammocks of a graph in $O(NE)$ operations, where N is the number of nodes and E the number of edges in the graph.

Using these hammock-based transformations allows the quick an easy generation of sequential code. If in addition a fixed order is imposed on edges, the original control flow graph can be recovered from the control dependence subgraph of the PDG.

We mention here two of the important features of our control dependence representation. The execution order of the successors of a region node in the control dependence subgraph is determined entirely by the data dependences between them. This explicit inclusion in the PDG of only essential dependences exposes potential parallelism, in contrast to the usual control flow graph. Secondly, region nodes are a graphical representation of the guards created by "if-conversion" (2). Representing the guards graphically rather than in boolean form (as in (2)) allows for a compact representation which provides full information without requiring boolean simplification.

In the following sections, we show how the PDG can be profitably used in program optimization.

3. Vectorization

In this section, we show how the PDG can be used to considerable advantage as a basis for vectorization. The vectorization algorithms of (11) and (2) generate excellent vector code given a data dependence graph. However, "if-conversion" must first operate on the control structure of the program so that each implicit control dependence is represented as a data dependence. This transformation fragments the control structure of the original program beyond recovery. In contrast, the PDG directly represents these implicit control dependences as they exist in the original program. As a result, the original control flow is easily rebuilt. This might be important in source-to-source transformations, as in (11) and (2).

A second advantage of our form is that the vectorization algorithms of (11) and (2) can be *directly* applied to the PDG, generating the same vector code. Consider the following example (where the initialization and incrementation of I have been omitted from the PDG):

```
        DO 100 I=1,100
           A(I+1) = B(I) + 10
           IF (A(I)) GOTO 101
           C(I) = D(I)
100     CONTINUE
101     CONTINUE
```

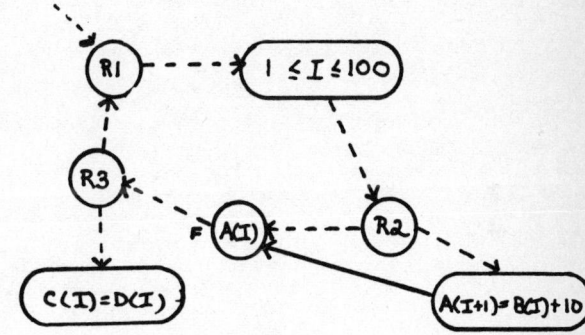

The criterion used in (2) to vectorize a statement is that it must not be contained in any strongly connected region of dependences. We apply this criterion to the program dependence graph consisting of *both* control and data dependences. The assignment to C(I) is not part of a strongly connected region and may be vectorized using a WHERE statement (2). However, the assignment to A(I+1) is part of a strongly connected region and thus is not vectorizable. Since no changes are made to control dependences, the original control strucure can be recovered. Thus the PDG can be used directly as a basis for vectorization, while allowing the original control structure to be rebuilt if vectorization fails.

4. Invariant Motion and Loop Transformations

The PDG allows powerful transformations such as invariant code motion to be performed more efficiently than with other program representations. We can extend the invariant code motion algorithm of (5) to work on PDG's, and incorporate unswitching (1), loop splitting (12) and loop peeling. (Here *loop splitting* refers to copying the loop and splitting the original iterations between the two copies (preserving the iteration order) and *loop peeling* is taking the first iteration out of the loop, and adjusting the loop accordingly.) In this manner a much wider range of invariant expressions is handled than in (5). The following five transformations can be combined into a single bottom-up graph walk, operating on loops in an innermost to outermost order. (In what follows, a loop predicate is one which controls an exit out of a loop, and a branch predicate is any other predicate.)

1. Unswitching invariant branch predicates.
2. Peeling a loop with an invariant loop predicate, removing the exit from the loop.
3. Splitting loops with branch predicates dependent only on the index variable, thereby removing the branches.
4. Eliminating partially invariant boolean operations by unswitching.
5. Deleting an invariant assignment from a loop by peeling off one iteration.

The criterion used to achieve these effects is the absence of data predecessors for a node inside the loop region. Transformation 5 above is in addition signalled by a backwards true dependence from the assignment to a use. (A dependence is *backwards* if it reverses execution order.) As an example of 4 above, consider Figure 3(a) where A is an invariant. The "or" operation will have exactly two data predecessors, one of which, A, is outside the loop. If the loop is unswitched with A as the outer predicate, (b) is the result.

```
        DO 100 I=1,100
          IF (A.OR.B(I)) C(I)=0
          D(I)=0
100     CONTINUE
```

```
        IF (A) THEN
          DO 100 I=1,100
            C(I)=0
            D(I)=0
100       CONTINUE
        ELSE
          DO 115 I=1,100
            IF (B(I)) C(I)=0
            D(I)=0
115       CONTINUE
        ENDIF
```

(a)   (b)

Figure 3.

We remark here that transformations of one type, such as unswitching, may uncover opportunities for transformations of another type. As a result, all invariant operations are moved to the outermost nesting level possible.

5. A New Incremental Data Flow Algorithm

The update of data flow information to reflect changes in control flow has been a traditional stumbling block for optimizing compilers. The expense of a full data flow analysis may be avoided if an incremental method (13), (15) can be used to examine and update only the affected data dependences.

We sketch here a new incremental algorithm to update data flow as represented in the PDG. (Full details may be found in (6).) The method operates in the context of an optimization called *branch deletion*, which deletes blocks of code which become unreachable after constants are propagated to branch predicates.

The control dependence update in the PDG is easuly performed. The data dependence update focuses on definitions formerly transmitted by the deleted path. If the definition is on the path being deleted, the data dependence is easily pruned from the PDG. The non-trivial problem arises when the definition is not on the path being deleted but reaches a use via the path. If the deleted path is the only path which allows the definition to reach the use, that definition must be eliminated from the set of reaching definitions for the use.

Our incremental solution examines only the affected data dependences. In the process of performing the update, we can perform *incremental optimization*, since the altered dependences could permit further transformations. The update is performed by examining regions under the control of the folded predicate.

Consider the control flow graph of Figure 4 and its corresponding PDG. (We use the notation of (11) and indicate output dependence with a circle.) If P is found to be always true, the first definition of A no longer reaches the use of A along any remaining path in the control flow graph. Hence the first definition of A must be killed. Our algorithm will transitively mark predicate Q as having a "definition" of A (since a definition exists on *all* paths in the region determined by Q). In contrast, region nodes are transitively marked as having a "definition" if *some* successor has a definition. By propagating these transitive "definitions" in the region formerly detetmined by P, the algorithm will ascertain that the first definition of A should be killed. The PDG allows efficient transitive propagation of these "definitions".

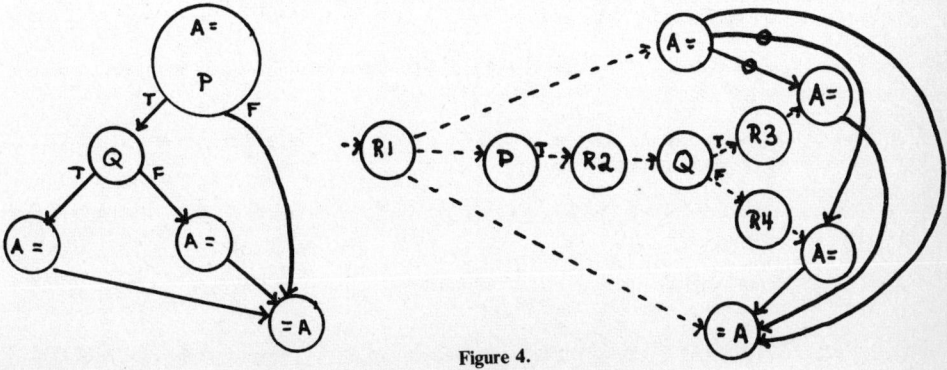

Figure 4.

6. Conclusions

In this paper we sketched a program representation called the program dependence graph which concisely summarizes both the control and data dependences for an operation. The transformations we have presented show the advantages of this unification in three distinct settings: vectorization; traditional optimizations such as invariant motion; and incremental data flow update.

An area worthy of investigation is the use of the PDG in scheduling for multiprocessors, and in particular, the identification of processes. Heuristics for process partitioning of the PDG might be developed, taking advantage of its hierarchical form.

REFERENCES

1. Allen, Frances E. and Cocke, John. A catalogue of optimizing transformations in <u>Design and Optimization of Compilers</u> (Randall Rustin, Ed.) Prentice-Hall (1972) 1-30.

2. Allen, J.R., Kennedy, Ken, Porterfield, Carrie, and Warren, Joe. Conversion of control dependence to data dependence. <u>10th Ann. ACM Symp. on Princ. of Prog. Lang.</u> Austin, Texas (January, 1983) 177-189.

3. Arvind, Gostelow, Kim, and Plouffe, Wil. An asynchronous programming language and computing machine. <u>University of California at Irvine Tech Report TR114A</u> (December, 1978)

4. Dennis, Jack B. Data flow supercomputers. <u>IEEE Computer 13, 11</u> (Nov. 1980) 48-56.

5. Ferrante, Jeanne, and Ottenstein, Karl. A program form based on data dependency in predicate regions. <u>10th Ann. ACM Symp. on Princ. of Prog. Lang.</u> Austin, Texas (January, 1983) 217-231.

6. Ferrante, Jeanne, Ottenstein, Karl, and Warren, Joe D. The program dependence graph and its use in optimization. In preparation.

7. Graham, Susan and Wegman, Mark. A fast and usually linear algorithm for global flow analysis. <u>JACM 23,1</u> (January, 1976) 172-202.

8. Kas'janov, V.N. Distinguishing hammocks in a directed graph. <u>Soviet Math. Doklady 16,5</u> (1975) 448-450.

9. Kuck, D. J; Kuhn, R. H., Padua, D. A.; Leasure, B. and Wolfe, M. Dependence graphs and compiler optimizations. <u>8th Ann. ACM Symp. on Princ. of Prog. Lang.</u> Williamsburg, VA (Jan. 26-28, 1981) 207-218.

10. Ottenstein, Karl J. Data-flow graphs as an intermediate program form. <u>Ph.D. Thesis.</u> Computer Sciences Dept., Purdue Univ. (August 1978) 283 pages.

11. Padua, David A., Kuck, David J., and Lawrie, Duncan. High-Speed multiprocessors and their compilers. <u>IEEE Transactions on Computers 29,9</u> (September, 1980) 763-776.

12. Padua Haiek, David Alejan. Multiprocessors: Discussion of some theoretical and practical problems. <u>Ph.D. Thesis.</u> Computer Sciences Dept., University of Illinois (1980).

13. Ryder, Barbara G. Incremental data flow analysis. <u>10th Ann. ACM Symp. on Princ. of Prog. Lang.</u> Austin, Texas (January, 1983) 167-176.

14. Warren, Joe. A hierarchical basis for reordering transformations. <u>11th Ann. ACM Symp. on Princ. of Prog. Lang.</u> Salt Lake City, Utah (January, 1984), 272-282.

15. Wegman, Mark. Summarizing graphs by regular expressions. <u>10th Ann. ACM Symp. on Princ. of Prog. Lang.</u> Austin, Texas (January, 1983) 203-212.

IMPLEMENTATIONS OF NONDETERMINISTIC PROGRAMS

Pedro Guerreiro

Departamento de Informática
Faculdade de Ciências e Tecnologia
Universidade Nova de Lisboa
2825 Monte da Caparica, Portugal

Abstract

Non-determinism is an important concept for program development. Nevertheless, at some low level of detail, the existing machines work in a deterministic manner. Therefore, it is necessary to know how to suppress the non-determinism of a given program, without disturbing its behaviour. This paper treats that problem formally, within the framework of the relational semantics of non-deterministic programs, and provides the justification of the validity of some usual techniques which are based on a intuitive understanding of the concept.

1. INTRODUCTION

Non-determinism is widely recognized as a valuable tool for program development [Dijkstra 1976]. It appears also as the natural environment for the evolution of systems of parallel processes; sequential implementation of such systems through non-deterministically simulating their distributed behaviour can be an effective programming technique [Guerreiro 1981, 1983b]. Furthermore, the concept of non-determinism itself arises many interesting theoretical questions [Plotkin 1976, Schmidt 1979, Apt and Plotkin 1981, Back 1981, Hennessy 1982, Poigné 1982, etc.].

Nevertheless, if we are interested in obtaining an implementation for a program that describes a non-deterministic situation, sooner or later we are bound to consider, implicitly or explicitly, a deterministic version of it, since, at some level of detail, the existing machines operate in a deterministic fashion. Therefore, the problem arises of determining exactly in what way can the non-determinism be suppressed, or, at least, under which conditions is the deterministic program a legitimate version of the non-deterministic one. More generally, we want to have a means of deciding whether a given program P1 can be replaced by another program P2, in such a way that it is impossible by looking only at the results of the execution of P2 to find out that the executed program was not P1 after all.

This is the question we discuss in this paper. It was suggested to us by our work with programming systems of communicating processes. We use a language which resembles Hoare's CSP [Hoare 1978], but incorporates the notion of port and the bidirectional communication as in [Milne and Milner 1979]. A system of processes written in the language can be transformed systematically into a non-deterministic sequential program, by use of a few rules, operating on the syntax of the component processes. In order to obtain an executable version, we suppress the non-determinism in the resulting program, turning it into a regular Pascal program. Although the first transformation is justified semantically [Guerreiro 1981], the second one has been accomplished, up to now, in an informal (but quite reasonable) basis. The reflexion that led to this paper has helped us to understand better the underlying theoretical validity of our approach.

The presentation is carried out in the framework of the relational semantics of non-deterministic programs [de Roever 1976, Guerreiro 1980]. In order to make it self-contained, we start with some basic definitions and results. Then we introduce a notion of observation of the behaviour of a (non-deterministic) program. Using it, we define an implementation relation for programs such that a program P2 implements another program P1 if by <u>observing</u> P2 we cannot discover that we are not dealing with P1. In fact, we will consider three such relations, each corresponding to a different knowledge about the original programs. One of those relations turns out to be a partial-order, while the remaining two lack the antisymmetry property, which makes them pre-orders only.

Once we have decided that a program P2 is an implementation of a program P1, the next question is the following: is it legitimate to replace P1 by P2 in all possible situations? More precisely: if we substitute P1 by P2 in an arbitrary program P where P1 appears as a component, do we get an implementation of P? We will use the first of the mentioned implementation relations, together with the relational semantics of the language of guarded commands [Dijkstra 1975] to show that in that context the answer is yes.

Note : This paper is a shortened version of [Guerreiro 1983a], where the proofs missing here can be found.

2. RELATIONAL SEMANTICS OF NON-DETERMINISTIC PROGRAMS

Usually, a deterministic program is viewed as a representation, or description, in a given language of a certain partial function from a suitable set of states into itself. Putting forward the semantics of the program consists essentially in presenting the associated function, or relevant properties of it, in some, hopefully sufficiently widespread, standard formalism. Generalizing this idea, a non-deterministic program, that is, a program that can produce several outputs for some of its inputs, can be considered to be a representation of a function from the set of states to the set of sets of states, or, alternatively, of a binary relation over that set of states.

The operational meaning of the semantic relation must reflect the input-output behaviour of the program: whenever there exists a possibility that an execution of the program initialized in a state a terminates in a state b the pair (a,b) must appear in the relation. However, special attention must be paid to those cases in which the execution may not terminate. This situation of non-termination must be recorded somehow in the semantics, otherwise it will be impossible to distinguish, for example, the two following programs (written in the language of guarded commands):

r1 :: <u>if</u> true --> skip <u>fi</u>   r2 :: <u>if</u> true --> skip
                                        [] true --> abort
                                      <u>fi</u>

If we consider terminating computations only, the input-output behaviours of r1 and r2 are the same. However, r1 and r2 definitely should not be regarded as "equivalent". In order to distinguish them two techniques can be used:
  i. to exclude from the relation all pairs whose first elements are also starting points of non-terminating computations. This is justified if we are interested only in total correctness semantics, as in this case we regard the possibility of non-termination as "bad" as guaranteed non-termination. Therefore, the loss of information caused by deleting those pairs appears to be of no consequence. Using this technique, the semantic relation of program r1 is the identity relation, whereas that of r2 is the empty relation.
  ii. to enlarge the state space with a special element to be used as a "final" state for non-terminating computations. If we choose this alternative, the

relation for program r1 is still the identity relation, but for program r2 we now have, denoting by u the special element and by Q the state space, the union of the identity relation and the cartesian product Q x {u}.

In this paper we deal with both types of semantics. However, we place ourselves in the context of the second alternative, that is, we consider the existence of the special element, even if for the relations issued from the first alternative the consideration of that element is not particularly relevant.

Let Q be a set (of states) and u a distinguished element of Q. Let r be a (non-deterministic) program whose state space is Q-{u}. When following alternative ii, we shall use u to represent the final state of a non-terminating computation. So being, in this case the semantic relation of program r, denoted rho[[r]], is obtained as follows:
- (a,b) ∈ rho[[r]], b≠u, iff there exists a computation of r initialized in state a and terminating in state b.
- (a,u) ∈ rho[[r]] iff there exists a non-terminating computation of r starting in state a.

Taking into account the meaning of state u, it seems reasonable to define rho[[r]](u)={u}, stressing the fact that it is impossible to get a terminating computation after a non-terminating one! Furthermore, every computation yields a result, even if it is u; hence rho[[r]](a)≠∅, for all a, i.e., rho[[r]] is a total relation.

When we consider alternative i, state u is of no use, and the semantics of r is given by a relation, denoted tau[[r]], defined as follows:
- (a,b) ∈ tau[[r]] iff there exists a computation of r leading from a to b, and no computation starting in a is non-terminating.

Accordingly, we must define tau[[r]](u)=∅, for all r.

Let us now take into account the boundedness of the non-determinism of our programs. Non-determinism being bounded informally means that if from a given initial value a program can produce an infinite number of results, then it is also possible that, when fed with that initial value, the program does not terminate. Expressing this idea in terms of our semantics, we have:

∀ a∈Q (∃ k∈N card(rho[[r]](a)) <= k or (a,u)∈rho[[r]](a))
∀ a∈Q   ∃ k∈N card(tau[[r]](a)) <= k

We use these formulas to define in QxQ two classes of binary relations: rho-relations and tau-relations:

<u>Definition</u> 2.1. rho-relations. The set $\underline{Rr}$ of rho-relations is defined by
    $\underline{Rr}$ = { R | R is total, R(u) = {u},
            ∀ a∈Q (∃ k∈N card(R(a)) <= k or (a,u)∈R(a)) }   []

<u>Definition</u> 2.2. tau-relations. The set $\underline{Rt}$ of tau-relations is defined by
    $\underline{Rt}$ = { R | R(u) = ∅, ∀ a∈Q ∃ k∈N card(R(a)) <= k }   []

Note that these two sets are disjoint.

Using rho-relations, the set of states for which non-terminating computations of a program r exist is expressed by rho[[r]]$^{-1}$(u); using tau-relations the same set is given by -tau[[r]]$^{-1}$(Q). In general, that set will be denoted by loop[[r]]:

<u>Definition</u> 2.3. Given a program r, loop[[r]] is the set defined by
    loop[[r]] = rho[[r]]$^{-1}$(u) = -tau[[r]]$^{-1}$(Q)   []

It is convenient to overload the operator loop, allowing it to deal directly with rho and tau-relations:

Definition 2.3´. We define: $\text{loop}[R] = R^{-1}(u)$ if R is a rho-relation
$\text{loop}[R] = -R^{-1}(Q)$ if R is a tau-relation []

Consider now the following mapping from $\underline{R}r$ to $\underline{R}t$:

Definition 2.4. The function \ from $\underline{R}r$ to $\underline{R}t$ is defined by $R\backslash = R - \text{loop}[R] \times Q$ []

The relationship between rho and tau semantics is expressed by the following equation:

Axiom 2.5. For all programs r we have $\text{tau}[[r]] = \text{rho}[[r]]\backslash$ []

Therefore, given the rho-semantics of a program, we can obtain univocally its tau-semantics. The inverse property does not hold, however; nevertheless, it is possible to single out one of the rho-relations that are compatible with a given tau-relation. For that we define a new mapping:

Definition 2.6. The function ! from $\underline{R}t$ to $\underline{R}r$ is defined by $T! = T \cup \text{loop}[T] \times Q$ []

It should be clear that T! is the largest rho-relation R such that $R\backslash = T$, for any tau-relation T. In general, we have:

Properties 2.7.1. If T is a tau-relation then $T!\backslash = T$.
2.7.2 If R is a rho-relation then $R \subseteq R\backslash !$ []

Boolean functions over Q are called predicates. In order to simplify the presentation we assimilate predicates and their characteristic sets, i.e., the sets where they evaluate to true. Hence, the set of predicates over Q is just the set of subsets of Q, denoted 2^Q. A predicate transformer is a function of $2^Q \to 2^Q$. Following Dijkstra [Dijkstra 1975], we define, for each program r (assuming that the state space of r is Q-{u}), a predicate transformer wp[r], such that, for any predicate P, wp[r](P) is the largest predicate (set of states) from which all computations of r are guaranteed to terminate in a state satisfying P. This idea can be formalized using relations:

Definition 2.8. The predicate transformer wpr[R] is defined by
  $\text{wpr}[R](P) = \{ a \mid \forall b \ (a,b) \in R \Rightarrow a \in P \text{ and } a \neq u \}$ []

Definition 2.9. The predicate transformer wpt[R] is defined by
  $\text{wpt}[R](P) = \{ a \mid (\forall b \ (a,b) \in R \Rightarrow a \in P) \text{ and } R(a) \neq \emptyset \}$ []

Using these definitions and properties 2.7, the following propositions are easy to prove.

Propositions 2.10. If R is a rho-relation then $\text{wpr}[R] = \text{wpt}[R\backslash]$.
2.11. If T is a tau-relation then $\text{wpt}[T] = \text{wpr}[T!]$.
2.12. For any program r we have $\text{wpr}[\text{rho}[[r]]] = \text{wpt}[\text{tau}[[r]]]$. []

Proposition 2.12 allows us to define wp[r] formally:

Definition 2.13. Let r be a program. The predicate transformer wp[r] is defined by
  $\text{wp}[r] = \text{wpr}[\text{rho}[[r]]] = \text{wpt}[\text{tau}[[r]]]$. []

The following equation can be added to definition 2.3:

Definition 2.3''. loop[[r]] = -wp[r](Q)   if r is a program.   []

Hence, we have the equalities :

Property 2.14. If r is a program then $rho[[r]]^{-1}(u) = -tau[[r]]^{-1}(Q) = -wp[r](Q)$.
[]

The function wp is itself a semantic function, mapping programs into predicate transformers. Therefore, we now have at our disposal three semantic functions: rho, tau and wp. Although they are not independent, we shall not elaborate any further in the study of how they relate to one another. For this the reader may consult [Wand 1977] and [Guerreiro 1982], for instance.

The following are well-known properties of the predicate transformer wp. They correspond to the five healtiness criteria, pointed out by Dijkstra [Dijkstra 1976].

Properties 2.15. Healthiness criteria.
1. wp[r]($\emptyset$) = $\emptyset$
2. wp[r](P1) & wp[r](P2) = wp[r](P1 & P2)
3. P1 $\subseteq$ P2 ==> wp[r](P1) $\subseteq$ wp[r](P2)
4. wp[r](P1) U wp[r](P2) $\subseteq$ wp[r](P1 U P2)
5. wp[r] is continuous (i.e., for every increasing sequence of predicates $\{P_i\}_{i \in N}$, $P_i \subseteq P_{i+1}$, it is true that wp[r](U P_i) = U wp[r](P_i))   []

Note that these properties can be derived formally using the definition of wp[r] in terms of wpr[rho[[r]]] or wpt[tau[[r]]]. In fact, the healthiness criteria also apply to all predicate transformers wpr[R] provided R is a rho-relation [Guerreiro 1982], and to all predicate transformers wpt[T] provided T is a tau-relation [Wand 1977].

In the following paragraphs, we will need also a more specific property of the function wpr:

Property 2.16. Let R and S be relations. We have:
  wpr[R] $\subseteq$ wpr[S] iff $S \subseteq R \cup R^{-1}(u) \times Q$.   []

Note that this implies $S \subseteq R$ ==> wpr[R] $\subseteq$ wpr[S]. However, the implication from right to left does not hold, in general.

3. IMPLEMENTATION RELATIONS

Let us suppose that we are given a program p1, by means of its rho-, tau- or wp-semantics, and that we are required to supply an implementation for p1. The obvious straight-forward solution is to construct a program p2 which will exhibit exactly the same semantics as p1 (in whatever form this was presented). However, such an approach risks to be unnecessarily complicated, for it would be enough to devise a program p2´ such that the results of executing p2´ will not be in apparent conflict with those specified in the original semantics. (Note that we are not considering any efficiency requirements, and concentrate only on p2´ displaying a correct input-output behaviour.) Therefore we need some notion of observing the behaviour (or the results) of p2´.

Intuitively, observing a program is very much like testing it. One feeds in some values, and then records the corresponding outputs. Thus, at first sight, an observation of a program p is just a subset of its semantic relation rho[[p]]. Now, an important question arises: how big can our observations be? More precisely: do we allow ourselves to try out an infinite set of values (which would require an infinite testing time), or do we admit that only finite observations are feasible? As a matter of fact, on a abstract level, programs are timeless objects; so, nothing prevents us from considering that their lifetimes are infinite. Over such a long period of time, an infinite number of tests can be carried out. Thus, under this hypothesis, infinite observations become quite possible. Pushing this abstraction process a little further, we may even decide that it is permitted to observe the result of an infinite computation - this result is the special value u. Therefore, we propose the definition:

Definition 3.1. Observation. An observation of a program p is any relation R such that $R \subseteq rho[[p]]$.   []

The observations of a program p are ordered by (set-theoretical) inclusion. The least observation is the empty relation (do not observe anything), and the greatest possible observation is rho[[p]]. However, even if we try each input value an infinite number of times, in general we cannot be sure of ever obtaining that largest observation. This means in fact that no non-deterministic program can be fully known by observation only.

We shall define now the notion of implementation relation for a program, based on the concept of observation.

Definition 3.2. Implementation relation. Given a program p1, known by means of a semantic object M[[p1]], we say that a program p2 is an implementation of p1 according to the semantic function M, if all observations of p2 agree with the given semantics M[[p1]].   []

The way to express the agreement depends on the type of the semantic function M. Specifying for each of the semantics considered in the preceding paragraph, we have:

Definition 3.2.1. rho-implementation relation. We say that a program p2 is a rho-implementation of a program p1 if
$\forall R \quad R \subseteq rho[[p2]] \Longrightarrow (\forall a,b \quad (a,b) \in R \Longrightarrow (a,b) \in rho[[p1]])$.   []

Definition 3.2.2. tau-implementation relation. We say that a program p2 is a tau-implementation of program p1 if
$\forall R \quad R \subseteq rho[[p2]] \Longrightarrow (\forall a,b \quad (a,b) \in R \Longrightarrow ((a,b) \in tau[[p1]]$
$\underline{or} \ tau[[p1]](a)=\emptyset \ ))$.   []

Definition 3.2.3. wp-implementation relation. We say that a program p2 is a wp-implementation of program p1 if
$\forall R \quad R \subseteq rho[[p2]] \Longrightarrow (\forall P \ \forall a \quad a \in wp[p1](P) \Longrightarrow a \in wpr[R](P))$ []

The following are more convenient characterizations of these implementation relations.

Propositions 3.3. p2 is a rho-implementation of p1 iff $rho[[p2]] \subseteq rho[[p1]]$.
  3.4. p2 is a tau-implementation of p1 iff $rho[[p2]] \subseteq tau[[p1]]!$.
  3.5. p2 is a wp-implementation of p1 iff $wp[p1] \subseteq wp[p2]$.   []

It would be pleasant to express the tau-implementation concept entirely in terms of "tau-objects". The following proposition accomplishes that:

Proposition 3.6. p2 is a tau-implementation p1 iff tau[[p2]]! $\subseteq$ tau[[p1]]!. []

Example 3.1.
1. Consider the rho-relation, defined in Z U {u} by
    GOON = {(x,y) | x <= y} U Z x {u} U {(u,u)}
  This relation is generated by the following program, taken from [Dijkstra 1976], where x is an integer variable, and goon is a boolean variable.
    <u>do</u> goon --> x := x + 1
    [] goon --> goon := false
    <u>od</u>
  The relation expresses the input-output behaviour corresponding to the variable x only. The program skip, whose rho-relation is the identity relation, is a rho-implementation of that program. The program abort, whose rho-relation is (Z U {u}) x {u} is another rho-implementation, and so is
    <u>do</u> goon --> x := x + 2
    [] goon --> goon := false
    <u>od</u>
  since its rho-relation is
    {(x,y) | ∃k∈N y=x+2*k} U Z x {u} U {(u,u)}
  and this is included in GOON.   []

The following proposition will come as no surprise to those acquainted with Wand's results in [Wand 1977].

Proposition 3.7. p2 is a tau-implementation of p1 iff p2 is a wp-implementation of p1. []

Thus, tau-implementation and wp-implementation are equivalent concepts. Hence, is is reasonable to drop one of them, in the sequel, keeping the other only. Arbitrarily, we choose to keep wp-implementation, for it corresponds to the more usual notion of total correctness predicate transformer.

Proposition 3.8. If p2 is a rho-implementation of p1 then p2 is wp-implementation of
    p1.   []

Propositions 3.9. The rho-implementation relation is as partial order.
             3.10. The wp-implementation is a pre-order, but it is not a partial
                   order. []

Nevertheless, the important property for implementation relations is transitivity: it allows us to replace an implementation p2 of a program p1 by an implementation p3 of p2, guaranteeing that p3 is still an implementation of p1.

4. CONTEXTUAL IMPLEMENTATIONS

Once we have decided that a program p2 is an implementation of another program p1, we would certainly like to know whether it is legitimate to replace p1 by p2 in all possible contexts, that is, in all possible larger programs where p1 might appear. In other words, let f be a program with a "hole" in it, i.e., a reserved place where an arbitrary program may be inserted. Such a construct can be considered semantically as an application, mapping the rho-relation of the program that fills the "hole" to the rho-relation of the complete program thus obtained. So being, we may write: f∈<u>Rr</u>-->$\underline{Rr}$. Therefore, from a semantical point of view, a context is just a transformation in <u>Rr</u>. We propose:

<u>Definition</u> 4.1. Context. A context (in Q) is an application of $\underline{Rr} \longrightarrow \underline{Rr}$. []

Given a context f and a program p, the notation f(p) will denote the program obtained by inserting p in the program with a "hole" which conceptually generated f. Our current problem is to find the contexts f which ensure that if a program p2 is an implementation of p1 then f(p2) is an implementation of f(p1). Its solution is quite trivial:

<u>Proposition</u> 4.2. p2 is a rho-implementation of p1 iff, for all monotonic contexts f, f(p2) is a rho-implementation of f(p1).
Proof. (<==) trivial, using the identity context (which is just a "hole", with no program around!)
(==>) rho[[p2]] $\subseteq$ rho[[p1]] ==> f(rho[[p2]]) $\subseteq$ f(rho[[p1]]) (by hypothesis)
[]

In order for this result to be of any use, we must discover which commands in the language we choose generate monotonic contexts. For this, we must start by looking at the semantics of the language.

In this paper, the language we consider is Dijkstra's language of guarded commands [Dijkstra 1975]. Let us present its relational semantics.

The syntax of the language is the following:
p ::= r
r ::= abort | skip | e | <u>if</u> s <u>fi</u> | <u>do</u> s <u>od</u> | r_1 ; r_2
s ::= c_1 [] c_2 [] ... [] c_n (n>=0)
c ::= g --> r

p is a program. r denotes a command. skip and abort are particular commands. e is an assignment. g is a guard, c is a guarded command, and s is a set of guarded commands.

In the set $\underline{Rr}$ we have, as usual, the identity relation I; the identity over a subset X of Q, denoted I_X; the operation of binary composition, denoted o; the set-theoretical union; the reflexive-transitive closure denoted *:
I = { (a,b) | a = b }
I_X = { (a,a) | a $\in$ X }
R o S = { (a,b) | $\exists$ c (a,c) $\in$ R <u>and</u> (c,b) $\in$ S }
$R^* = \bigcup_{i \in N} R^i$

We will present now, for each command in the language, the corresponding rho-relation. Besides, we introduce three auxiliary semantic functions - gamma, mu and sigma - to deal with guards, guarded commands and sets of guarded commands, respectively. Note that these program contructs are not commands.

i.   rho[[skip]] = I
ii. rho[[abort]] = Q x {u}
iii. rho[[e]] = e
     (an assignment is viewed as a deterministic transformation of the state space, such that the image of u is {u})
iv. rho[[r_1 ; r_2]] = rho[[r_1]] o rho[[r_2]]
v.   gamma[[g]] = I_g
     (the g in I_g denotes the set of states where the guard - a predicate - is true. Besides, we define g(u)=true)
vi. mu[[g-->r]] = gamma[[g]] o rho[[r]]
vii. sigma[[c_1 [] c_2 [] ... [] c_n]] = $\bigcup_{i=1}^{n}$ mu[[c_i]], if n>=1
                                              = { (u,u) }, if n=0

The definitions of rho[[<u>if</u> s <u>fi</u>]] and rho[[<u>do</u> s <u>od</u>]] are a little more complicated, requiring some new concepts. To start with, note that the relations generated by the functions gamma, mu and sigma are not rho-relations, in general, for they may be non-total. We define:

Definition 4.3. sigma-relations. The set $\underline{Rs}$ of sigma-relations is defined by
$\underline{Rs}$ = { R | R(u) = {u}, ∀ a∈Q (∃ k∈N card(R(a)) <= k $\underline{or}$ (a,u)∈R(a) }   []

If, by induction hypothesis, we assume that the relations generated by the rho function are rho-relations indeed, then it is easy to conclude that those generated by gamma, mu and sigma are sigma-relations.

Definition 4.4. The function exit on sigma-relations. We define:
exit[R] = $-R^{-1}$(Q)   if R is a sigma-relation.   []

Note that u∈exit[R], for any sigma-relation R. In fact, exit[R] is the set of those states which have no image by R, and, by definition, the pair (u,u) belongs to all sigma-relations.
The following unary operations turn sigma-relations into rho-relations.

Definition 4.5. The extension operations ↡ and ↑, from $\underline{Rs}$ to $\underline{Rr}$, are defined by:
R↡ = R ∪ exit[R] × {u}
R↑ = R ∪ $I_{exit[R]}$ []

The definition of rho[[$\underline{if}$ s $\underline{fi}$]] is immediate:
viii. rho[[$\underline{if}$ s $\underline{fi}$]] = sigma[[s]]↡

Now, in order to define rho[[$\underline{do}$ s $\underline{od}$]], consider the expression:
∀ x x∈W ==> ∃ y (x,y)∈R $\underline{and}$ (y∈W $\underline{or}$ y=u)
It provides a characterization for a set W such that each element of W has at least one successor which lies in W also, or is equal to u. Therefore, if the relation R is the sigma-semantics of a set of guarded commands, then W is the set of initial states for which non-terminating repetitive executions of that set of guarded commands exist. Now, notice that the above expression is equivalent to
W $\underline{c}$ -wpr[R](-W)
Defining wp̄r[R] by wp̄r[R](P) = -wpr[R](-P), this inequation can be rewritten
W $\underline{c}$ wp̄r[R](W), or
W = W & wp̄r[R](W)
Let I also denote the identity predicate transformer (I(P)=P), and & the product of predicate transformers (F & G (P) = F(P) & G(P)). Define F^x by F^x(P) = $\&_{i\in N} F^i$(P). The equation W = W & wp̄r[R](W) may be substituted by
W = I & wp̄r[R](W)
telling us that W is a fixed point of the predicate transformer I & wp̄r[R]. Obviously, we are interested in the largest fixed point. If the predicate transformer I & wp̄r[R] were continuous from above (a predicate transformer F is said continuous from above if, for every decreasing sequence of predicates $\{P_i\}_i$, $P_{i+1} \underline{c} P_i$, it is true that F($\&_{i\in N} P_i$) = $\&_{i\in N} F(P_i)$), then its largest fixed point would be given by the expression
(I & wp̄r[R]$)^x$(Q)
As a matter of fact, the continuity from above of I & wp̄r[R] is a mere consequence of the continuity from above of wp̄r[R], and this is equivalent to the usual continuity (from below) of its dual wpr[R], which in turn has been shown to be equivalent to the boundedness of the non-determinism of the relation R [Guerreiro 1980].
Coming back to the semantics of $\underline{do}$ s $\underline{od}$, let us define a third unary operation, transforming sigma-relations into rho-relations:

<u>Definition</u> 4.6. Relational iteration ⊠. The operation ⊠, from $\underline{Rs}$ to $\underline{Rr}$, is defined by
$$R^⊠ = R^* \circ exit(R) \;\; \cup \;\; (I \;\&\; w\bar{p}r[R])^X(Q) \times \{u\} \qquad [\,]$$

It should be clear that
ix. $rho[[\underline{do}\; s\; \underline{od}]] = sigma[[s]]^⊠$

This ends the presentation of the relational semantics of the language of guarded commands. At this moment, we are able to prove the following important proposition.

<u>Proposition</u> 4.7. All contexts generated by the language of guarded commands are monotonic.
Proof. The language can generate contexts of four types, corresponding to the following patterns (where P denotes the "hole" in the program):
  i.   r1 ; P
  ii. P ; r2
  iii. <u>if</u> s [] g_{n+1} --> P <u>fi</u>
  iv. <u>do</u> s [] g_{n+1} --> P <u>od</u>
Contexts corresponding to cases i. and ii. take the form
  $f_i(R) = R1 \circ R, \quad f_{ii}(R) = R \circ R2$
for arbitrary rho-relations R1 and R2. It is clear that they are monotonic. For iii. and iv. we get contexts of the form
  $f_{iii}(R) = (S \cup I_X \circ R) ↯$
  $f_{iv}(R) = (S \cup I_X \circ R)^⊠$
for an arbitrary sigma-relation S, and an arbitrary set X such that u∉X. Let us abbreviate $S \cup I_X \circ R$ by $F(R)$. It is easy to see that $F(R)$ is monotonic in R. Now, concerning f_{iii}, just remark that, for given S and X, the set exit[F(R)] is constant (i.e., does not depend on R), since R is a rho-relation. As for f_{iv}, start by noticing that, as $F(R)$ is increasing and exit[F(R)] is constant, the relation $F(R)^* \circ I_{exit[F(R)]}$ is increasing with R. On the other hand, the function wpr is decreasing (2.16). As a consequence wp̄r is increasing, and so are I & wp̄r and (I & wp̄r)^X. We conclude that f_{iv} is monotonic.   [ ]

As an example of a non monotonic context, take the one defined by:
$$f(R) = \begin{cases} I & \text{if } R = Q \times \{u\} \\ Q \times \{u\}, & \text{otherwise} \end{cases}$$
A more interesting example is the following:
  $f(R) = (\; loop[R] - \{u\}\;) \times \{0\} \;\cup\; -loop[R] \times \{1\} \cup \{(u,u)\}$
If this context could be written in the language of guarded commands (or in any other language), we would have an automatic means of discovering whether a given program was guaranteed to terminate for a certain initial state, i.e., we would have a solution for the "halting problem"... Let us terminate by presenting the results that are used in practise to suppress, or to reduce, the non-determinism in iterative programs.

<u>Proposition</u> 4.8. If <u>if</u> s2 <u>fi</u> is a rho-implementation of <u>if</u> s1 <u>fi</u>
  such that exit[sigma[[s2]]] = exit[sigma[[s1]]]
then <u>do</u> s2 <u>od</u> is a rho-implementation of <u>do</u> s1 <u>od</u> .
Proof. Considering the semantics of the <u>if fi</u> and <u>do od</u> commands, it is enough prove that, for arbitrary sigma-relations R and S, the following implication holds:
  R↯ ⊆ S↯ <u>and</u> exit[R] = exit[S] ==> $R^⊠ ⊆ S^⊠$
Remark that the lhs implies R ⊆ S. (Recall that R↯ = R ∪ exit[R]×{u} and that the two sets in this union are disjoint.) As a consequence, we have, on the one hand

$R^* \subseteq S^*$, and $R^* \circ I_{exit[R]} \subseteq S^* \circ I_{exit[S]}$. On the other hand, $R \subseteq S$ implies wp̄r[R] $\subseteq$ wp̄r[S] (recall property 2.16, and notice that wpr[S] $\subseteq$ wpr[R] implies wp̄r[R] $\subseteq$ wp̄r[S]). This inequality implies I & wp̄r[R] $\subseteq$ I & wp̄r[S], and $(I \& wp̄r[R])^X \subseteq (I \& wp̄r[S])^X$. []

Therefore, if we want an implementation for an iterative program **do** s1 **od** we may start by looking for an implementation for **if** s1 **fi** , such that the condition stated for the exit sets is respected. The following proposition teaches us how to proceed.

Proposition 4.9. Let p1 be a program **if** s1 **fi** ,
with $s = g_1 \text{-->} r_1$ [] ... [] $g_n \text{-->} r_n$
and p2 another program **if** s2 **fi** ,
with $s2 = h_1 \text{-->} r_1$ [] ... [] $h_n \text{-->} r_n$,
such that $h_i \subseteq g_i$, i=1,n , and $\underset{i=1}{\overset{n}{\square}} h_i = \underset{i=1}{\overset{n}{\square}} g_i$.
Then p2 is a rho-implementation of p1.
Proof. U h_i = U g_i implies exit(sigma[[s2]])=exit(sigma[[s1]]).
On the other hand
$\quad$ sigma[[s2]] = $\underset{}{\square}\ I_{hi} \circ rho[[r_i]]$
$\qquad\qquad \subseteq \underset{}{\square}\ I_{gi} \circ rho[[r_i]]$
$\qquad\qquad$ = sigma[[s1]].
Hence,
$\quad$ rho[[**if** s2 **fi**]] = sigma[[s2]] U exit(sigma[[s2]]) x {u}
$\qquad\qquad\qquad\quad \subseteq$ sigma[[s1]] U exit(sigma[[s1]]) x {u}
$\qquad\qquad\qquad\quad$ = rho[[**if** s1 **fi**]] $\qquad$ []

Given a program **if** $g_1 \text{-->} r_1$ [] ... [] $g_n \text{-->} r_n$ **fi** the standard way for obtaining a set of guards $\{h_i\}_{i=1,n}$, in the conditions of the preceding proposition is by recurrence:
$\quad h_1 = g_1$
$\quad h_i = g_i \, \& - (\underset{j=1}{\overset{i-1}{\square}} g_j)$, for i>=2 and i<=n
The guards h_i constructed this way are disjoint. Therefore, the non-determinism that might exist at the **if fi** level is removed. In fact, this operation corresponds to replacing the non-deterministic **if fi** command by a more conventional nesting of **if then else**´s.

Examples 4.1.
1. Consider again the goon-program in Examples 3.1. Using the recurrence rules above we can obtain two deterministic implementations:
$\quad$ **do** goon --> x := x + 1 **od** $\qquad\qquad$ **do** goon --> goon := false **od**
2. Consider the following program. It computes the maximum of three integers X, Y and Z, as specified in its post-condition.
$\quad$ x , y , z := X , Y , Z ;
$\quad$ **do** x < y --> x := x + 1
$\quad$ [] y < z --> y := y + 1
$\quad$ [] z < x --> z := z + 1
$\quad$ **od**
$\quad$ { x = y = z = max { X , Y , Z } }
Using the rules, we get
$\quad$ x , y , z := X , Y , Z ;
$\quad$ **do** x < y --> x := x + 1
$\quad$ [] y < z **and** x >= y --> y := y + 1
$\quad$ [] z < x **and** x >= y **and** y >= z --> z := z + 1
$\quad$ **od**

5. CONCLUSION

Although the study reported in this paper includes results that are important on their own, we set out to do it with the intention of proceeding to the treatment of the same problem in the context of systems of parallel processes: in which conditions is it possible to replace a process by another without disturbing the behaviour of the system? This seems to be a somewhat harder problem for we may not rely only on the input-output relations of each process, since the multiple interactions in the system are determinant to the overall behaviour. Nevertheless, we are confident that the relational approach that we have tried already for the definition of the semantics of systems of processes [Guerreiro 1981] will allow us to arrive at interesting conclusions.

REFERENCES

[Apt e Plotkin 1981] K.R. Apt e G.D. Plotkin, "A Cook's tour of countable non-determinism". ICALP 1981, LNCS 115, pp. 479-494. Springer (1981).

[Back 1981] R.-J. Back, "Semantics of unbounded non-determinism". ICALP 1980, LNCS 85, pp. 51-63. Springer (1981).

[Dijkstra 1975] E.W. Dijkstra, "Guarded commands, non-determinacy and formal derivation of programs". CACM 18,8 (August 1975), pp. 453-457.

[Dijkstra 1976] E.W. Dijkstra, "A Discipline of Programming". Prentice Hall (1976).

[Guerreiro 1980] P. Guerreiro, "A relational model for non-deterministic programs and predicate transformers". Fourth International Colloquium on Programming, Paris, 1980. LNCS 83, Springer (1980).

[Guerreiro 1981] P. Guerreiro, "Relational semantics of strongly communicating sequential processes". First International Colloquium on the Formalization of Programming Concepts, Peñiscola, Spain, 1981. LNCS 108, Springer (1981).

[Guerreiro 1982] P. Guerreiro, "Another characterization of weakest preconditions". Fifth International Symposium on Programming, Torino, 1982. LNCS 137. Springer (1982).

[Guerreiro 1983a] P. Guerreiro, "Implementations of nondeterministic programs". Relatório UNL-2/82, Dept. Informática, FCT, UNL (Feb. 1983).

[Guerreiro 1983b] P. Guerreiro, "Sílabas-Bruxo -- Um sistema de processamento de texto para o Português". Anais do XVI Congresso Brasileiro de Informática. Edição SUCESU, São Paulo, Brasil (1983).

[Hennessy 1982] M.C.B. Hennessy, "Powerdomains and non-deterministic recursive functions". Fifth International Symposium on Programming, Torino, 1982. LNCS 137, pp. 178-193. Springer (1982).

[Hoare 1978] C.A.R. Hoare, "Communicating sequential processes". CACM 21,8 (August 1978), pp. 666-677.

[Milne e Milner 1979] G. Milne e R. Milner, "Concurrent processes and their syntax". JACM 26,2 (April 1980), pp. 302-321.

[Plotkin 1976] G.D. Plotkin, "A powerdomain construction". SIAM Journal of Computation 5,3 (1976), pp. 452-487.

[Poigné 1982] A. Poigné, "On effective computations of non-deterministic schemes". Fifth International Symposium on Programming, Torino, 1982. LNCS 137, pp. 323-336. Springer (1982).

[de Roever 1976] W.P. de Roever, "Dijkstra's predicate transformer, non-determinism, recursion and termination". MFCS 1976, LNCS 45, pp. 472-481. Springer (1976).

[Schmidt 1979] G. Schmidt, "Investigating programs in terms of partial graphs". ICALP 1979, LNCS 71, pp. 515-519. Springer (1979).

[Wand 1977] M. Wand, "A characterization of weakest preconditions". JCSS 15 (1977) pp. 209-212.

FOR STATEMENTS WITH RESTRICTED ENUMERATIONS

S. Heilbrunner and L. Schmitz
Hochschule der Bundeswehr München
Werner-Heisenberg-Weg 39
D-8014 Neubiberg/Germany West

Abstract

We describe a notation for *specifying* for-loops which enumerate the elements of a set according to a partial ordering. This serves to separate implementation and efficiency issues from correctness issues. In order to demonstrate its usefulness we apply our notation to three completely different problems and give correctness proofs. Also, we show that our for-loops nicely combine with a formalism for specifying concurrency.

1. Introduction

A well-known generalisation of the "counting loop"

    for i := a step b to c do S

is the loop

    for x in M do S   (*)

where x takes on the values from the finite set M in an arbitrary order. Hoare [HOA 72] describes the semantics of (*) by a proof rule and points out "that the validity of the rule does not depend on the *ordering* of the set of values taken by x" and that, therefore, the programmer is not forced "to express decisions about the order of execution of his program which are perhaps for his current purposes irrelevant". In [G & G 77] Gries and Gehani propose another kind of for-loop, for x in ordered(M) do S

where the elements of M are enumerated according to some *total* ordering *pre*defined for M.

Our aim is to suppress irrelevant ordering details and at the same time to define as much ordering as is required to guarantee the correctness of a specific loop. We propose to achieve this by using *partial* orderings on M. Different partial orderings on M may be used in different for-loops; a fixed "natural" ordering on M is not assumed. We shall describe notions for *specifying* for-loops and for reasoning about their behaviour. In general, our descriptions will have to be transformed into efficiently executable programs by hand. Enumerations and ways of specifying them are introduced in section 2. Restricted enumerations determine the behaviour of the for-loops defined in section 3. Section 4 shows that concurrent execution can be adequately described for our for-loops.

2. Enumerations

We briefly recollect some useful terminology concerning binary relations: Let M be a set and let $R \subseteq M \times M$ be a binary relation. The notations $(a,b) \in R$ and $a\ R\ b$ are used as synonyms. We define:

$$a\ R = \{b \mid a\ R\ b\}, \qquad R\ a = \{b \mid b\ R\ a\},$$
$$R^o = \{(a,a) \mid a \in M\},$$
$$R^{i+1} = \{(a,c) \mid \exists\ b \in M: a\ R\ b \wedge b\ R^i\ c\},$$
$$R^+ = \bigcup_{i > 0} R^i, \qquad R^* = R^+ \cup R^o,$$
$$R^{-1} = \{(b,a) \mid (a,b) \in R\}, \qquad C\ R = (M \times M) \setminus R.$$

R is called a *partial ordering* if $R \subseteq R^*$ and $R \cap R^{-1} \subseteq R^o$.

Assume a finite set M to be given. We describe *permutations* of M by strings over M, using " o " for concatenation. Thus, some permutations of M = { this,here,example } are
    "here o example o this" and "this o example o here".

An *enumeration* E of M is a set of permutations of M which is nonempty if M is nonempty. Since our descriptions of enumerations are not intended for machine processing, at the time being, we do not suggest a *formal specification language* for enumerations: precise definitions given in some mathematical jargon will suffice. Below we list some methods for describing enumerations. This list is not meant to be complete; it just covers our examples.

(a) "perms(M)" denotes the set of all permutations of M. Every enumeration of M is a subset of perms(M).

(b) If M_1 and M_2 are two non-empty and disjoint sets and if E_1 and E_2 are enumerations of M_1 and M_2, respectively, then let $E_1 \circ E_2 = \{x_1 \circ x_2 | x_1 \in E_1 \land x_2 \in E_2\}$.

Enumerations defined in the style of (a) and (b) may be *restricted* as follows:

(c) Let E be an enumeration of M and let R be a partial order on M. Then by "E according to R" we denote the set E' of those permutations from E that are compatible with R, i.e. where a precedes b if a R b and a $\neq$ b. Note that E' is an enumeration if E = perms(M). In case R is not a partial order but R^* is we use "E according to R" as an abbreviation for "E according to R^*".

(d) Let E be an enumeration and let B be a predicate. Then by "E satisfying B" we denote the set E' of those elements of E that satisfy B.

If for two enumerations, E and E', of M we have E' $\subseteq$ E, then E' is called a *refinement* of E. In the following example we describe an enumeration BU as well as two refinements of BU, PO and BUL.

Example 1: Let a tree T be given by its root and by a binary relation "son-of" on the nodeset of T, where son-of has the obvious meaning. Note that son-of determines relations son-of^i for i $\geq$ 0, son-of$^+$ and son-of*, and that the nodeset of T may be written as son-of* root. In our notation, enumeration of the nodes of T in a bottom-up fashion is described as follows:

BU = perms(son-of* root) according to son-of.

The remarks made in (c) above show that BU is indeed an enumeration. We present two different refinements of BU.

The usual post-order PO is a refinement of BU. PO is defined recursively by

$$PO(a) = PO(b_1) \circ PO(b_2) \circ \ldots \circ PO(b_k) \circ \{a\}$$

where $b_1, b_2, \ldots, b_k$ is the sequence of sons of a. Induction shows that PO(a) is an enumeration of son-of a for every node a and that PO(a) is compatible with son-of. Hence, PO is a refinement of BU.

The second refinement of BU is BUL ("bottom-up in layers"). Let m be the maximal index satisfying son-of^m root $\neq \emptyset$. Then

$$BUL = \underline{perms}(\text{son-of}^m \text{ root}) \circ \underline{perms}(\text{son-of}^{m-1} \text{ root}) \circ$$
$$\ldots \circ \underline{perms}(\text{son-of}^1 \text{ root}) \circ \underline{perms}(\text{son-of}^0 \text{ root}).$$

It is easy to see that BUL is an enumeration which refines BU.

Using PO and BUL the first phases of smoothsort and heapsort, respectively, may be described. Using BU an abstract version of both program pieces can be formulated which emphasizes their common underlying idea (cf. [D&G 82],[F&S 82]). End of example 1
As has been pointed out in a similar context ([G&G 77])"we have reduced the problem of defining different kinds of iteration to the simpler problem of defining different sets of values (and orderings on them)". Enumerations are defined in terms of elementary set theory and, hence, are perfectly amenable to formal reasoning.

3. For-statements

In this section we shall be concerned with the meaning of a for-statement using a restricted enumeration E of a set M. Informally,

    <u>for</u> x <u>through</u> E <u>do</u> S(x) <u>od</u>

is explained to be an abbreviation of a statement sequence
    $S(m_1); S(m_2); \ldots; S(m_k)$

where $m_1 \circ m_2 \circ \ldots \circ m_k \in E$ and where E is evaluated prior to the statement sequence. The for-loop is called *non-deterministic* if E contains more than one permutation. In more formal terms, the meaning of the for-loop is given by the following proof rule ("ε" denotes the empty sequence):

$$\frac{\forall \rho \circ m \circ \sigma \in E: P(\rho) \ \{S(m)\} \ P(\rho \circ m)}{P(\varepsilon) \ \{\underline{for} \ x \ \underline{through} \ E \ \underline{do} \ S(x) \ \underline{od}\} \exists \ \pi \in E: P(\pi)}$$

We assume that the occurences of E in the proof rule always refer to that value which E held prior to the loop; x must not be changed within the loop. P is the *loop invariant*. Below, the use of our proof rule is demonstrated on a complex example.

Example 2: Let V be a finite set and let $R \subseteq V \times V$. Then the set $\overline{V}$ of *strongly connected components* of V is defined by

$$\overline{V} = \{ \ \{z \in V | \ z \ R^* \ x \land \ x \ R^* \ z\} \ | \ x \in V\}.$$

R induces a relation $\overline{R}$ on $\overline{V}$:

$$\overline{R} = \{(A,B) \in \overline{V}^2 \ | \ \exists \ a \in A, \ b \in B: \ a \ R \ b\}.$$

Note that $\overline{R}^*$ is a partial order, and so is $(\overline{R}^{-1})^*$. We use the following enumeration to describe a *transitive closure algorithm*. We define

$$SIT(V,R) = \underline{perms}(\overline{V}) \ \underline{according \ to} \ \overline{R}^{-1},$$

and note that SIT is the set of a possible sequences of the <u>s</u>trongly connected components of V in <u>i</u>nverse <u>t</u>opological order. Elegant algorithms implementing this enumeration have been presented by Tarjan [TAR 72] and Dijkstra [DIJ 76]. The transitive closure algorithm is shown in figure 1. Efficient implementations may be found in [SCH 83].

```
for A through SIT(V,R)
do succ(A): = ∅;
   for B through perms (AR̄)
      do succ(A):= succ(A) ∪ {B} ∪ succ(B) od;        Figure 1
   for a through perms(A) do class(a):=A od
od
```

We outline the proof of the algorithm. We claim that it yields the post-condition

$$\forall\ a,b \in V:\ (a\ R^+\ b \iff \text{class}(b) \in \text{succ}(\text{class}(a))\ ).$$

The proof makes use of the two predicates P, Q defined by

$$P(A_1 \circ \ldots \circ A_k) \iff_{def} \forall\ i:\ \text{succ}(A_i) = A_i \overline{R}^+,$$
$$Q(A_1 \circ \ldots \circ A_k) \iff_{def} \forall\ i\ \forall a \in A_i:\ \text{class}(a) = A_i.$$

Suppose that we can show that $P(\rho) \wedge Q(\rho)$ is an invariant of the main loop. Obviously, $P(\varepsilon) \wedge Q(\varepsilon)$ holds true. Hence, the proof rule yields $P(\pi) \wedge Q(\pi) \wedge \pi \in \text{SIT}(V,R)$ for some π.
"$\to$": Assume aR^+b. Because of $\pi \in \text{SIT}(V,R)$ we find ρ, A, σ, B, τ such that $\pi = \rho \circ B \circ \sigma \circ A \circ \tau \wedge a \in A \wedge b \in B$. We note, that aR^+b implies $A\overline{R}^+B$, i.e. $B \in A\overline{R}^+$ so that $B \in \text{succ}(A)$ because of $P(\pi)$. Using $Q(\pi)$ we obtain class $(a)=A$ and class$(b)=B$ so that we arrive at class$(b) \in \text{succ}(\text{class}(a))$ as required. The proof of "$\leftarrow$" is equally simple.

We turn to the proof of the claim that $P(\rho) \wedge Q(\rho)$ is a loop invariant. First, we introduce yet another predicate T by $T(A_1 \circ \ldots \circ A_k) \iff_{def}$ $\forall i:\ \text{succ}(A_i)$ is defined. Obviously, T is a loop invariant. Suppose $\rho \circ A \circ \sigma \in \text{SIT}(V,R)$ where $\rho = A_1 \circ \ldots \circ A_k$, and let $B_1 \circ \ldots B_m \in \underline{\text{perms}}(A\overline{R})$. We have $\{B_1, \ldots, B_m\} \subseteq \{A_1, \ldots, A_k\}$ by definition of SIT.
Hence, $\text{succ}(B_j)$ is well defined for all j. Using $A\overline{R}^+ = A\overline{R}\ \cup (A\overline{R})\overline{R}^+$ we obtain

$$A\overline{R}^+ = \{B_1, \ldots, B_m\} \cup B_1\overline{R}^+ \cup \ldots \cup B_m\overline{R}^+$$
$$= \{B_1\} \cup B_1\overline{R}^+ \cup \ldots \cup \{B_m\} \cup B_m\overline{R}^+$$
$$= \{B_1\} \cup \text{succ}(B_1) \cup \ldots \cup \{B_m\} \cup \text{succ}(B_m).$$

We conclude that the following piece of program

  succ(A): =$\emptyset$;
  <u>for</u> B <u>through</u> <u>perms</u> (A$\overline{R}$)
      <u>do</u> succ(A): = succ(A) $\cup$ {B} $\cup$ succ(B) <u>od</u>
computes succ(A)=$A\overline{R}^+$. The formalization of this argument and the remaining parts of the proof are left to the reader. <u>End of example 2</u>

The most difficult part of the above example was not shown explicitly:

it is the *implementation* of the enumeration SIT. Note that in an implementation of an enumeration we do not necessarily have to compute and store explicitly a permutation. More likely, the permutation will be generated dynamically by some mechanism like another loop, a coroutine, or even by a VLSI-chip. But this is of no concern during the design of an algorithm. In this phase an enumeration is a set of permutations which is not affected by the loop body, i.e. a static concept. When *using* a restricted enumeration in a for-loop we can apply the proof rule and draw conclusions from the properties of the enumeration without ever referring to its implementation. Similarly, when *defining* an enumeration E of M we only have to make sure that E is nonempty, and that for an "according to R"-clause R is a partial order. Finally, when *refining* an enumeration E to a "less general" enumeration E' we only have to verify $\emptyset \neq E' \wedge E' \subseteq E$ (although proper refinements E' $\neq$ E obviously restrict the implementation). We note that *termination* is guaranteed if only the loop body S(x) terminates properly for all $x \in M$. This is a decisive advantage of for-statements over while-loops.

4. Concurrency

Enumerations nicely combine with the formalism for specifying concurrency that was presented by Lengauer and Hehner in [L&H 82] and [LEN 82]. Roughly, their methodology may be described as follows: First, prove a sequential program (as opposed to a parallel program) correct. Then we declare *semantic relations* specifying which parts of the program may be executed in parallel without changing its semantics. For the statement sequence

$S_1: x := a; \quad S_2 : y := x; \quad S_3 : y := y+1;$

the semantic relation $S_1 || S_3$ states that S_1 and S_3 may possibly be executed in parallel. Because of $\neg S_1 || S_2$ and $\neg S_2 || S_3$, however, parallel execution of S_1 and S_3 will not occur in this context.

We extend out for-loop specification accordingly: Let E be a restricted enumeration of M and let $R \subseteq M \times M$ be symmetric, i.e. $R = R^{-1}$. Then the meaning of

<u>for</u> x <u>through</u> E <u>parallel</u> R <u>do</u> S(x) <u>od</u>

is explained as follows. Recall that "<u>for</u> x <u>through</u> E <u>do</u> S(x) <u>od</u>" is an abbreviation of a statement sequence $S(m_1);S(m_2);\ldots;S(m_{k-1});S(m_k)$, where $m_1 \circ m_2 \circ \ldots \circ m_{k-1} \circ m_k \in E$. Within this sequence the subsequence $S(m_i), S(m_{i+1}), \ldots, S(m_{j-1}), S(m_j)$ of statements may be executed in parallel if $\forall i \leq r < s \leq j: m_r \, R \, m_s$ holds true. Note that R is not necessarily transitive. For a description of the semantics of "parallel execution" we refer the reader to [LEN 82]. Also note that additional semantic relations may be declared in the style of Lengauer and Hehner.

<u>Example 3</u>: Consider a context-free grammar $G = (N, \Sigma, \Pi, S)$ in Chomsky normal form, i.e. every production rule is of the form A→BC or A→a, where $A, B, C \in N$ and $a \in \Sigma$. We describe the *Cocke-Kasami-Younger algorithm* (cf. [HAR 78]) for deciding whether a word $a_1 a_2 \ldots a_{n-1} a_n \in \Sigma^+$ belongs to the language defined by G. More specifically, a right upper triangular matrix $(t_{i,j})_{0 \leq i < j \leq n}$ is computed where $t_{i,j} \subseteq N$ contains A iff $A \xrightarrow{+} a_{i+1} a_{i+2} \ldots a_{j-1} a_j$. We define a set of index pairs $I = \{(i,j) \in N_0^2 \mid 0 \leq i < j \leq n\}$ and a relation R on I x I by (a,b) R (c,d) <==> $c \leq a \land b \leq d$. Informally, (a,b)R(c,d) states that the triangle generated by (a,b) must be included in the triangle of (c,d) (see figure 2).

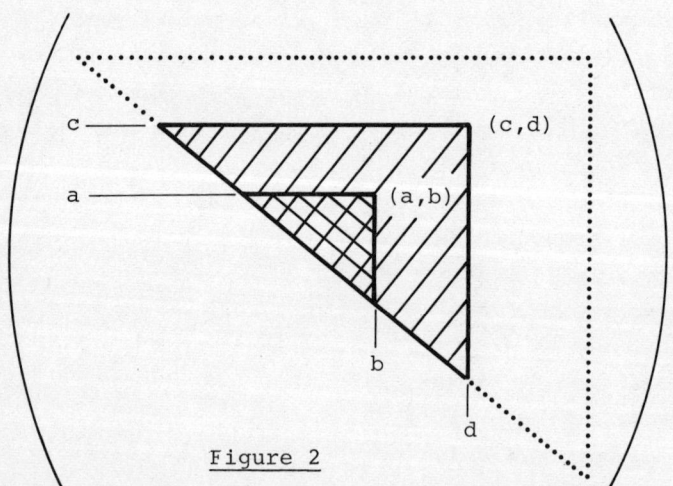

Figure 2

<u>for</u> (i,j) <u>through</u> <u>perms</u>(I) <u>according</u> <u>to</u> R <u>parallel</u> $C(R \cup R^{-1})$
  <u>do</u> $t_{i,j} := \{A \mid A \rightarrow a_{i+1} \in \Pi \land j = i+1\} \cup$
          $\{A \mid \exists A \rightarrow BC \in \Pi, i < k < j: B \in t_{i,k} \land C \in t_{k,j}\}$ <u>od</u>

Figure 3

A description of the Cocke-Kasami-Younger algorithm is shown in figure 3. Our aim was to give a "most general" version allowing for as much non-determinism and parallelism as possible. The algorithms 12.4.1 and 12.4.2 from [HAR 78] are special cases of our algorithm (not even considering the <u>parallel</u>-clause). The *independence theorem* from [LEN 82] justifies the degree of concurrency introduced by "<u>parallel</u> $C(R \cup R^{-1})$". In [C&F 82] Chu and Fu analyse the dataflow requirement of the Cocke-Kasami-Younger algorithm. The result of their discussion is another special case of our description. <u>End of example 3</u>

It seems that adding non-determinism to Lengauer's and Hehner's formalism gives us the opportunity to describe algorithms on a more abstract level: We do not have to get rid of some irrelevant details by way of semantic relations, but do not introduce them in the first place.

5. Conclusion

Our examples indicate that for-loops with restricted enumerations are a *convenient notation*: Issues of efficiency and correctness are separated in such a way that implementations may fully exploit the freedom given by the specification, whereas proofs can be carried out on a suitable high level of abstraction. Mechanisms such as generators in ALPHARD [SWL 77] and iterators in CLU [LSA 77] will certainly be useful for the implementation of for-statements as specified here. For many applications *standard enumerations* could be predefined and implemented for the user's convenience, e.g. for tree processing something like <u>d</u>epth-<u>f</u>irst (or breadth-first) preorder enumeration of the nodes of a tree which is formally described by

$DF = \underline{perms}(\text{son-of}^* \ r) \ \underline{satisfying}$
  $\neg \exists \ldots a \ldots b \ldots \in DF: a \ \text{son-of}^+ \ b$
  $\wedge \forall \ldots a \ldots b \ldots c \ldots \in DF: (c \ \text{son-of}^+ \ a \rightarrow b \ \text{son-of}^+ \ a)$.

We conclude that for-loops with restricted enumerations are indeed a useful concept.

References

[C&F 82] K.-H. Chu, K.-S. Fu: VLSI architectures for high speed recognition of context-free languages and finite-state languages, SIGARCH Newsletter 10,3(1982) 43-49.

[D&G 82] E.W. Dijkstra, A.J.M. van Gasteren: An introduction to three algorithms for sorting in situ, Inf. Process. Lett. 15,3(1982) 129-133.

[DIJ 76] E.W. Dijkstra: A discipline of programming, Prentice-Hall, Englewood Cliffs(1976).

[F&S 82] U. Furbach, L. Schmitz: Rigorous derivation of a sophisticated algorithm: smoothsort, Techn. Report Nr. 8302, FB Informatik, Hochschule der Bundeswehr München(1983).

[G&G 77] D. Gries, N. Gehani: Some ideas on data types in high-level languages, CACM 20,6(1977) 414-420.

[HAR 78] M. Harrison: Introduction to formal language theory, Addison-Wesley, Reading, Mass. (1978).

[HOA 72] C.A.R. Hoare: A note on the for statement, BIT 12(1972) 334-341.

[L&H 82] C. Lengauer, E.C.R. Hehner: A methodology for programming with concurrency: an informal presentation, Sci. Comput. Programming 2,1(1982) 1-18.

[LEN 82] C. Lengauer: A methodology for programming with concurrency: the formalism, Sci. Comput. Programming 2,1(1982) 19-52.

[LSA 77] B. Liskov, A. Snyder, R. Atkinson, C. Schaffert: Abstraction mechanisms in CLU, CACM 20,8(1977) 564-576.

[SCH 83] L. Schmitz: An improved transitive closure algorithm, Computing 30,4(1983) 359-371.

[SWL 77] M. Shaw, W. Wulf, R.L. London: Abstraction and verification in Alphard: defining and specifying iteration and generators, CACM **20,8(1977) 553**.

[TAR 72] R. Tarjan: Depth-first search and linear graph algorithms, SIAM J. Comput. 1(1972) 146-160.

A METHOD FOR DEVELOPING CONCURRENT SYSTEMS[+]

Ryszard Janicki

Institute of Electronic Systems, Aalborg University
Centre, Strandvejen 19, DK-9000 Aalborg, Denmark
and
Institute of Mathematics, Warsaw Technical University
Pl. Jedności Robotniczej 1, 00-661 Warszawa, Poland

0. Introduction.

Concurrent systems are more difficult to design and analyse than sequential ones because they can exhibit extremely complicated behaviour. Furthermore it is very difficult to comprehend the total effect of actions being performed concurrently and with independent speeds. In practice, when a problem is complicated itself then the first solution is frequently sequential, and only next solutions are concurrent. This is almost a standard procedure in the case of technological processes. In papers [J81,J81a] a method for developing a concurrent system from a functionally equivalent sequential system was suggested.

In this paper we extend the ideas of [J81,J81a] and apply them to the COSY Formalism proposed by Peter Lauer`s group [LSC81,LSB79,L82].

The method consists in starting with the sequential system, determining a set of independent actions (by means of so called abstract resources), and then performing a set of transformations of the sequential system resulting in a concurrent system. The notion of functional equivalence is formally defined and suitable necessary and sufficient conditions are formulated and proved. Some new concepts of the COSY Vector Firing Sequence Semantics are also presented. All results may easily be translated in the Petri Net and Mazurkiewicz Traces language ([M77,J81]).

1. A Brief COSY Description.

COSY (abbr. of COncurrent SYstem) is a formalism intended to simplify the study of synchronic aspects of concurrent system where possible by abstracting away from all aspects of systems except those which have to do with synchronization. A Basic COSY program or generalized path is a collection of single paths enclosed in **system** and **endsystem** parenthesis. A single path is a regular expression enclosed by **path**

[+] Main part of this work was carried out during the author`s visit at the Computing Laboratory of the University of Newcastle upon Tyne.

and <u>end</u>. For example: P = <u>system</u> <u>path</u> a;b,c <u>end</u>
<u>path</u> (d;e)*;b <u>end</u> <u>endsystem</u>

In every regular expression like the above, the semicolon implies sequence (concatenation), and the comma implies mutually exclusive choice. The comma binds more strongly than semicolon, so that the sequence a;b,c means "first a, then either b or c". A sequence may be enclosed in conventional parentheses with a Kleene star appended, as for instance (d;e)*, which means that the enclosed sequence may be executed zero or more times. The sequence appearing between <u>path</u> and <u>end</u> is implicitly so enclosed, so that paths describe cyclic sequences of actions. The synchronization among paths is due to common actions ("b" in the above example). Every single path describes a sequential subsystem. For more details the reader is referred to [LSC81,S79,L82].

2. The Method Definition.

We shall explain the method by analysing a very simple example: Hoare's noisy vending machine (see [L82,H80]). Consider a vending machine which may be used by two customers concurrently, that is, a machine that has distinct slots for 5 penny and 10 penny coins, and two distinct points for extraction of small and large packets of biscuits. This machine may involve the following actions:

```
5p    - insertion of a 5 penny coin,
10p   - insertion of a 10 penny coin,
small - withdrawal of a small packet of biscuits,
large - withdrawal of a large packet of biscuits,
plunk - sound made by a small packet of biscuits dropping out of
        the machine,
plonk - sound made by a large packet of biscuits dropping out of
        the machine.
```

The system described above is very simple and it can easily be specified by a generalized path (see [L82]), but we assume that we don't know how to specify this system concurrently, while we are able to specify it sequentially. The single path specifying the sequential vending machine (at any moment only one customer uses a machine) is of the following form:

<u>path</u> (5p;small;plunk),(10p;large;plonk)<u>end</u>

Let P_S denote the above single path, and let Alpha(P_S) denote the set of all action names appearing in P_S, i.e.

Alpha(P_S) = {5p,10p,small,large,plunk,plonk} .

The full specification of every system consists, in fact, of two parts. The first part describes a <u>function of a system</u>, that is, it defines what the system does; whereas the second part describes <u>resources</u> necessary to perform the function of a system.

In the case of a vending machine system, the first part, i.e. the function of a system, is described by the path P_S. The second part is also easy to describe. We can here distinguish four resources:

SVM - a part of machine, which vends small packets of biscuits,
LVM - a part of machine, which vends large packets of biscuits,
SC - a customer asking for small packet of biscuits, and
LC - a customer asking for large packet of biscuits.

Let resource(P_S) denote the set of all resources associated with P_S, i.e. resource(P_S) = {SVM,LVM,SC,LC}.

Let $r: \text{Alpha}(P_S) \longrightarrow 2^{\text{resource}(P_S)}$ be the function describing which resources are necessary to perform each action.
In the case of the vending machine we have:

$r(5p) = \{SVM,SC\}$, $r(small) = \{SVM,SC\}$, $r(plunk) = \{SVM\}$,
$r(10p) = \{LVM,LC\}$, $r(large) = \{LVM,LC\}$, $r(plonk) = \{LVM\}$.

The function r will be called a <u>resource association function</u>.
Let $\hat{r}: \text{resource}(P_S) \longrightarrow 2^{\text{Alpha}(P_S)}$ be a function describing which actions are associated to each resource. This function is fully described by r, and its definition is the following:

$(\forall x \in \text{resource}(P_S))$ $\hat{r}(x) = \{a \mid x \in r(a)\}$.

The function $\hat{r}$ will be called an <u>action distribution function</u>.

For our vending machine we have:

$\hat{r}(SVM) = \{5p, small, plunk\}$, $\hat{r}(SC) = \{5p, small\}$,
$\hat{r}(LVM) = \{10p, large, plonk\}$, $\hat{r}(LC) = \{10p, large\}$.

If we assume that actions may be performed concurrently only if they use no common resource, i.e. if the concurrency relation I is defined by the equivalence: $(a,b) \in I \iff r(a) \cap r(b) = \emptyset$, then for every $x \in \text{resource}(P_S)$, the set $\hat{r}(x)$ contains all actions that must be performed only one at a time. Then the relation I fulfils the equivalence:

$(a,b) \in I \iff (a \neq b \ \& \ (\forall x \in \text{resource}(P_S)) \ a \notin \hat{r}(x) \text{ or } b \notin \hat{r}(x))$,

so, using terminology of [J79, J82], it can be treated as a symmetric and irreflexive relation defined by a covering cov=$\{\hat{r}(x) \mid x \in \text{resource}(P_S)\}$.

In the example we consider, the set resource(P_S) is identical with the set of real physical resources of a system, but such a situation is not a rule. Following [J79] we call the set resource(P_S) the set of <u>abstract resources</u>; an abstract resource may be associated with a set of actions which, <u>for reasons of data protection or others</u>, must be performed only one at a time. It was proved in [J79] that every symmetric and irreflexive relation can be defined by means of a set of abstract resources and a resource association function. M.Shields ([S80]) has proposed the name "abstract monitors" for sets: $\hat{r}(x)$, where $x \in \text{resource}(P_S)$.

Now we define the operation of projection on resources. This ope-

ration will be very similar to the projection on cliques described in [J81, J81a]. Let $x \in$ resource(P_S). By a <u>projection of P_S on x</u>, denoted by P_S/x, we mean any path derived from P_S in the following two steps:
(1) Every action $a \in$ Alpha(P_S)-$\hat{r}(x)$ is replaced by the symbol " ε " (empty string),
(2) The path derived in the step 1 is replaced by an equivalent one, in the sense of generating the same regular language, but without the symbol "ε".

The operation of projection is unambiguous in the sense that the regular language generated by P_S/x is defined unambiguously.

Let P_S be a path representing our sequential vending machine and let x = SVM. Then after the first step we obtain the path:
<u>path</u> (5p;small;plunk),($\varepsilon,\varepsilon,\varepsilon$) <u>end</u> ,
and after the second step: <u>path</u> 5p;small;plunk <u>end</u>.
The set of all projections is the following:

P_S/SVM:<u>path</u> 5p;small;plunk <u>end</u>
P_S/LVM:<u>path</u> 10p;large;plonk <u>end</u>
P_S/SC :<u>path</u> 5p;small <u>end</u>
P_S/LC :<u>path</u> 10p;large <u>end</u>

The last step of our method is to construct a generalized path P_G from all projections of P_S. Let P_S be a single path, and let r be a resource association function of P_S. Assume that resource(P_S)=$\{x_1,...,x_n\}$.

A generalized path P_G of the form: $P_G = P_S/x_1 \ldots P_S/x_n$ is said to be <u>derived from P_S and r</u>.
For our sequential vending machine P_S, the generalized path P_G is the following:

P_G = <u>system</u> P_S/SVM:<u>path</u> 5p;small;plunk <u>end</u>
P_S/LVM:<u>path</u> 10p;large;plonk <u>end</u>
P_S/SC :<u>path</u> 5p;small <u>end</u>
P_S/LC :<u>path</u> 10p;large <u>end</u> <u>endsystem</u>

Note that the identical P_G was also derived by P.Lauer [L82] by informal arguments. It seems to be intuitively obvious that in the case of the vending machine system, the sequential single path P_S and the interconnected generalized path P_G are "functionally equivalent", although this notion should be precisely defined and explained. This will be done in the next section. One can easily prove that for every single path P_S and every resource association function r, a generalized path P_G is always correctly defined. Unfortunately, it turns out that sometimes P_S and P_G are "functionally different". Conditions describing when they are "functionally equivalent" will be discussed in detail in Section 4.

3. The Definition of Functional Equivalence.

a. Preliminaries. We start with a formal definition of vectors of strings. Let $A_1,\ldots,A_n$ be alphabets, and let $A = A_1 \cup \ldots \cup A_n$. For every $i=1,\ldots,n$, let $h_i : A^* \longrightarrow A_i^*$ be a homomorphism given by:

$(\forall a \in A)\ h_i(a) = $ if $a \in A_i$ then a else ε .

Let us define a <u>concatenation</u> on $A_1^* \times \ldots \times A_n^*$ in the following way

$(x_1,\ldots,x_n)(y_1,\ldots,y_n) = (x_1 y_1,\ldots,x_n y_n)$.

For every $x \in A^*$, let $\underline{x} = (h_1(x),\ldots,h_n(x))$. Let Vect, $\overline{\text{Vect}}$ be the following <u>mappings</u> from the subsets of A^* into the subsets of $A_1^* \times \ldots \times A_n^*$

$(\forall L \subseteq A^*)\ \text{Vect}(L) = \{\underline{x} \mid x \in L\}$, $\overline{\text{Vect}}(L) = (h_1(L) \times \ldots \times h_n(L)) \cap \text{Vect}(A^*)$.

One may easily show that $\text{Vect}(L) \subseteq \overline{\text{Vect}}(L)$ for every $L \subseteq A^*$, and this inclusion is a proper one, i.e. usually $\text{Vect}(L) \neq \overline{\text{Vect}}(L)$ (see [J82a]).

Now we recall some basic concepts of the Vector Firing Sequence Semantics for generalized paths ([S79,LSC81,L82]). For every language (regular expression, single or generalized path) X, let Alpha(X) denote the alphabet of X; for every regular expression R, let |R| denote the language defined by R, and for every $L \subseteq A^*$, $V \subseteq \text{Vect}(A^*)$, let

$\text{Pref}(L) = \{x \mid (\exists y \in A^*)\ xy \in L\}$, $\text{Pref}(V) = \{\underline{x} \mid (\exists y \in A^*)\ \underline{xy} \in V\}$.

Let P be a single path of the form P = <u>path</u> body <u>end</u>. As it was mentioned above, P can be treated as an ordinary regular expression such that $P=(\text{body})^*$. It is assumed that the <u>behaviour of a single path P</u> is fully described by the language FS(P), which is called the set of firing sequences, and defined as $\text{FS}(P) = \text{Pref}(|P|)$.

<u>The behaviour of a generalized path</u> $P = P_1 \ldots P_n$ is described by the set of all vectors of firing sequences that might be produced by P. This set, denoted by VFS(P) and called the set of vector firing sequences, is defined by the following equality (see [S79,LSC81,L82]):

$\text{VFS}(P) = (\text{FS}(P_1) \times \ldots \times \text{FS}(P_n)) \cap \text{Vect}(\text{Alpha}(P)^*)$.

We shall show that notions FS and VFS are <u>insufficient</u> to describe the concept of functional equivalence (see Example 3.1). We need notions charactericing not only all system histories but also full system cycles. To this end we introduce notions of <u>results</u> for single and generalized paths. The <u>result of a single path P</u> is described by the language $\text{FFS}(P) = |P|$, which is called the set of full firing sequences of P. The <u>result of a generalized path</u> $P = P_1 \ldots P_n$ is described by the set of all <u>resulting</u> vectors of firing sequences that might be produced by P. This set, denoted by VFFS(P) and called the set of vector full firing sequences of P, is defined by the equality:

$\text{VFFS}(P) = (\text{FFS}(P_1) \times \ldots \times \text{FFS}(P_n)) \cap \text{Vect}(\text{Alpha}(P)^*)$.

b. The Definition. We are now going back to our primary sequential single path and, derived from it, a generalized path. Let P_S be an arbitrary, fixed for the rest of this section, single path representing sequential solution of a given problem. Let us put: $A=\text{Alpha}(P_S)$, $R=\text{resource}(P_S)$, and let r, $\hat{r}$ be the resource association and the action distribution functions. Assume also that $R = \{x_1,\ldots,x_n\}$. Let us put: $A_i = \hat{r}(x_i)$ for $i=1,\ldots,n$. Note that $A = A_1 \cup \ldots \cup A_n$.

As it was mentioned above, the behaviour of a single path P_S is described by a language $FS(P_S)$, and the result of P_S is described by a language $FFS(P_S)$. Note that $FS(P_S) = \text{Pref}(FFS(P_S))$. From the definition of Vect we obtain the following corollary characterizing sets of vectors of sequences $\text{Vect}(FFS(P_S))$ and $\text{Pref}(\text{Vect}(FFS(P_S)))$.

Corollary 3.1.
1. $\underline{x} \in \text{Vect}(FFS(P_S)) \iff (\exists y \in A^*) \; \underline{y} = \underline{x} \;\&\; y \in FFS(P_S)$.
2. $x \in FS(P_S) \implies \underline{x} \in \text{Pref}(\text{Vect}(FFS(P_S)))$.
3. $\underline{x} \in \text{Pref}(\text{Vect}(FFS(P_S))) \implies (\exists y,z \in A^*) \; \underline{y} = \underline{x} \;\&\; yz \in FS(P_S)$. ∎

The above corollary states that from the viewpoint of the <u>function</u> of a system, sets $FS(P_S)=\text{Pref}(FFS(P_S))$ and $\text{Pref}(\text{Vect}(FFS(P_S)))$ describe <u>the same behaviour</u>, and $FFS(P_S)$, $\text{Vect}(FFS(P_S))$ describe <u>the same result</u>. The difference consists only in the performance of actions. The sets $\text{Vect}(FFS(P_S))$ and $\text{Pref}(\text{Vect}(FFS(P_S)))$ enable one to performe independent actions concurrently ("independent" means that they use no common abstract resource). Let us denote:
$$VFS(P_S,r) = \text{Pref}(\text{Vect}(FFS(P_S))), \quad VFFS(P_S,r) = \text{Vect}(FFS(P_S)).$$
The set $VFS(P_S,r)$ describes the <u>behaviour</u> (concurrent) defined by the single path P_S and the resource association function r.
The set $VFFS(P_S,r)$ describes the <u>result</u> (concurrent) defined by the single path P_S and the resource association function r.

A single path P_S and a generalized path $P_G = P_S/x_1 \ldots P_S/x_n$ derived from P_S and r using rules from Section 2, are said to be <u>functionally equivalent</u> if and only if: $VFS(P_S,r)=VFS(P_G)$ and $VFFS(P_S,r)=VFFS(P_G)$. In other words P_S and P_G are functionally equivalent if they describe the same behaviour and the same result.

Lemma 3.2.
$$VFS(P_G) = \overline{\text{Vect}}(FS(P_S)), \quad VFFS(P_G) = \overline{\text{Vect}}(FFS(P_S)). \blacksquare$$
From the above lemma it follows that the functional equivalence can only be formulated in terms of $FFS(P_S)$, Vect and $\overline{\text{Vect}}$.

Lemma 3.3.
A single path P_S and a generalized path P_G are functionally equivalent iff: $\text{Pref}(\text{Vect}(FFS(P_S)))=\overline{\text{Vect}}(\text{Pref}(FFS(P_S)))$ and
$\text{Vect}(FFS(P_S))=\overline{\text{Vect}}(FFS(P_S))$. ∎

It turns out that frequently the equality $VFS(P_S,r)=VFS(P_C)$ does not involve the equality $VFFS(P_S,r)=VFFS(P_C)$ and vice versa.

Example 3.1. Let P_S = <u>path</u> a;b <u>end</u>, $r(a)=\{x_1\}$, $r(b)=\{x_2\}$. Then P_C = <u>system</u> <u>path</u> a <u>end</u> <u>path</u> b <u>end</u> <u>endsystem</u>. Note that $VFS(P_S,r) = VFS(P_C) = (\underline{a}\cup\underline{b})^*$, but $VFFS(P_S,r) = \{(a^k,b^k)|k \geqslant 0\}$, while $VFFS(P_C) = (\underline{a}\cup\underline{b})^* = \{(a^k,b^m) \mid k \geqslant 0, m \geqslant 0\}$, so $VFFS(P_S,r) \neq VFFS(P_C)$. □

The above example shows that the notion of VFS is <u>insufficient</u> itself to describe the concept of functional equivalence. In this case $VFS(P_S,r)=VFS(P_C)$, but P_S and P_C are not equivalent in the intuitive sense.

Example 3.2. Let P_S = <u>path</u> (a;c;e),(b;d;f) <u>end</u>, $r(a)=\{x_1\}$, $r(b)=\{x_1\}$, $r(c)=\{x_2\}$, $r(d)=\{x_2\}$, $r(e)=\{x_1,x_2\}$, $r(f)=\{x_1,x_2\}$. Then P_C = <u>system</u> <u>path</u> (a;e),(b;f) <u>end</u> <u>path</u> (c;e),(d;f) <u>end</u> <u>endsystem</u>. One may prove that $VFFS(P_S,r)=VFFS(P_C)=(\underline{ace} \cup \underline{bdf})^*$, but $\underline{ad} \in VFS(P_C)-VFS(P_S,r)$, so $VFS(P_C) \neq VFS(P_S,r)$. □

4. Necessary and Sufficient Conditions.

Unfortunately in the general case we do only know necessary conditions, but if we restrict our attention to paths in which the repetition of actions is restricted, then an appropriate sufficient condition can be formulated and proved.

A single path P = <u>path</u> body <u>end</u> is said to be an E^*-path iff no action occurs more than once in body (see [LSC81]). Let $P = P_1 \ldots P_n$ be a generalized path. The path P is said to be a GE^*-path if every P_i is an E^*-path (see [LSC81]). For every $a \in Alpha(P)$, let $occ_i(a)$ denote the number of occurrences of "a" in P_i. For instance if P = <u>system</u> P_1:<u>path</u> a;b,a <u>end</u> P_2:<u>path</u> b,a;b,c <u>end</u> <u>endsystem</u>, then $occ_1(a)=2$, $occ_1(b)=1$, $occ_2(a)=1$, $occ_2(b)=2$, $occ_2(c)=1$.

A generalized path $P = P_1 \ldots P_n$ is said to be a $GR1^*$-path iff $(\forall a \in Alpha(P))(\forall i=1,\ldots,n)\ occ_i(a) > 1 \Rightarrow [(\forall j \neq i)\ occ_j(a) \leqslant 1]$. In other words, an action a may be repeated in one path only. For instance: P = <u>system</u> <u>path</u> a;b;a <u>end</u> <u>path</u> b,a;b <u>end</u> <u>endsystem</u> is a $GR1^*$-path, but P`= <u>system</u> <u>path</u> a;b;a <u>end</u> <u>path</u> a;c;a <u>end</u> <u>endsystem</u> is not a $GR1^*$-path, because the action a occurs twice in two single paths. Let P_S = <u>path</u> body <u>end</u> be a single path, r be a resource association function, and let us put $A = Alpha(P_S)$.

Let $I \subseteq A \times A$ be the following relation: $(a,b) \in I \iff r(a) \cap r(b)=\emptyset$. The relation I will be called the <u>independency relation</u>. The <u>dependency relation</u> is defined as: $D = A \times A - I$. Let $L=FFS(P_S)$, and let $E \subseteq A \times A$ be the relation, called the <u>mutual exclusion relation</u>, and defined as follows:

$(\forall a, b \in A)$ $(a,b) \in E \iff (\exists x \in A^*)$ $\underline{xa} \in Pref(Vect(L))$ & $\underline{xb} \in Pref(Vect(L))$
& $\underline{xab} \notin Pref(Vect(L))$.

Every regular expression of the form $(R)^*$ or a^*, where R is a regular expression, "a" is a symbol, will be called a <u>starexpression</u>. A symbol a will be called an <u>outer cycle generated by a^*</u>. A string x is said to be an <u>outer cycle generated by a starexpression</u> $(R)^*$ iff $x \in |R`|$, where $R`$ is derived from R by replacing all starexpressions of R by ε and next removing all ε's.

Example 4.1. If $R = a \cup b(cd)^* e(g^*f)^* \cup h^*$, then $R`= a \cup be$, and there are two outer cycles generated by $(R)^*$: a, be. □

A string x is said to be a <u>cycle generated by a regular expression R</u> iff there is a starexpression $(R`)^*$ included in R, i.e. $R = Q_1(R`)^* Q_2$, such that x is an outer cycle generated by $(R`)^*$. For instance, if R is as in Example 4.1 then R generates the following cycles: cd, g, f and h. For every regular expression R, let $C(R)$ denote the <u>set of all cycles generated by R</u>.

The set $CD = \{Alpha(x) \mid x \in C(P_S)\}$, where $Alpha(x)$ denote the set of symbols occurring in x, will be called the set of <u>cycle domains of P_S</u>. For instance, if P_S = <u>path</u> a,(b;(c;d) ;e) <u>end</u> then $CD = \{\{a\},\{b,e\},\{c,d\}\}$.

Let $P_C = P_S/x_1...P_S/x_n$ be the generalized path derived from P_S and the resource association function r.

For every relation Q, let $Q^+ = \bigcup_{i=1}^{\infty} Q^i = Q^*Q$.

THEOREM 4.1 (necessary conditions for the general case).
Let P_S be a single path. If P_S and P_C are functionally equivalent, then: (1) $E \cap I = \emptyset$,
(2) $(\forall X \in CD)(\forall Y \subseteq X)$ (Y is a maximal subset of X such that $(D \cap Y \times Y)^+ = Y \times Y$) $\Rightarrow Y \in CD$. ∎

The second condition means that the graph of dependency relation D restricted to any cycle domain is either connected or each its maximal connected component also creates a cycle domain.

THEOREM 4.2 (sufficient conditions if P_C is a GR1*-path).
Let P_S be a single path, and let P_C be a GR1 -path.
If: (1) $E \cap I = \emptyset$, and
(2) $(\forall X \in CD)$ $(D \cap X \times X)^+ = X \times X$
then P_S and P_C are functionally equivalent. ∎

Here the second condition means that the graph of dependency relation D restricted to any cycle domain is connected.

THEOREM 4.3 (necessary and sufficient conditions if P_S is an E^*-path). Let P_S be an E^*- path. Then P_S and P_C are functionally equivalent if and only if: (1) $E \cap I = \emptyset$, and
(2) $(\forall X \in CD)\ (D \cap X \times X)^+ = X \times X$. ∎

The proofs are long (about 12 pages, see [J82a]), by induction on the form of expressions.

5. Applications.
a. The Cigarette Smokers Problem.

Patil [P71] introduced the following synchronization problem:
"Three smokers are sitting at a table. One of them has tobacco, another has cigarette papers, and the third has matches; each one has a different ingredient required to make and smoke a cigarette but he may not give an ingredient to another. On the table in front of them, two of the three ingredients will be placed, and the smoker who has the necessary third ingredient should pick the ingredients from the table, make a cigarette and smoke it. Further ingredients are not put on the table until the old ones have been consumed. Other smokers must not interfere with the smoker who has the ingredients on the table before him. Hence co-ordination is required between the smokers."

The cigarette smokers problem was restated by Lauer and Campbell [LC75] in the following way:
1. Decide which of the ingredients should be put on the table.
2. Produce each ingredient and place it on the table.
3. Choose the correct consumer to consume the available ingredient.
4. Go back to 1.

As a matter of fact, the decision which of the ingredients should be put on the table indicates immediately the correct consumer. The final solution proposed by Lauer and Campbell in [LC75] is the following:

P_{LC} = <u>system</u>
    <u>path</u> supplytm,supplypt;tobacco;m-smoker,p-smoker <u>end</u>
    <u>path</u> supplytm,supplymp;match;t-smoker,p-smoker <u>end</u>
    <u>path</u> supplypt,supplymp;paper;t-smoker,m-smoker <u>end</u>
<u>endsystem</u>

where the meanings of actions are the following:
    supplytm - supply tobacco and matches,
    supplymp - supply matches and paper,
    supplypt - supply paper and tobacco,
    tobacco - tobacco on the table,
    match - matches on the table,
    paper - paper on the table,
    m-smoker - the smoker with matches smokes,
    p-smoker - the smoker with paper smokes,
    t-smoker - the smoker with tobacco smokes.

A sequential solution of the cigarette smokers problem is not difficult, and it may be presented of the following form:

P_S = <u>path</u> (supplytm;tobacco;match;p-smoker),
      (supplymp;match;paper;t-smoker),
      (supplypt;paper;tobacco;m-smoker) <u>end</u> .

In this case we have three abstract resources T, P, M interpreted as T - tobacco, P - paper, M - matches. The resource association function r is the following: r(tobacco)={T}, r(match)={M}, r(paper)={P}, r(supplytm) = r(p-smoker) = {T,M}, r(supplymp) = r(t-smoker) = {M,P}, r(supplypt) = r(m-smoker) = {P,T}.
Thus $P_C = P_S/T \; P_S/M \; P_S/P$ is the following:

P_C=system
  P_S/T:path (supplytm;tobacco;p-smoker),(supplypt;tobacco;m-smoker)end
  P_S/M:path (supplymp;match;t-smoker),(supplytm;match;p-smoker) end
  P_S/P:path (supplymp;paper;t-smoker),(supplypt;paper;m-smoker) end
endsystem

Note that P_C is a GR1*-path, so we can use Theorem 4.2. One can easily show that conditions (1),(2) of Theorem 4.2 are fulfilled, so P_S and P_C are functionally equivalent.

Note that $VFS(P_C) = VFS(P_{LC})$, $VFFS(P_C) = VFS(P_{LC})$, thus P_C and P_{LC} are equivalent in the sense of Vector Firing Sequence Semantics. The Petri net simulating P_C (see rules in [LC75,LSB79,LSC81]) is simpler than the Petri net simulating P_{LC} in that sense that the first one has less conflicts.

b. The First Reader-Writer Problem.

The first reader-writer problem ([CHP71]) may be formulated as follows (compare [LS78]):

"Consider a system consisting of a single resource involving read and write operations and a set of "reader" and "writer" processes which repeatedly use the operation to read from and write to the resource, respectively. It is required that any number of readers may be concurrently using the resource, but each writer must have exclusive use of it. Also, no writer may jointly use the resource with a reader. Furthermore, no reader should be kept waiting unless a writer is using the resource".

The sequential specification of that problem is trivial, and in the case of n readers and m writers it looks as follows:

P_S = path $read_1$, ... , $read_n$, $write_1$, ... , $write_m$ end,
where the interpretation of actions is fully described by their names.

In the case of a noisy vending machine and cigarette smokers the set of abstract resources has corresponded to real system resources. In this case, we have only one real resource, so the set of abstract resources must be defined in a different way. We recall that an abstract resource may be associated with a set of actions which, for various reasons, must be performed only one at a time.

Note that in this case the independency relation I, i.e. the relation describing which actions may be performed concurrently, can easily be described on the basis of the problem formulation.
Namely: $I = \{(read_i, read_j) \mid i \neq j\}$.

Let us put $A=\text{Alpha}(P_S)$. Of course $I \subseteq A \times A$. Let $\overline{\text{kens}}(I) \subseteq 2^A$ be the following family of sets (see [J79,J81,J81a,J82]):
$\overline{\text{kens}}(I) = \{B \mid B \subseteq A \ \& \ (\forall a,b \in B)(a,b) \notin I \ \& \ (\forall c \in A-B)(\exists a \in B)(a,c) \in I\}$.
In this case:
$\overline{\text{kens}}(I) = \{\{\text{write}_1,\ldots,\text{write}_m,\text{read}_1\},\ldots,\{\text{write}_1,\ldots,\text{write}_m,\text{read}_n\}\}$.
Let us put: $x_i = \{\text{write}_1,\ldots,\text{write}_m,\text{read}_i\}$ for $i=1,\ldots,n$. Thus $\overline{\text{kens}}(I) = \{x_1,\ldots,x_n\}$. Note that every set x_i consists of actions which must be performed only one at a time. Let us put $\text{resource}(P_S) = \overline{\text{kens}}(I)$ $= \{x_1,\ldots,x_n\}$. Let us denote $R = \text{resource}(P_S)$, and let $r: A \to 2^R$ be the following function: $(\forall a \in A) \ r(a) = \{x_i \mid a \in x_i\}$.
In other words: $r(\text{read}_i) = \{x_i\}, i=1,\ldots,n$, $r(\text{write}_j) = \{x_1,\ldots,x_n\}, j=1,\ldots,m$. From [J79] it follows that: $\hat{r}(x_i) = x_i$ for $i=1,\ldots,n$, and $(a,b) \in I \iff r(a) \cap r(b) = \emptyset$, thus, the set $\text{resource}(P_S)$ is a correctly defined set of abstract resources of P_S. Using the standard procedure from Section 2 we may obtain $P_C = P_S/x_1 \ldots P_S/x_n$, which is of the following form:

$P_C = \underline{\text{system}}$
$P_S/x_1 : \underline{\text{path}} \ \text{write}_1,\ldots,\text{write}_m,\text{read}_1 \ \underline{\text{end}}$
....
$P_S/x_n : \underline{\text{path}} \ \text{write}_1,\ldots,\text{write}_m,\text{read}_n \ \underline{\text{end}}$
$\underline{\text{endsystem}}$

In this case P_S is an E^*-path, so we can use Theorem 4.3. One can easily verify that P_S and P_C are functionally equivalent. Note that P_C is identical with a solution presented in [LS78].

Acknowledgements

The author would like to thank Peter Lauer for his suggestions, comments and criticism, and for the invitation to Newcastle. The work reported in this paper was supported by a grant from the Science and Engineering Research Council of Great Britain.

References.

[CHP71] Courtois P.J., Heymans F., Parnas D.L., **Concurrent Control with "Readers" and "Writers"**, CACM 14, 10(1971), 667-668.

[H80] Hoare C.A.R., **Communicating Sequential Processes**, In: R.M.McKeag and A.M. Macnaghten (Eds) "On the Construction of Programs", Cambridge University Press, Cambridge 1980.

[J79] Janicki R., **A Characterisation of Concurrency-like Relations**, Lecture Notes in Computer Science 70, Springer 1979, 320-333.

[J81] Janicki R., **On the Design of Concurrent Systems**, Proc. of the 2nd Conf. on Distributed Computing Systems, Paris 1981, IEEE Press, New York 1981.

[J81a] Janicki R., **A Construction of Concurrent Schemes by Means of Sequential Solution and Concurrency Relations**, Lecture Notes in Computer Science 107, Springer 1981, 327-334.

[J82] Janicki R., <u>Nets, Sequential Components and Concurrency Relations</u>, Report ASM/92, Comp. Lab., Univ. of Newcastle upon Tyne, 1982, also Theoretical Computer Science, vol. 29, 1984, to appear.

[J82a] Janicki R., <u>Transforming Sequential Systems into Concurrent Systems</u>, Report ASM/93, Computing Laboratory, Univ. of Newcastle upon Tyne, 1982.

[L82] Lauer P.E., <u>Synchronization of Concurrent Processes without Globality Assumptions</u>, In: K.G. Beauchamp (Ed) "New Advances in Distributed Computer Systems", NATO Advanced Study Institute Series, D. Reidel Publ. Company, 1982, 341-366.

[LC75] Lauer P.E., Campbell R.H., <u>Formal Semantics for a Class of High Level Primitives for Coordinating Concurrent Processes</u>, Acta Informatica 5(1975), 247-322.

[LS78] Lauer P.E., Shields M.W., <u>Abstract specification of resource accessing disciplines: adequacy, starvation, priority and interrupts</u>, SIGPLAN Notices 13, 12(1978), 41-58.

[LSB79] Lauer P.E., Shields M.W., Best E., <u>Formal Theory of the Basic COSY Notation</u>, Technical Report 143, Comp. Lab., University of Newcastle upon Tyne, 1979.

[LSC81] Lauer P.E., Shields M.W., Cotronis J.Y., <u>Formal behavioural specification of concurrent systems without globality assumptions</u>, Lecture Notes in Computer Science 107, Springer 1981, 115-151.

[M77] Mazurkiewicz A., <u>Concurrent Program Schemes and Their Interpretations</u>, DAIMI PB-78, Aarhus University Press, 1977.

[P71] Patil S.S., <u>Limitations and Capabilities of Dijkstra's Semaphore Primitives for Co-ordination among Processes</u>, Project MAC, Computation Structures Group Memo 57, 1971.

[S79] Shields M.W., <u>Adequate Path Expressions</u>, Lecture Notes in Computer Science 70, Springer 1979, 249-265.

[S80] Shields M.W., <u>Is COSY big enough? Notes Towards a Study of Deterministic Concurrent Machines</u>, Report ASM/77, Comp. Lab., Univ. of Newcastle upon Tyne, 1980.

AN OPTIMAL-TIME RECURSIVE EVALUATOR
FOR ATTRIBUTE GRAMMARS

Martin JOURDAN

INRIA
Domaine de Voluceau - Rocquencourt
BP 105
78153 LE CHESNAY Cedex
FRANCE

Abstract :

We present a new evaluation method applicable to any attribute grammars. From each description of attribute grammar we produce an evaluator which is composed by a set of mutually recursive functions, one for each attribute, synthesised or inherited. It detects circularities at run-time and implements an optimal dynamic "evaluation by need".

1. INTRODUCTION

Attribute grammars were introduced by D. Knuth[Knu68] to formalise the semantics of programming languages syntactically described by a context-free grammar and, in fact, to describe and execute any syntax-directed computation.

Since then, much research was done to get real efficiency in using this method. Its advantages when describing a computation (simple, declarative (non-procedural), structured method) imply indeed many problems when executing this computation : a priori, attributes evaluation is non-deterministic. There exist several methods to overcome this non-determinism (see the bibliographies in [Räi80] and [MN82]). Some of them are applied at evaluator-construction time, but restrict the class of attribute grammars which they can accept ; purely synthesised [LRS74], 1L-attributed [Boc76], kL-attributed and simple multi-pass [RU81], one-visit and pure multi-pass [EF81a, EF81b], ordered [KAS80] and strongly or absolutely non-circular [KW76, Kat80, CF82, Jou83, Jou84]. Others are applied at run-time [Mad80, CH79, Fang72, KR79, Lor77, JG83], thus accepting any attribute grammar, but they generally increase the run-time overhead.

We present a new evaluation method which combines the advantages of the previous methods without retaining their drawbacks. It is optimal in time - considering the evaluation of a single attribute as the time unit - by implementing a strict dynamic "evaluation by need" : only the attributes strictly necessary to compute the semantic value of a derivation tree, i.e. the attributes of the root, are evaluated. Furthermore, it accepts any attribute grammar, even circular, and detects those circularities at run-time with no overhead. One of the most interesting features of this method is that it includes the control flow of the semantic rules into the control flow of the evaluation process, so that if you write a conditionnal of the form

$$a(X) = \text{if } p \text{ then } b(Y) \text{ else } c(Z),$$

only one of the two instances b(Y) and c(Z) is computed, according to the value of p. Another feature is the conceptual simplicity of the method.

This paper is organised as follows : in the next section, we briefly recall what an attribute grammar is and the principles of attribute evaluation ; then, we present our evaluation method ; and lastly, we briefly present a Lisp implementation.

2. ATTRIBUTE GRAMMARS AND THEIR EVALUATION.

We shall assume that the reader has already a sufficient knowledge of attribute grammars and the problem of their evaluation. This section will recall only briefly the basic definitions and results.

2.1. Definitions.

An <u>attribute grammar</u> consists of :

i) a context-free grammar $G = (N, T, P, Z)$ where :

- N is the non-terminal vocabulary ;
- T is the terminal vocabulary :
- $Z \in N$ is the start symbol or axiom ;
- P is the set of productions ; each production $p \in P$ is of the form

$$X_0 \rightarrow W_0 \, X_1 \, W_1 \, \ldots \, W_{n_p - 1} \, X_{n_p} \, W_{n_p}$$

where $W_i \in T^*$, $0 \leq i \leq n_p$ and $X_i \in N$, $0 \leq i \leq n_p$; since the terminals are of no concern in the theory of attribute grammars, the production p will be noted

$$X_0 \rightarrow X_1 \, \ldots \, X_{n_p} \, ;$$

ii) for each $X \in N$, two sets of <u>attributes</u> $I(X)$ - the inherited attributes - and $S(X)$ - the synthesised attributes -, such that $I(X) \cap S(X) = \phi$. We shall denote $A(X) = I(X) \cup S(X)$, $I = \bigcup_{X \in N} I(X)$, $S = \bigcup_{X \in N} S(X)$ and $A = I \cup S$; we impose $I \cap S = \phi$ and $I(Z) = \phi$; if in production p, $a \in A(X_i)$, $0 \leq i \leq n_p$, then a(i) will refer to the attribute a of non-terminal X_i ; this is called an attribute occurence ;

    iii) for each production $p : X_0 \to X_1 \ldots X_{n_p}$, a set E_p of <u>semantic rules</u> such that :

- for each synthesised attribute $a \in S(X_0)$, there exists in E_p one and only one semantic rule defining $a(0)$; it is of the form

$$a(0) = f_{p,a,0}(b_1(k_1), \ldots, b_\ell(k_\ell)) \qquad [2.1.1]$$

where $f_{p,a,0}$ is a function or expression symbol, $k_i \in \{0, \ldots, n_p\}$ for $1 \le i \le \ell$ and $b_i \in A(X_{k_i})$;

- for each k, $1 \le k \le n_p$, and for each inherited attribute $a \in I(X_k)$, there exists in E_p one and only one semantic rule defining $a(k)$; it is of the form

$$a(k) = f_{p,a,k}(b_1(k_1), \ldots, b_\ell(k_\ell)) \qquad [2.1.2]$$

as before.

Restricting the arguments of the functions in the right hand side of the semantic rules to be in $I(X_0) \cup \bigcup_{k=1}^{n_p} S(X_k)$ leads to a grammar in normal form [Boc76]. Imposing this constraint leads to no restriction to the power of attribute grammars, and corresponds to what the attributes were designed for : synthesised attributes propagate information from the leaves of a derivation tree up to its root and inherited attributes propagate information from the root down to the leaves ; thus, if you consider a production as a "black box", then the input information is $I(X_0) \cup \bigcup_{k=1}^{n_p} S(X_k)$, the output information is $S(X_0) \cup \bigcup_{k=1}^{n_p} I(X_k)$ and the transfer function is the set of semantic rules. So "good" programming style leads to grammars in normal form. But relaxing this constraint helps writing more compact grammars (but not less readable) and usually more efficient evaluation if the algorithm used is designed accordingly. Since this causes no problem for us, we do not impose this constraint.

We shall also consider derivation trees (parse trees) defined in the usual manner - except that we discard terminals - and address their nodes with the usual Dewey notation. If t is a parse tree, u a node of t labelled by production p, X the left hand side non-terminal of p and $a \in A(X)$, then the attribute instance $a(u)$ will be the instance of a attached to node u.

2.2. Attributes evaluation

Given an attribute grammar, scanning and parsing a source text will produce a parse tree t. To each node u of t labelled by a production p, the left hand side of which is $X \in N$, are attached the attribute instances $a(u)$ for $a \in A(X)$. Now we have to give a value to these attribute instances.

The semantic rules induce a set of equations K(t) defined as follows : let u be
a node of t labelled by production p : $X_0 \to X_1 \ldots X_n$. Then for each semantic rule
in E_p of the form [2.1.1], we put in K(t) the equation :

$$a(u) = f_{p,a,0}(b_1(u.k_1), \ldots, b_\ell(u.k_\ell))$$

with u.0 = u, and for each semantic rule in E_p of the form [2.1.2], we put in K(t)
the equation :

$$a(u.k) = f_{p,a,k}(b_1(u.k_1), \ldots, b_\ell(u.k_\ell))$$

These equations define the values of the different unknowns, the attribute instances
at the different nodes of t, in term of each others. Evaluating the attributes is
solving this system of equations K(t). We define the semantic value of tree t to be
the list of the values of the (synthesised) attributes evaluation to computing this
semantic value, as in [Knu68].

In order to study the system K(t), we shall introduce the notion of dependency.
The dependency graph of production p is the graph of the relation $\xrightarrow{p}$ defined as follows : the vertices are the attribute occurences

$$AO(p) = \{a(i) / 0 \le i \le n_p, a \in A(X_i)\}$$

and $\forall\ w, w' \in AO(p)$, $w \xrightarrow{p} w'$ iff w' appears in the right hand side of the semantic
rule of E_p defining w. The compound dependency graph of tree t is the graph of the
relation $\xrightarrow{t}$, the vertices of which are the attribute instances a(u) of t, and the
edges of which are obtained by pasting together the dependency graphs of the different
productions according to the structure of t, in an obvious manner.

The relation $\xrightarrow{t}$ induces a partial order on the set of unknowns of K(t), and we
can solve K(t) by computing these unknowns in the reverse order induced by $\xrightarrow{t}$, starting with the greatest, i.e. those whose value depends on no other attribute instance.

K(t) has a solution iff the compound dependency graph is not circular, i.e. there
exists no attribute instance w such that $w \xrightarrow{+}{t} w$. This property can be tested on the
grammar itself in exponential time [Jaz81], which makes this test expensive, even
when largely optimised [DJL83].

Some evaluators use this topological sorting of attribute instances, e.g. [Lor77],
[KR79] and [CH79]. If we wish to compute only the semantic value of t rather than all
the attribute instances of t, this order can be found by traversing the dependency
graph in depth-first order, as in [Lor77], [Fan72] and [JG83]. A word on each of these
references : [Lor77] builds the whole dependency graph, then, traversing it, produces

the sorted set of equations, which can then be "executed" ; [Fan72] associates to each attribute instance a process returning its value : he starts by activating the processes corresponding to the attributes of the root, and when a process needs another attribute to be computed, it activates the corresponding process and wait until the latter returns ; the compound dependency graph is not constructed ; [JG83] simulates the dependency graph traversal by maintaining a stack of attribute instances to be computed ; if the instance on top of stack has already a value, it is simply popped, else if all its successors in the sense of $\xrightarrow[t]{}$ have a value, then it is evaluated and popped, else its yet unevaluated successors are pushed onto the stack, and so on until the stack is empty ; repeat this process pushing onto the (empty) stack the synthesised attributes of the root ; the whole dependency graph need not be constructed, since the successors in the sense of $\xrightarrow[t]{}$ can be found by examining the relations $\xrightarrow[p]{}$. It should be noted that the differences between these methods stand only in the implementation ; all of them implement an "evaluation by need", computing an attribute only when it is necessary to obtain the semantic value of the whole tree.

Notice that a very simple modification of the algorithm of [JG83], presented in their paper, allows to detect dynamically true circularities. When pushing an attribute onto the stack, it is marked ; if it was already marked, then it is a circularity, and the evaluation fails.

The common drawback of these methods is that this ordering of attributes to be computed depends on the whole tree, and must be recomputed for each text ; this implies that much work is done at run-time. Many other works intend to overcome this drawback by determining a static order for attributes evaluation. But then they have to restrict the class of attribute grammars they can accept : not any grammar can stand a static order ; see [LRS74, RU81, EF81a, KW76, CF82]. The most interesting of these methods was introduced in [CF82] and further developped in [Jou83]. The basic idea [CF82] is that the value of a synthesised attribute at a node depends only on :
   - the subtree issued from that node ;
   - the values of the inherited attributes at that node.
Thus it is straightforward to turn each synthesised attribute into a function, taking as arguments a (sub)tree and the values of the inherited attributes it can depend on, and returning the value of that attribute at the root of that tree. The semantic rules are included in the body of these functions, and each occurence if a synthesised attribute of a "son" is replaced by the call to the corresponding function, to which we pass the right arguments. This construction works only if the values of the inherited attributes passed as arguments can be computed at the time of the call, and so [CF82] reintroduces the strongly/absolutely non-circular grammars of [KW76]. One of the most interesting features of that method is the inclusion of the control flow of the evaluation process. For instance, if a semantic rule is a conditionnal of the form :

$$a(X) = \text{if } p \text{ then } b(Y) \text{ else } c(Z)$$

only one attribute among b(Y) and c(Z) is computed, together with the attributes on which it depends. On the opposite, the evaluations by need presented previously are static, i.e. if a(X) must ever be computed, then both b(Y) and c(Z) must also be combuted. However, the method of [CF82] is not optimal, since the inherited attributes which are the arguments of a function must be recomputed at each call, even if the result is stored in the tree.

3. AN OPTIMAL-TIME RECURSIVE EVALUATOR.

In this section, we present our new evaluation method, which borrows ideas from both [CF82] and [JG83].

As in [CF82], we include the control flow of the semantic functions into the control flow of the evaluation process, by turning each attribute into a function. As in [JG83], we simulate a traversal of the dependency graph with a stack. The combination of both methods is as follows.

Each attribute, either synthesised or inherited, corresponds to a function. For a synthesised attribute, the function has only one argument, a derivation tree, the root of which is labelled by a production, the left-hand side of which is a non-terminal to which that attribute is attached. The function returns the value of that attribute at the root of that tree, after having computed and stored this value (at the first call) or after just retrieving it (at the next calls). For an inherited attribute, the function has three arguments, a derivation tree as before, its father in the whole tree and the index of the non-terminal in the right-hand side of the (father) production. Each node in the tree contains a pointer to its father and that index, so that their computation can be done "locally" by the caller. These functions have the following structure :

(*) for a synthesised attribute $\underline{a}$:

```
function a (tree) ;
   if root (tree) already contains a value for a then retrieve
         and return it
   else if root (tree) contains a mark for a then
         report circularity ;
         exit
   else mark a at root (tree) ;
      case production (tree) is
         :
         :
      p: a := f_{p,a,0} (
                  :
            b_i (son (tree, k_i)),
            {if b_i is synthesised, and assuming
               that son (tree, 0) = tree}
                  :
```

```
                    b_j (son (tree, k_j),
                        father (son (tree, k_j)),
                        nodeindex (son (tree, k_j))),
                  {if b_j is inherited}
                        :
                        );
                    :
                    :
            end case;
            store a at root (tree);
            return a
            end if
        end if
    end a ;
```

(*) for an inherited attribute a :

```
    function a (tree, father, index) ;
        if root (tree) already contains a value for a then
            retrieve and return it
        else if root (tree) contains a mark for a then
            report circularity;
            exit
        else mark a at root (tree)
            let tree = father in
                case [production (tree), index] is
                    { [] is the "list" operator}
                        :
                        :
                    [p, k]: a := f_{p,a,k} (
                            :
                        b_i (son (tree, k_i)),
                            :
                        b_j (son (tree, k_j),
                            father (son (tree, k_j)),
                            nodeindex (son (tree, k_j))),
                            :
                            );
                        :
                        :
                end case
            end let;
            store a at root (tree);
            return a
            end if
        end if
    end a;
```

Then, given a complete derivation tree, obtaining its semantic value is simply calling successively the functions corresponding to the attributes of the start symbol, passing them that tree as argument.

Notice that during evaluation, the function calls stack is parallel to the attribute instances stack of [JG83], except that the dependencies are "computed" using the semantic rules ; these dependencies are dynamically modified by the values just computed, in a conditional for instance.

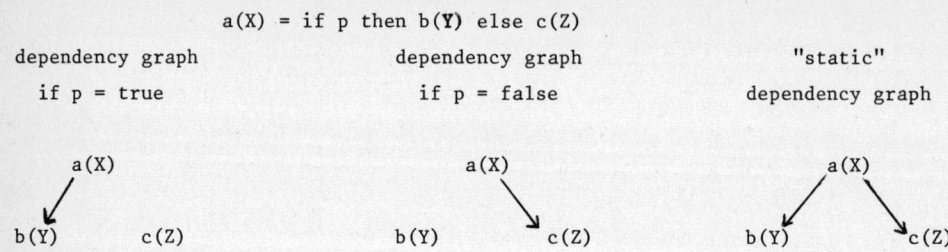

So it is easy to see that our method is dynamically optimal : we compute only the attributes strictly necessary to obtain the semantic value of the tree.

Given an attribute grammar, the set of functions which will form the corresponding "evaluator" is constructed by the following algorithm, consisting of a (recursive) procedure print-attr-def and a body :

```
procedure print-attr-def (attr, prod, pos, to-expand) ;

{outputs the definition of attribute "attr" of the synmbol
 at index "pos" in the production "prod". If pos = 0 then
 the symbol is the left-hand side, else it is in the
 right-hand side}
{"to-expand" is a boolean which is true if we must expand
 the definition rather than just generate a call to the
 corresponding function ; this is useful if the grammar is
 not in normal form. Valid only for synthesised attributes}

    if attr ε S and (pos > 0 or not to-expand) then
       output ("attr (son (tree, pos))")
         {generate the call}
         {"attr" must be replaced by the name,
         and "pos" by its value}

    else if attr ε I and pos = 0 then
       output ("attr (tree, father (tree), pos)")

    else output the right-hand side of the
           semantic rule corresponding to attr,
           prod, pos, replacing each occurence
           b_i(k_i) by
           print-attr-def (b_i, prod, k_i, false)

    end if
    end if
end print-attr-def;
{body}
for each a ε S do
    output ("function a (tree) ;
            if root (tree) contains a value for a then
                retrieve and return it
```

```
                    else if a is marked at root (tree) then
                        report circularity;
                        exit
                    else mark it;
                        case production (tree) is ");
        for each production p: X_0 → X_1 ...X_n, p not simple do
            if a ∈ S(X_0) then
                output ("p: a :=");
                print-attr-def (a, p,0, true)
            end if
        end for;
        output ("endcase;
                store a at root (tree);
                return a
                end if
                end if
                end a;")
    end for;{synthesised}

    for each a ∈ I do
        output ("function a (tree, father, index);
                if root (tree) contains a value for a then
                retrieve and return it
                else if a is marked at root (tree) then
                report circularity;
                exit
                else mark it;
                let tree = father in
                case [production (tree), index] is");
        for each  production p: X_0 → X_1 .. X_n, p not simple do
            for k = 1 to n do
                if a ∈ I(X_k) then
                    output ("[p, k]: a :=");
                    print-attr-def (a,p,k, true)
                end if
            end for
        end for;
        output ("end case
                end let;
                store a at root (tree);
                return a
                end if
                end if
                end a;")
    end for {inherited}.
```

Notice the similarity with the algorithms presented in [Jou83], and the fact that the simple productions are handled in the same way.

In [JG83], the authors present a simple modification of their algorithm to adapt it to incremental evaluation, avoiding useless recomputations after modifications of the cerivation tree. It appears that we cannot modify our algorithm in the same way. The reason is that [JG83] uses static dependencies and direct access to the "successors" to know whether an attribute must be recomputed. On the other hand, our functions know about successors only through the corresponding function calls, which can return only one result, the value. Thus, accessing a successor is, in fact, reevaluating it.

Nevertheless, for total (i.e. not incremental) evaluation, our method is dynamically optimal-time : we evaluate only those attributes which are strictly necessary to compute the semantic value of the source text. The other advantages of this method are its simplicity and its ability to detect dynamically circularities of the grammar.

4. A LISP IMPLEMENTATION

We implemented our evaluation method on the Multics system at INRIA (at the moment, and for various reasons, Multics is the only system supporting our evaluator). This implementation is very similar to the one presented in [Jou83, Jou84]; in fact they share many program modules. For a detailed presentation and discussion of :
- the format of an attribute grammar description;
- the advantages of Lisp as target language for the evaluation functions ;
- the "user-friendly" features of our system :
- storage management ;

report to [Jou83]. The only difference is that each node of a derivation tree contains a pointer to its father and its index as a son, as well as the other fields described in [Jou83].

5. CONCLUSION

In this paper we have presented an optimal-time recursive evaluator for any attribute grammar. It implements a dynamic evaluation by need, computing only those attributes which are strictly necessary to obtain the semantic value of a text. It also detects circularities at run-time, avoiding an expensive (construction-time) circularity test ; this makes this method useful when developping a new attribute grammar. However, its principles and implementations are simple, using a set of mutually recursive functions which include the semantic rules.

Thanks go to P. Deransart, B. Lorho and P. Boullier for useful discussions and comments, and to Ph. Deschamp, M. Mazaud, R. Rakotozafy and J. Forget for intensive use of the system.

This work was supported in part by a grant from Ecole Polytechnique.

6. REFERENCES

[Boc76]   G. Bochmann, "Semantic Evaluation from Left to Right", CACM, 19, 2 (1976), pp 55-62.

[CH79]   R. Cohen and E. Harry, "Automatic Generation of Near-optimal Linear-time Translators for Non-circular Attribute Grammars", 6th ACM Symp. on Principles of Programming Lnaguages (1979), pp 121-134.

[CF82]   B. Courcelle and P. Franchi-Zannettacci, "Attribute Grammars and Recursive Program Schemes", Theoretical Computer Science, 17 (1982), pp 163-191 and 235-257.

[DJL83]   P. Deransart, M. Jourdan and B. Lorho, "Speeding up Circularity Tests for Attribute Grammars", Report RR-211, INRIA, Rocquencourt (1983). To be published in Acta Informatica.

[EF81a]   J. Engelfriet and G. Filé, "The Formal Power of One-visit Attribute grammars", Acta Informatica, 16 (1981), pp 275-302.

[EF81b]   J. Engelfriet and G. Filé, "Passes and Paths of Attribute Grammars", Information and Control, 49 (1981), pp 125-169.

[Fan72]   I. Fang, "FOLDS, a Declarative Formal Language Definition System", Report STAN-CS-72-329, Computer Science Dept., Stanford University (1972).

[JG83]   F. Jalili and J. H. Gallier, "A General Incremental Evaluator for Attribute Grammars", draft, University of Pennsylvannia, Philadelphia (1983).

[Jaz81]   M. Jazayeri, "A Simpler Construction for Showing the Intrinsically Exponential Complexity of the Circularity Problem for Attribute Grammars", JACM, 28 (1981), pp 715-720.

[Jou83]   M. Jourdan, "An Efficient Evaluator for Strongly Non-circular Attribute Grammars", Report RR-235, INRIA, Rocquencourt (1983).

[Jou84]   M. Jourdan, "Recursive Evaluation of Attribute Grammars : an Implementation", to appear in "Methods and Tools for Compiler Construction", B. Lorho ed., Cambridge University Press, Cambridge (1984).

[Kas80]   U. Kastens, "Ordered Attribute Grammars", Acta Informatica, 13 (1980), pp 229-256.

[Kat80]   T. Katamaya, "Transformation of Attribute Grammars into Procedures", Report CS-K-8001, Department of Computer Science, Tokyo Institute of Technology (1980)/

[KR79]   K. Kennedy and J. Ramanathan, "A Deterministic Attribute Grammar Evaluator Based on Dynamic Sequencing", ACM TOPLAS, 1, 1 (1979), pp 142-160.

[KW76]   K. Kennedy and S. Warren, "Automatic Generation of Efficient Evaluators for Attribute Grammars", 3rd ACM Symp. on Principles of Programming Languages, Atlanta (1976), pp 32-49.

[Knu68]   D. Knuth, "Semantics of Context-free Languages", Mathematical Systems Theory, 2 (1968), pp 127-145.

[LRS74]   P. Lewis, D. Rosenkrantz and R. Stearns, "Attributed Translations", JCSS, 9, 3 (1974), pp 279-307.

[Lor77]   B. Lorho, "Semantic Attributes Processing in the System DELTA", in "Methods of Algorithm Language Implementation", Ershov and Koster eds., LNCS 47, Springer-Verlag (1977), pp 21-40.

[Mad80]   O. Madsen, "On Defining Semantics by Means of Extended Attribute Grammars", in "Semantics-Directed Compiler Generation", Jones ed., LNCS 94, Springer-Verlag (1980), pp 259-299.

[MN82]   H. Meijer and A. Nijholt, "Translator Writing Tools since 1970 : a Selective Bibliography", ACM SIGPLAN Notices, 17, 10 (1982), pp 62-72.

[Räi80]   K.J. Räihä, "Bibliography on Attribute Grammars", ACM SIGPLAN Notices, 15, 3 (1980), pp 35-44.

[RU81]   K.J. Räihä and E. Ukkonen, "Minimizing the Number of Evaluation Passes for Attribute Grammars", SIAM Journal on Computing, 10, 4 (1981), pp 772-786.

ON THE MERLIN-RANDELL PROBLEM OF TRAIN JOURNEYS

Maciej Koutny
Institute of Mathematics
Warsaw Technical University
Pl.Jedności Robotniczej, 00-661 Warsaw, Poland

1. Introduction

In the paper [MR78], Merlin and Randell introduced a synchronisation problem which may be formulated as follows :
There is a finite set of trains and a layout. The layout is represented by an undirected graph, the nodes of which represent places where train can reside (stations), the arcs of which represent possible moves. Each station can hold only one train. Each train has a program to follow, consisting of directed path through the graph. The train can leave a station only when the station it is immediately to travel to is empty. The problem is to find a synchronisation among train movements which allows parallel movements where possible.
In fact this is rather a problem of flow control in networks, but writing in terms of trains and stations makes the problem and the solution more intuitive and readable. Some partial but rather insufficient solutions were discussed in [MR78, S79, JL82 and D82] . In this memo we present a solution of the train journeys problem based on the synchronisation idea of [JL82] . The solution is partial in the sense that we assume train routes contain no non-deterministic choices and no loops.

2. Train Journeys

In [JL82] , a tentative solution is proposed for avoiding deadlocks and unsafe situations in the case of non-looping deterministic journeys (only the first and the last station of train route may be the same). In this paper three types of bad or dangerous patterns are recognised : <u>critical loops</u>, <u>critical crossings</u> and <u>crowded loops</u>. The proposed solution says that, besides the general constraints, one simply to enforce that every
- critical path holds at most one train at a time,
- critical crossing holds at most two trains at a time,
- crowded loop with n nodes holds at most n-1 trains at a time.
In [D82] this strategy is analysed and it occurs that it is insufficient in general case. The present paper contains an extension of the

synchronisation strategy of [JL82]. Let us define the train problem more precisely. To this end we slightly modify the formulation from [JL82].

THE TRAIN JOURNEYS PROBLEM

1. There is a finite set of trains, a finite set of stations and the one parking station. The parking station is common for all trains.
2. Each station except the parking one can hold only one train at a time.
3. A train can leave a station only when the station it is immediately to travel to is empty or it is the parking station.
4. Each train has a finite program (route) to follow. A train can sequentially repeat its program one or more times.
5. At the beginning all trains are placed on the parking station.
6. Each train route contains no choice and no repeated stations.

The first five points define the Merlin-Randell Train Journeys Set. The problem is to find a synchronisation among train movements which allows parallel moves where possible. Furthermore it has to allow each train program to be completed.

Note that under above assumptions, there always exists a synchronisation which allows each program to be completed. The possible solution is the following: at any time at most one train is on a proper track, the remaining ones are on the parking station. This solution is strictly sequential and very ineffective in most cases.

We are going now to formalize the problem described above.

In this paper every finite labelled directed multigraph is called a graph. A graph G we will denote by (S,R,T), where S and T are finite non-empty disjoint sets and $R \subset S \times T \times S$. The set S is said to be the set of stations of G, and each element of S is a station. Each element of T is said to be a train while T itself is the set of trains of G. The set R is said to be the set of movements of G and each its element is a movement. Usually, S and T are called the vertex set and the arc set of G, and T is called the label set of G. To emphasize the graph G, we often write $S(G)$, $R(G)$, and $T(G)$ rather than S, R and T. We will represent stations by circles while movements by arrows with corresponding labels.

We assume that ω (called the parking station) does not belong to S. In Figure 2.1 the graph E is shown with set of stations $S(E)=\{1,2,3,4\}$, set of movements $R(E)=\{(2,a,1),(1,b,3),(3,b,2),(3,a,4),(4,c,2)\}$ and set of trains $T(E)=\{a,b,c\}$.

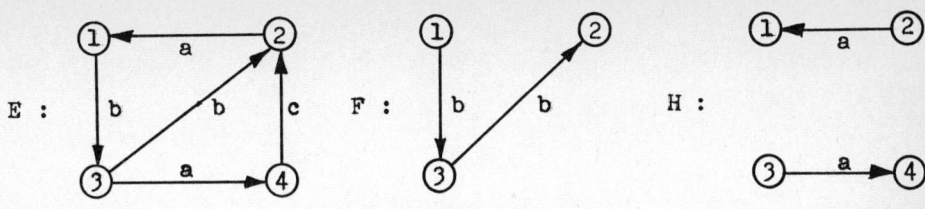

Figure 2.1

A graph G is said to be <u>connected</u> if for every two disjoint stations r and s of S there exists a r-s walk (not necessarily directed) in G (see [BCL81]). A graph G is said to be <u>strongly connected</u> if for every two disjoint stations r and s there exists a r-s path in G. The graph E of Figure 2.1 is strongly connected. The graph F of Figure 2.1 is a connected graph, however it is no strongly connected graph.

For the <u>union</u> $G = F \cup H$ of graphs F and H we have $S(G) = S(F) \cup S(H)$, $R(G) = R(F) \cup R(H)$ and $T(G) = T(F) \cup T(H)$. A graph H is a <u>subgraph</u> of a graph G if $S(H) \subset S(G)$, $R(H) \subset R(G)$ and $T(H) \subset T(G)$. For example, the graphs F and H of Figure 2.1 are both subgraphs of E, however $E \neq F \cup H$.

Now let R_t be a non-empty set of all movements of R labelled by the train t of T. A subgraph of G arc-induced by R_t is said to be the <u>G-route of t</u>. Consider now Figure 2.1. The graph F is E-route of b and H is E-route of a.

A graph is said to be a <u>r-s line</u> (<u>line</u>) if it is of the form

Figure 2.2

with $k \geq 2$ and $s_i \neq s_j$ for $i \neq j$.

If the G-route of t is a r-s line then r is said to be the <u>G-input station of t</u>. Moreover in this case we introduce a notion of a <u>next station</u> in the following way: $ns_G(t,s) = \omega$, $ns_G(t,\omega) = r$ and for $1 \leq i \leq k-1$, $ns_G(t,s_i) = s_{i+1}$ see Figure 2.2. Consider once more Figure 2.1. The graph F is a 1-2 line. The station 1 is the E-input station of b. Moreover $ns_E(c,\omega) = 4$, $ns_E(c,4) = 2$ and $ns_E(c,2) = \omega$. A connected graph G is said to be a <u>m-graph</u> (<u>movement graph</u>) if G-routes of all trains of T are lines (comp. [JL82] and [MR78]). The graph E of Figure 2.1 is no m-graph since H being the E-route of a is no line.

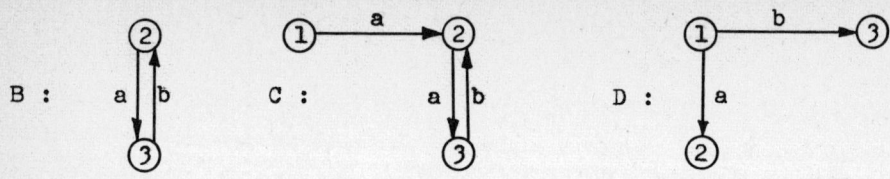

Figure 2.3

A mapping $M : T \longrightarrow S \cup \{\omega\}$ is said to be a <u>G-marking</u> (<u>marking of G</u>) if $|M^{-1}(s)| \leqslant 1$ for every s of S and for every t of T the station $M(t)$ is either a station of the G-route of t or the parking one. We will say that $M(t)$ <u>holds t at M</u>. The graph C of Figure 2.3 is a m-graph ; for example the mapping M defined by $M(a)=3$ and $M(b)=\omega$ is a C-marking, however the mapping N such that $N(a)=2$ and $N(b)=1$ is no C-marking.

A train t is <u>M-actived</u>, where M is a G-marking, if the next station $ns_G(t,M(t))$ is the parking one or it holds no train at M. The set of M-actived trains we denote by $ACT(M)$. The C-marking M described above has $ACT(M)=\{a\}$.

We have hitherto introduced notions representing static properties of train systems. In particular, markings represent such configurations of trains that each station (excepted the parking one) holds one train at most. Now we introduce a dynamic property. In order to simplify our considerations we exclude actually parallel movements of trains, but this does not lessen the generality.

A G-marking N is said to be <u>reachable in one step from a G-marking M</u> if there exists such train t of T that $N(t)=ns_G(t,M(t))$ and for every u of $T-\{t\}$ we have $N(u)=M(u)$. We will denote $M(t>N$ in this case. Clearly, t is M-actived. Conversely, if t is M-actived then for the one G-marking we have $M(t>N$. Suppose now that $\mathcal{T}$ is a sequence $(t_1,\ldots,t_k)$ of trains and $M_i(t_i>M_{i+1}$ for $1 \leqslant i \leqslant k$. Then $M_1(\mathcal{T}>M_{k+1}$. We will denote $[M> = \{N | \exists \mathcal{T} \in seq(T) : M(\mathcal{T}>N\}$, where $seq(T)$ denotes the set of all finite non-empty sequences of trains of T. Each marking of $[M>$ is called <u>reachable from</u> M. Consider now the m-graph C of Figure 2.3. Let I, J, K and L be C-markings defined by $I(a)=I(b)=\omega$, $J(a)=L(a)=1$, $K(a)=L(b)=2$ and $J(b)=K(b)=3$. We have in this case $J(a>K$, $J(b>L$, $\{J,K,L\} \subset [I>$, $I \in [J>$ and $[K>=\emptyset$.

Now we define three types of markings.

A G-marking P_G is said to be the <u>parking marking of G</u> if $P_G(t)=\omega$ for every train t of T. A G-marking B_G is said to be the <u>beginning marking of G</u> if $B_G(t)$ is the G-input station of t for every t of T.

It may not exist (see the graph D of Figure 2.3). A G-marking M is said to be <u>hopeless</u> if $P_G \notin [M\rangle$. The C-marking J defined above is the beginning marking of C, I is the parking marking of C, and K is hopeless.

The parking marking corresponds to situation that the parking station holds all trains. The beginning marking corresponds to situation that each train parks on its first station of its route. A hopeless marking corresponds to situation that it is impossible to allow each train journey to be completed. Therefore every synchronisation must preserve from hopeless markings.

If $H \subset G$ are both m-graphs and M is a G-marking then $M|_H$ will be a H-marking for every t of T(H) defined by $M|_H(t)=M(t)$ if $M(t)$ belongs to S(H) and by $M|_H(t)=\omega$ if $M(t) \notin S(H)$. Let B and C be of Figure 2.3. If M is C-marking defined by $M(a)=1$ and $M(b)=2$ then we have $M|_B(a)=\omega$ and $M|_B(b)=2$.

We have introduced so far formal notions which represent the static and the dynamic properties of train systems.

3. Critical Sections and Minimal Critical Sections

This section contains a basic idea of our solution. Now we characterize it shortly. A synchronisation strategy should preserve system from such configurations that it is impossible to allow each train program to be completed (these situations are formally represented by hopeless markings). Note that besides the general constraints, no additional synchronisation is necessary. In order to realize this strategy we have to decide about hopeless of markings. Clearly, the straight use of definition is uneffective, so we try to find another criterion.

Now we define some subclass of m-graphs.

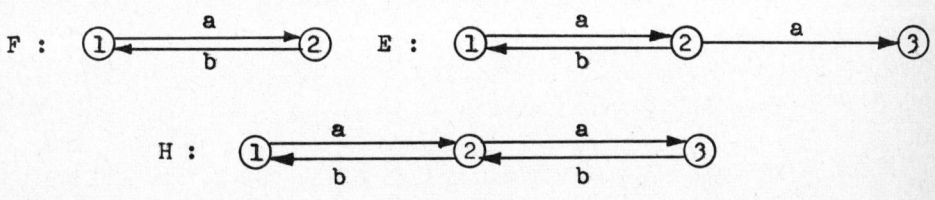

Figure 3.1

A m-graph G such that B_G exists is said to be a <u>c-section</u> (<u>critical section</u>) if its beginning marking is hopeless. A c-section G is <u>M-actived</u> (M is a marking of some m-graph) if $M|_G = B_G$.

The graphs E, F and H of Figure 3.1 are c-sections, for example $[B_F)=\emptyset$. Since $F \subset E$ and $B_E|_F = B_F$, F is B_E-actived c-section.

Corollary 3.1
A G-marking M is hopeless iff G contains a M-actived c-section. □

The above equivalence suggests (comp. [JL82]), that synchronisation can be limited to protection against the activity of c-sections. A c-section G is said to be a <u>mc-section</u> (<u>minimal critical section</u>) if it does not contain another B_G-actived c-section. The c-sections F and H of Figure 3.1 are both mc-sections, however E is no mc-section since F is B_E-actived.

From two next corollaries it turned out that trains of mc-section strongly 'hinder' themselves.

Corollary 3.2
Let G be a mc-section and for t of T(G) let $\vec{t}$ be the G-route of t. Suppose, that U is such non-empty subset of T(G) that

$$B_G(t) \in \bigcup_{u \in U} S(\vec{u}) \Rightarrow t \in U$$

for every train t of T(G). Then U=T(G). □

Corollary 3.3
If U is a non-empty subset of the set of trains of a mc-section G then it does not exist a sequence $\mathcal{T}$ of seq(U) such that $B_G(\mathcal{T})M$ and $M(U)=\{\omega\}$. □

An immediate corollary is given below.

Corollary 3.4
For every train t of a mc-section G there exists another train u of T(G) such that the G-input station of u belongs to the G-route of t. □

The last corollary implies $|T(G)| \geq 2$ and $|R(G)| \geq 2$ for every mc-section G.

Corollary 3.5
Every c-section G contains a B_G-actived mc-section. □

Consequently, by Corollary 3.1 and Corollary 3.5 we obtain

Theorem 1
A G-marking M is hopeless iff G contains a M-actived mc-section. □

This is a fundamental theorem from our view-point. Now we can formulate our strategy in the following way :

'never mc-section included in a m-graph is actived at a time'.

Clearly, we can apply this strategy only if we can find all mc-sections of a given m-graph. For the purpose we introduce a classification of mc-sections.
One additional term is needed for our next definition.
Let G be a mc-section and let M be a G-marking reachable in one step from B_G. Then every M-actived mc-section is said to be <u>reachable in one step from</u> G. The set of all such mc-sections will be denoted by $[G]$.
The <u>rank</u> in the family of mc-sections is an integer-valued function r defined by
$$r(G) = \begin{cases} 0 & \text{if } [G]=\emptyset \\ 1 + \max\{r(H) \mid H \in [G]\} & \text{if } [G] \neq \emptyset \end{cases}.$$
Note that $|R(G)| > |R(H)|$ for every H of $[G]$. Therefore the definition is correct. By the last definition we obtain

<u>Corollary 3.6</u>
A mc-section has $r(G)=0$ iff $ACT(B_G)=\emptyset$. □

<u>Corollary 3.7</u>
For every mc-section G and every integer i, $0 \leq i \leq r(G)$, G contains a mc-section H such that $r(H)=i$. □

The mc-section F of Figure 3.1 has $r(F)=0$. The definition of the rank is a little complicated, so we now exemplify it additionally.
In Figure 3.2 is shown the mc-section D. Note that $ACT(B_D)=\{a\} \neq \emptyset$. The only one M_a-actived mc-section, where $B_D(a) > M_a$, is the mc-section H of Figure 3.1. Thus $[D]=\{H\}$ and $r(D)=1+r(H)$. Consider now the mc-section H. We have $ACT(B_H)=\{a,b\}$. The only one N_b-actived mc-section, where $B_H(b) > N_b$, is F of Figure 3.1. Similarly, the mc-section E of Figure 3.2 is the one N_a-actived mc-section, where $B_H(a) > N_a$. Thus $[H]=\{E,F\}$ and by $r(E)=r(F)=0$, $r(H)=1+0=1$. Therefore $r(D)=1+1=2$.

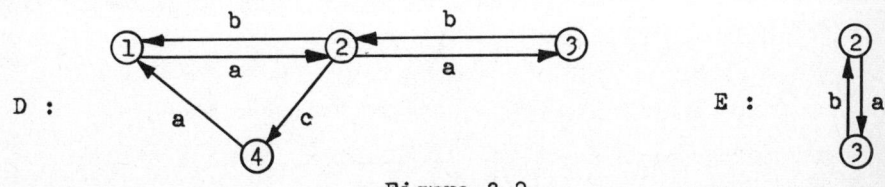

Figure 3.2

The next theorem characterizes a 'topological' structure of mc-sections.

<u>Theorem 2</u>
Every mc-section is a strongly connected graph. □

In the end of this section we note that critical paths, critical crossings and crowded loops of [JL82] are mc-sections. Moreover, a lot of examples of [D82] are mc-sections, too.

4. Critical Loops and Critical Clovers

Now we start to precise designation of mc-sections of a fixed rank. A m-graph G being a cycle is said to be a <u>c-loop</u> (<u>critical loop</u>) if $|S(G)|=|R(G)|=|T(G)|$. Every c-loop has such form as the graph of Figure 4.1.a with $s_i \neq s_j$ and $t_i \neq t_j$ for $i \neq j$, $1 \leq i \leq k$, $1 \leq j \leq k$, $k \geq 2$. The graph F of Figure 3.1 is c-loop.

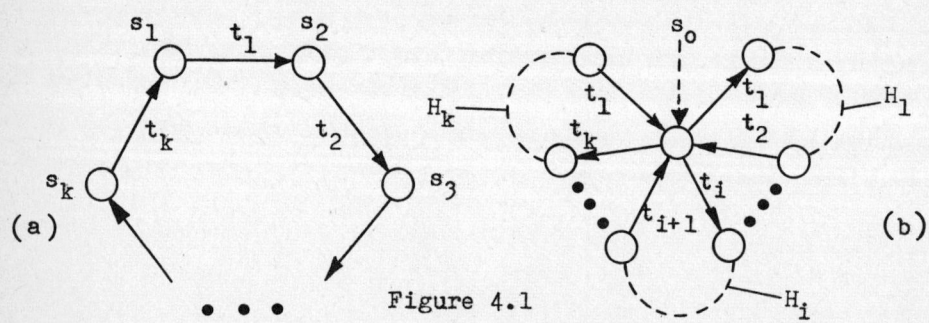

Figure 4.1

Theorem 3
A m-graph G is a mc-section such that $r(G)=0$ iff G is a c-loop. □

Two additional terms are needed for our next result.
With every station s of a m-graph G we associate two sets
$$OUT_G(s) = \{ t \in T \mid \exists r \in S : (s,t,r) \in R \}$$
and
$$IN_G(s) = \{ t \in T \mid \exists r \in S : (r,t,s) \in R \} .$$
The graph E of Figure 3.1 has $OUT_E(2)=\{a,b\}$ and $IN_E(2)=\{a\}$.

A m-graph G being such minimal (in the sense of the relation $\subset$) union of some c-loops $H_1,\ldots,H_k$, $k \geq 2$, that there exists the one station s_o of $S(G)$ satisfying $S(H_i) \cap S(H_j) = \{s_o\}$ for every $i \neq j$, $1 \leq i \leq k$, $1 \leq j \leq k$ and $OUT_G(s_o)=IN_G(s_o)$ is said to be a <u>c-clover</u> (<u>critical clover</u>). Every c-clover is of such form as the graph of Figure 4.1b. The graph H of Figure 3.1 and the graph E of Figure 4.2 are both c-clovers. The graph F of Figure 4.2 contains the c-clover H of Figure 3.1. Therefore F is not minimal, so it is no c-clover.

Theorem 4
A m-graph G is a mc-section such that $r(G)=1$ iff G is a c-clover. □

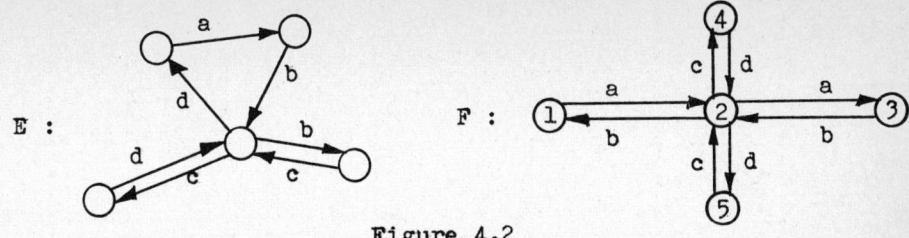

Figure 4.2

Consequently, by Theorem 3 and 4 and by Corollary 3.7 we can formulate the main theorem of this section.

Theorem 5
A m-graph contains no mc-section iff it contains no c-loop.
A m-graph contains no mc-section excepted c-loops iff it contains no c-clover. □

Now we give some relations between the rank and number of movements of mc-section.

Corollary 4.1
If G is a mc-section then $r(G) \leqslant |R(G)|$ and for every t of $T(G)$ $|R(\vec{t})| \leqslant r(G)+1$, where $\vec{t}$ denotes the G-route of t. □

Consequently we obtain

Corollary 4.2
If n and k are natural numbers then the set of all non-isomorphic mc-sections G such that $r(G)=k$ and $T(G)=n$ is a finite set. □

The question arises : what can we say about mc-sections of the rank greater than one ? Unfortunately, such mc-sections seem to be very irregular. In this paper we do not investigate in detail the mc-sections of such rank. We prefer another approach. We define a family of mc-sections of rather simply structure and examine them.
Note that c-loops are crowded loops of [JL82] .

5. Critical Trees

First we introduce some auxiliary notions.
For every c-loop H by $\phi(H)$ we denote a non-directed bipartite graph with the vertex set $V=\{H^*\} \cup S(H)$ and the edge set given by $E=\{(H^*,s) \mid s \in S(H)\}$. The vertex H^* will be represented by black circle and each of $V-\{H^*\}$ by circle. In Figure 5.1 $\phi(D)$ for the c-loop D is shown.

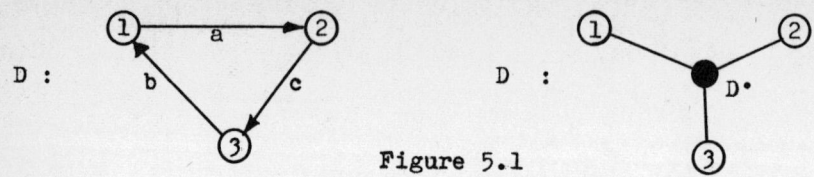

Figure 5.1

If m-graph G is the union of all c-loops $H_1,\ldots,H_k$ included in G then by $\phi(G)$ we will denote the graph $\phi(H_1) \cup \ldots \cup \phi(H_k)$. A station s of $S(G)$ is said to be a <u>G-internal station</u> if its degree in the graph $\phi(G)$ is greater than one. The set of all such stations will be denoted by $INT(G)$. The m-graph D of Figure 5.1 has $INT(D)=\emptyset$.

A m-graph G being such union of c-loops that $\phi(G)$ is a tree is said to be a <u>c-tree</u> (<u>critical tree</u>) if for every G-interior station s the union of all c-loops included in G and containing s is c-clover. It follows that such station of c-tree that it belongs to at least two different c-loops are 'the central station' of some c-clover. This c-clover is the union of such c-loops that the station belongs to them.

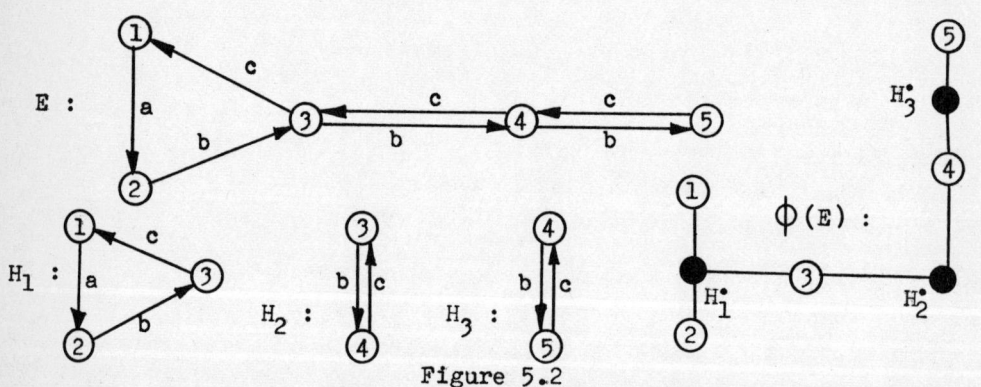

Figure 5.2

Consider the m-graph E of Figure 5.2. Clearly E is the union of H_1, H_2 and H_3. Moreover $INT(E)=\{3,4\}$. Since $H_1 \cup H_2$ and $H_2 \cup H_3$ are both c-clovers, the graph E is a c-tree.

<u>Corollary 5.1</u>
Every c-tree G is a mc-section such that $r(G)=|INT(G)|$. □

All c-loops and c-clovers are c-trees, too. Unfortunately, there exist mc-sections being no c-trees ; for example the graph D of Figure 3.2.

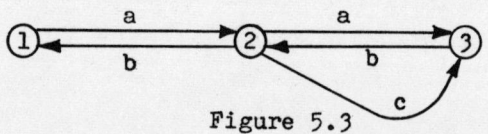

Figure 5.3

A station s of a m-graph G is said to be a <u>separated station</u> if $|OUT_G(s) \cup IN_G(s)|=1$. The station 1 of the m-graph C of Figure 2.3 is a separated station.

Corollary 5.2
A mc-section contains no separated station. □

Definition
Let G be such m-graph that for every c-tree $H \subset G$ and every H-interior station s if movement (s,t,r) belongs to $R(G)-R(H)$ then at least one of the following conditions holds

A1. Every cycle of G containing (s,t,r) contains a separated station of G.

A2. $t \in T(H)$ and G-route of t is of the form

... ⓢ →ᵗ ... ⓟ →ᵗ ⓠ ...

where $p \notin INT(H)$ and q is the H-input station of t.

A3. $t \notin T(H)$ and there exists u of T(H) such that G contains the following c-tree

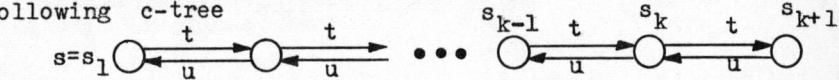

where s_k, $k \geq 2$, is the H-input station of u and $s_1,\ldots,s_{k-1}$ are H-interior stations.

Then G is said to be an <u>A-graph</u>. □

The A-graphs family has a very interesting property from our view-point.

Theorem 6
An A-graph contains no mc-section excepted c-trees. □

The converse of this theorem does not hold. The graph F of Figure 5.3 is no A-graph however it contains no mc-section excepted c-trees.

Finally we note that critical paths and critical crossings of [JL82] are c-trees. Moreover a lot of examples of [D82] are c-trees, too.

Our considerations involves among others the following new problems
- what can we say about the general structure of mc-sections,
- how we can extend the strategy to the routes containing repeated stations and choices,
- which of mc-sections may be omitted in synchronisation,
- how we can characterize the mc-sections of the rank 'two'.

In [JL82] two ways of translating synchronisation strategy of [JL82] into COSY notation are presented. These methods may be applied in the case of synchronisation presented in this paper, but for lack of

space we do not make it.
All proofs of results of the present paper the reader can find in [K84] . The author is going to publish them in English soon.

6. Acknowledgements

The author would like to thank Ryszard Janicki for his protection, huge help and very inspiring suggestions.

7. References

[BCL81]   Behzad M., Chartrand G., Lesniak-Foster L., Graphs and Digraphs, Wadsworth International Group, Belmont, 1981.

[D82]   Devillers R., The Train Set Strikes Again !, Report ASM/105, Comp. Lab., Univ. of Newcastle upon Tyne, 1982.

[JL82]   Janicki R., Lauer P.E., Towards a Solution of the Merlin-Randell Problem of Train Journeys, Report ASM/95, Comp. Lab., Univ. of Newcastle upon Tyne, 1982.

[K84]   Koutny M., On the Merlin-Randell Problem, Ph. D. Thesis, Institute of Mathematics, Warsaw Technical University, 1984, (in Polish).

[MR78]   Merlin P., Randell B., Notes of Deadlock Avoidance on the Train Set, Report MRM/144, Comp. Lab., Univ. of Newcastle upon Tyne, 1978.

[R78]   Randell B., Safe Train Journeys, Report MRM/139, Comp. Lab., Univ. of Newcastle upon Tyne, 1978.

[S79]   Shields M.W., COSY Train Journeys, Report ASM/67, Comp. Lab., Univ. of Newcastle upon Tyne, 1979.

UN SYSTEME D'AIDE
A LA PREUVE DE COMPILATEURS.

E. Madelaine

INRIA
centre de Sophia-Antipolis
route des lucioles
06560 VALBONNE

RESUME

Nous présentons un système de preuve de compilateurs, fondé sur le formalisme des types abstraits algébriques et sur le démonstrateur de théorèmes LCF. Un compilateur est spécifié par une fonction de représentation entre deux types abstraits algébriques. Le système produit des conditions de correction de la représentation et un ensemble de théories LCF dans lesquelles sont menées les preuves. Nous fournissons des stratégies pour mener automatiquement la plus grande partie de la preuve, et des tactiques spécialisées pour la terminer interactivement.

1. INTRODUCTION

Notre système est associé au métacompilateur Perluette [Des 82]. Ce système produit des compilateurs à partir d'une sémantique des langages source et objet exprimée en termes de types abstraits algébriques, enrichis par les notions d'état et de modifications. Le métacompilateur utilise aussi d'autres données: les descriptions syntaxiques et lexicales des deux langages, des équations sémantiques pour le langage source et une description de la production de code, permettant de produire les phases d'analyse et de génération de code du compilateur.

Nous nous intéresserons essentiellement ici à la partie centrale du compilateur, celle qui traduit un terme du type abstrait source en un terme du type abstrait objet. Cette traduction est spécifiée par une fonction de représentation. Prouver que le compilateur est correct signifie ici prouver que le type abstrait source est correctement représenté par le type abstrait objet, via la fonction de représentation. Nous définirons au chapitre 2 la notion de représentation correcte des types abstraits et des modifications.

Notre système peut espérer résoudre par des stratégies standard la preuve d'une grande partie des conditions de correction. La preuve des autres reste un travail interactif très long. Il est indispensable de disposer d'un système de manipulation de types abstraits, permettant de corriger les spécifications. Ce système, SYSMAT, est en cours de développement. Notons que les spécifications utilisées sont souvent très grosses: On obtient facilement plusieurs centaines d'axiomes pour la description d'un compilateur "jouet". Un exemple en vraie grandeur comportera plusieurs milliers d'axiomes. L'interêt essentiel du formalisme des types abstraits par rapport aux autres sémantiques des langages de programmation réside dans ce point: Notre méthode amène naturellement à une preuve très modulaire. Les formules manipulées sont souvent assez courtes, et restent très lisibles.

Nous exposons au chapitre 2 les bases théoriques de notre travail. On en trouvera une version complète dans [EM 83]. Nous supposons que le lecteur est déjà familier avec le formalisme des types abstraits. Le lecteur curieux pourra consulter par exemple [GH 78] ou [Gau 80] pour une introduction aux type abstraits algébriques, [WB 81] pour une présentation plus formelle de leur sémantique en termes de treillis d'algèbres partielles, [SW 82] pour les problèmes de types paramétrés et de contraintes hiérarchiques, [EKMP 80] et [SW 82] pour les représentations.

2. LE FORMALISME.

2.1. TYPES ABSTRAITS ALGEBRIQUES.

Notre méthode de présentation de types abstraits est proche de celle proposée par Guttag [GH 78] qui est bien adaptée au cas de la compilation. Il s'agit de présentations hiérarchiques, bâties à partir d'un type Logique prédéfini. Nos axiomes seront des formules conditionnelles positives. Tous nos types comporteront un prédicat d'égalité (noté =), coincidant par définition avec la congruence du type, et une opération Si-Alors-Sinon. Les cas d'erreurs sont spécifiés par des restrictions.

La forme de nos spécifications assure que l'ensemble des modèles du type abstrait associé est un treillis complet ([WB 80]). Aux approches initiales (Goguen, groupe ADJ ...), ou terminales (Kamin, Wand), nous préfèrerons, avec [WB 80] et [SW 82], définir la sémantique d'un type comme l'ensemble de tous ses modèles. C'est la solution la mieux adaptée à la sémantique des langages de programmation: La définition d'un langage n'est jamais complète (avez-vous déjà étudié la norme ISO de Pascal?), deux compilateurs d'un même langage ont souvent des comportements différents et nous voulons pouvoir donner une spécification unique pour un langage. La sémantique d'un langage étant un ensemble de modèles, la sémantique d'un compilateur sera une représentation, c'est à dire une simulation de CERTAINS de ces modèles par des modèles du langage objet. En d'autres termes, une représentation sélectionne un sous-ensemble des modèles du type représenté (Notons qu'en dehors du domaine de la compilation, cette notion de sélection est parfaitement adaptée au cas de la programmation par raffinement successifs, où l'on raffine petit à petit la spécification du type jusqu'à obtenir un modèle unique). Au niveau du langage machine, donner une spécification complète du type objet obligerait à décrire presque toute la machine, avec sa gestion de fichiers, ses entrées/sorties... Nous préfèrerons donner une description incomplète (c'est à dire acceptant plusieurs modèles), mais suffisante pour ce qui nous intéresse du langage objet.

Ajoutons un argument plus technique au choix de notre sémantique: Aucun des formalismes proposés en sémantique initiale n'est correct et utilisable pour traiter des erreurs ([Pla 82], [BGa 82]). Nous utiliserons la notion d'algèbre partielle proposée par Broy et Wirsing ([BW 82]). Aux opérations de la signature du type sont associées des fonctions partielles, dont le domaine de définition est spécifié par un prédicat de définition "D". Broy, Pair et Wirsing ont montré, dans [BPW 82], comment on peut associer un type abstrait total à tout type partiel, et construire pour ce type total un système formel consistant et complet vis à vis des modèles (partiels) du type partiel.

2.1.1. SPECIFICATION DES ERREURS

Nous utilisons deux sortes de restrictions: Les **préconditions** sont plutôt adaptées aux erreurs statiques: nous les utilisons en produisant dans le terme source une conditionnelle englobant l'opération concernée. Les **cas d'échec**, par contre, sont destinés à être traités lors de la représentation: ce sont la plupart du temps des erreurs dynamiques.

Considérons par exemple un type **Pile-Bornée**, spécifié de la façon suivante:

    Type Pile-Bornée
    Ancêtres Entier
    Sortes PB

Opérations
  () -> PB : Pilevide
  (PB, Entier) -> PB : Empiler
  (PB) -> PB : Dépiler
  (Pb) -> Entier : Sommet, Haut

Restrictions
  Pré (Dépiler; P) == Non (Haut P < 1)
  Pré (Sommet; P) == Pré (Dépiler; P)
  Echec (Empiler; P,x) <== Haut P >= 100
  Echec (Empiler; P,x) ==> Haut P >= 50

Axiomes
  Haut Pilevide == 0
  Haut (Empiler (P,x)) == Succ (Haut P)
  ....
Fin Pile-Bornée

Le terme source correspondant à l'instruction: **P1 := liberer P;**

sera par exemple:

   Affecter (Pile 'P1', Si Non (Haut (Pile 'P') < 1)
              Alors Dépiler (Pile 'P')
              Sinon Mess-erreur "Libération de pile vide"
              Finsi)

(Ce sont les équations sémantiques qui produisent les termes sources, et en particulier les portions de terme source qui traitent les préconditions. Pour plus de détails sur cette partie du métacompilateur, voir [Des 82]).

Les deux cas d'échec sur l'opération **Empiler** spécifient les débordements de pile. Le second est un cas d'echec optionnel: il ne signifie pas qu'empiler sur une pile de hauteur 50 est une erreur, mais qu'il ne peut pas se produire d'erreur de débordement sur des piles plus petites. En fait nous n'imposons pas de hauteur de pile particulière et c'est au moment de spécifier une implantation du type abstrait que l'on choisira une hauteur de pile, dans les limites fixées par les cas d'échec.

2.1.2. LE SYSTEME FORMEL ASSOCIE.

A chaque type abstrait partiel spécifié par des restrictions, nous associons un système formel utilisable pour faire des preuves valides dans les modèles (partiels) de ce type. Donnons quelques unes des formules obtenues pour le type **Pile-Bornée**; d'abord des formules relatives aux restrictions, puis la traduction des deux axiomes que nous avons vu plus haut:

$D\ (Pilevide)$

$D\ (Depiler\ P) <=> D(P) \wedge (NON\ (Haut\ P < 1) == VRAI\ )$

$D\ (Empiler\ (P,x)) => D(P) \wedge D(x) \wedge (Haut\ P \geq 100 == FAUX\ )$

$D\ (Empiler\ (P,x)) <= D(P) \wedge D(x) \wedge (Haut\ P \geq 50 == FAUX\ )$

$Haut\ Pilevide == 0$

$D(P) \wedge D(x) \wedge D\ (Haut\ (Empiler\ (P,x)))$
$\qquad => Haut\ (Empiler\ (P,x)) == Succ\ (Haut\ P))$

Donnons maintenant la construction complète du système formel:

Propriétés générales de la congruence et du prédicat de définition:

$t == t$

$t == t' \wedge t' == t'' => t' == t''$

$$\frac{D(t), E}{E\ [t/x]}$$

$$\frac{A => B_i\ ,\ \bigwedge_i B_j => C}{A\ \bigwedge_{j \neq i} B_j => C}$$

$D(x) \wedge x == x' => D(x')$

La substitutivité pour chaque opération de la présentation:

$\bigwedge_i t_i == t'_i => f(t_1, \cdots t_n) == f(t'_1, \cdots t'_n)$

Les règles relatives aux restrictions:
Pour chaque opération f soumise à des préconditions $\{P_i\}$,
  des cas d'échecs $\{R_j\}$
  et des cas d'échecs optionnels $\{O_k\}$

$D(f(x_1 \cdots x_n)) <=> \bigwedge_{l=1..n} D(x_l)$

$\bigwedge_i (P_i == VRAI) \bigwedge_j (R_j == FAUX) \bigwedge_k (O_k == FAUX)$

Et pour chaque axiome de la présentation, son transformé:

$\bigwedge_i t_i == t'_i => t == t'$

$$\|\atop\vee$$

$\bigwedge_k D(x_k) \wedge D(t) \bigwedge_i (D(t_i) \wedge t_i == t'_i) => t == t'$

Lorsque l'on ne considère que des opérations strictes, on obtient le résultat suivant ([BPW 82]):

Théorème de complétude et de consistance:
Notons π le système formel associé à un type partiel $<\sum,E>$.
et $PALG<\sum,E>$ l'ensemble des modèles partiels de ce type.

$\pi \vdash D(t) <=> \forall A \in PALG<\sum,E>, A \models D(t)$
$\pi \vdash D(t) => (\pi \vdash t == t' <=> \forall A \in PALG<\sum,E>, A \models t == t')$

Ce résultat n'est pas directement applicable à notre cas, puisque nous avons une opération Si-Alors-Sinon dans la signature de chaque sorte. On trouvera quelques résultats plus généraux dans [Ben 83]. En attendant des résultats complets, nous utiliserons le système ci-dessus, avec les règles suivantes pour le Si-Alors-Sinon:

Si VRAI Alors x Sinon y == x
Si FAUX Alors x Sinon y == y
D(Si b Alors x Sinon y) => D(b)
D(b) => b == VRAI $\vee$ b == FAUX

2.2. REPRÉSENTATION.

Nous avons déjà dit qu'une représentation est, au niveau sémantique, une construction permettant de sélectionner certains modèles du type source, à partir des modèles du type objet.

Au niveau syntaxique, c'est un morphisme de signatures faisant correspondre à chaque opération source une opération objet. Pour en simplifier l'écriture, nous autorisons des spécifications de la forme:

$$\rho f (x_1 \cdots x_n) == t (\rho x_1 \cdots \rho x_n)$$

où t est un terme ne comprenant que des opérations du type objet et les représentations des arguments de l'opération à représenter. Cette formule décrit implicitement un enrichissement du type objet par une opération g, image de f par le morphisme de représentation ρ, et telle que $g (y_1 \cdots y_n) == t (y_1 \cdots y_n)$.

Ce genre de représentation n'étant pas toujours suffisant, on pourra aussi utiliser des opérations auxiliaires de représentation. Ces opérations peuvent être définies récursivement, et donnent donc une plus grande puissance d'expression. De la même façon, elles correspondent à un enrichissement implicite du type objet. Pour préserver la correction de la construction, nous imposons que leurs définitions satisfassent des conditions de complétude suffisante et de consistance par rapport au type objet.

[EKMP 82] proposait une construction encore plus générale de la représentation, comprenant une phase de synthèse de nouvelles sortes. Nous préférerons, si cela est nécessaire, construire explicitement un enrichissement du type objet, appelé type auxiliaire, comportant les sortes auxiliaires utiles à la représentation. On trouvera ainsi dans [Mad 83] un exemple avec une sorte "liste d'adresses".

Toutes ces constructions nous permettent de nous ramener, **au niveau sémantique**, au cas simple où la représentation est un morphisme de signatures. La construction sémantique consiste alors à *simuler* un modèle du type source à partir de chaque modèle du type objet ([SW 82]). Ceci se fait en trois étapes:

* On part d'un modèle A' du type objet, on *renomme* par ρ les sortes et opérations de A', oubliant celles qui ne servent pas à la représentation.

* On *restreint* alors les supports restants, éliminant les éléments qui ne représentent aucun objet du type source (si la construction est possible, c'est l'image du modèle initial du type source par un certain morphisme unique).

* Enfin on *identifie* les éléments représentant un même objet du type source: c'est un quotient par les axiomes du type source.

Définition: La représentation est correcte si cette construction est possible pour tous les modèles du type objet.

Remarquons que les deux dernières étapes correspondent respectivement aux notions d'invariant de représentation et de représentation de l'égalité de [Gut 76].

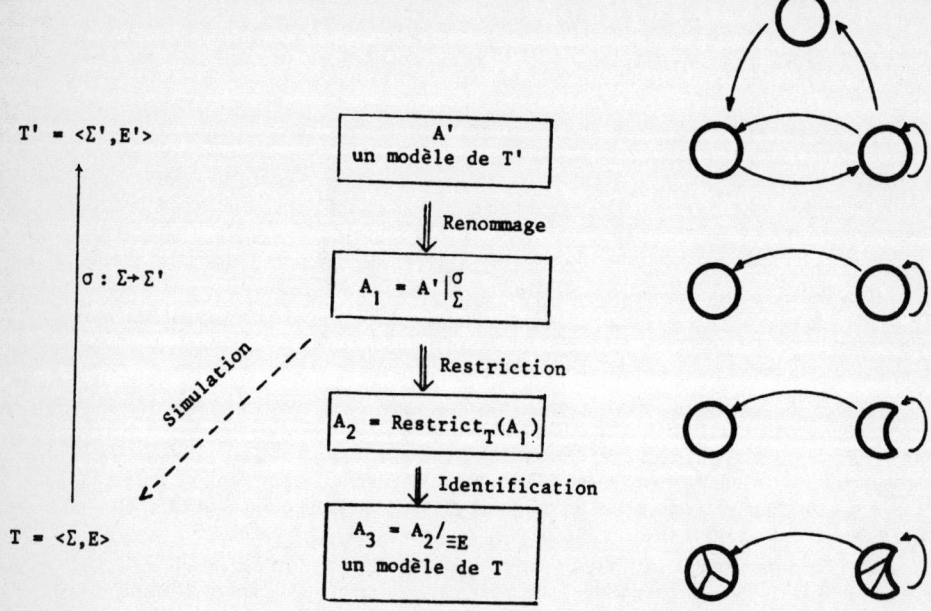

Construction sémantique de la représentation selon [EKMP 80]

La définition ci-dessus constitue une *condition sémantique* de correction de la représentation. Elle n'est, bien sur, pas utilisable telle qu'elle dans un système de preuve.

Propriété: *Conditions pratiques de correction de la représentation:*

Considérons un type source $<\sum,E>$, un type objet $<\sum',E'>$, une représentation ρ définissant implicitement un type auxiliaire $<\sum'+\sum'',E'+E''>$.

La représentation $<\sum,E> \overset{\rho}{\leadsto} \rho <\sum',E'>$ est correcte si et seulement si:

(i) ρ est suffisamment complète par rapport à $\sum$ (toutes les opérations sources sont représentées).

(ii) $<\sum'+\sum'',E'+E''>$ est suffisamment complet et consistant par rapport à $<\sum',E'>$.

(iii) Pour chaque sorte de $\sum$, la représentation de l'égalité est une $\sum'$-congruence.

(iv) Les équations du type source sont *conservées*:
pour tout axiome $\bigwedge_i t_i == t'_i => t == t'$ on doit avoir:

$$\bigwedge_i \rho(t_i)\, \rho(=)\, \rho(t'_i) == VRAI => \rho(t)\, \rho(=)\, \rho(t') == VRAI$$

(v)   Les erreurs sont correctement représentées: Tout terme source correct (c'est à dire défini) est représenté par un terme objet correct. Tout terme source erroné est représenté par un terme objet erroné (Dans le cas de la compilation, on fera une analyse plus fine de ces conditions, en distinguant préconditions et cas d'échec -cf [Mad 83]-).

Nous montrons dans [Mad 83] que ces conditions sont nécessaires. Qu'elles soient suffisantes est encore une conjecture, très vraisemblablement fausse en sémantique initiale, et vraie dans l'approche hiérarchique. Il reste que ce sont des conditions vérifiables soit par des critères syntaxiques, soit à l'aide d'un démonstrateur de théorèmes.

2.3. MODIFICATIONS ET ETATS.

Nous donnons ici un aperçu des résultats sur les états et les modifications, suffisant pour comprendre les conditions de correction de la représentation des modifications. Pour une étude plus approfondie, nous renvoyons le lecteur à [Gau 82] et [Mad 83].

La sémantique d'une instruction ou d'un programme n'est en fait pas un type abstrait algébrique, mais une modification. Les types abstraits servent à donner la sémantique des structures de données du langage, nombres, tableaux, identificateurs, types, registres, adresses... Pour chacune de ces structures, nous définissons un type de base, et un type modifiable, enrichissement du précédent par un ensemble d'opérations modifiables, dont la spécification dépend de l'état du programme (par exemple la valeur d'une variable, le contenu d'une adresse ou d'un registre). Un état est un modèle du type modifiable, et peut être considéré comme un ensemble fermé d'équations. Une modification fait passer d'un état à un autre, en changeant la spécification des opérations modifiables.

Les modifications élémentaires correspondent aux instructions de base du langage, et sont définies à l'aide d'une modification primitive: la substitution. La substitution **subst**$(f(\lambda), \mu)$ change au point λ la valeur de l'opération modifiable f. Aux structures de contrôle du langage (séquences, boucles, sauts...) correspondent des modifications composées, spécifiées par des axiomes.

En plus de la correction de la représentation du type de base, il nous faut donc prouver que les états et les modifications sont correctement représentés. Il faut montrer que:

-1-   Le type de base source est correctement représenté (via ρ) par le type de base objet.
-2-   L'état de départ source est correctement représenté par l'état de départ objet (soit le type de base augmenté des axiomes donnant les valeurs initiales de certaines opérations modifiables).
-3-   Les modifications élémentaires sont correctement représentées: pour toute modification M:

$$S \rightsquigarrow \rho\, s => Appl(M,S) \rightsquigarrow \rho\, appl(\rho M, s)$$

-4-   Les axiomes définissant les modifications composées sont conservés.

C'est le point 3 qui est le plus délicat. Nous utiliserons pour sa preuve deux théorèmes de représentation des modifications. Donnons le plus général:

Théorème (preuve dans [Mad 83])

Soient une opération modifiable f, une modification M, un état source S
tels que:
   M == Subst (f(λ),μ) où λ et μ peuvent être modifiables
   ρ(f) == g où g est une opération modifiable objet éventuellement complexe
   S est correctement représenté par un état objet s
Si
1) ρM *assure sa définition*, c'est à dire
   $\forall$ a, $\forall$ b, EVAL (ρ λ,s) == a
   $\wedge$ EVAL (ρ μ,s) == b
   => EVAL (g(a),appl(ρM,s)) == b

2) ρM *n'a pas d'autre effet* sur ρ, c'est à dire
   pas d'autre effet sur f ailleurs qu'en EVAL(λ,S) et
   pas d'effet sur les autres opérations modifiables.

3) ρM *conserve l'injection faible* de ρ, c'est à dire
   la séparation des domaines des représentations des opérations
   modifiables.

Alors
Appl(M,S) est correctement représenté par appl(ρM,s)

Dans la première condition, EVAL($\rho\lambda$,s) == a signifie que la formule $\rho\lambda$ == a appartient à l'état s et que a est un terme ne comportant pas d'opération modifiable. Le point difficile ici est que si $\rho\lambda$ ou $\rho\mu$ comporte des opérations modifiables, celles-ci peuvent être modifiées par ρM (qui peut être une modification complexe). $\rho\lambda$ et $\rho\mu$ doivent donc être évalués dans l'état précédant la modification, et le résultat g(a) dans l'état final. Nous verrons au chapitre 3.2 comment on prouve ce genre de formules.

Avant de récapituler notre méthode de preuve, il nous faut mentionner une technique utilisée dans la preuve de certaines formules, en particulier au niveau du type de base, qu'il s'avère parfois impossible de prouver directement, c'est à dire statiquement, dans tout état. Nous ferons alors une preuve dynamique, dite *par invariants de représentation*. Ces invariants (qui n'ont que peu de chose à voir avec ceux de Guttag) peuvent être utilisés pour prouver certaines conditions de correction, et il faut montrer d'une part qu'ils sont vrais dans l'état de départ, d'autre part qu'ils sont conservés par la représentation de chaque opération modifiable élémentaire source.

2.4. METHODE DE PREUVE.

Nous avons maintenant tous les éléments pour récapituler nos conditions de correction:

-1- Correction de la représentation du type de base, au sens du chapitre 2.2. Cette phase amènera à définir des invariants de représentation.

-2- Correction de la représentation des opérations modifiables:
   - les opérations modifiables sont représentées par des opérations modifiables éventuellement complexes.
   - les égalités sur les domaines des opérations modifiables sont représentées par les égalités des sortes objets correspondantes.

Ici aussi, on peut avoir besoin d'invariants de représentation.

-3- Représentation de l'état de départ:
- conservation des axiomes initiaux
- injectivité faible dans l'état de départ
- validité des invariants dans l'état de départ
-4- Représentation des modifications élémentaires.
-5- Conservation des axiomes spécifiant les modifications composées.
-6- Les erreurs sur les modifications sont correctement représentées (Au même sens qu'en 2.2).

3. LE SYSTEME DE PREUVE.

Pour faire des preuves dans un système de démonstration général, il faut spécifier la théorie dans laquelle on travaille. Ceci peut se faire par des axiomes ou par des règles d'inférence. Ces deux approches peuvent être considérées comme duales. Dans LCF, il y a d'ailleurs plusieurs méthodes pour construire des règles d'inférence à partir d'axiomes, ou, moins directement, pour construire à partir des axiomes des tactiques de preuve capables de produire la règle d'inférence désirée (celle qui applique le ou les axiomes considérés à un but particulier).

La tactique de réécriture en est le meilleur exemple [Pau 83]: elle est paramétrée par une liste d'axiomes (ou plus généralement de théorèmes) qui doivent être d'une forme acceptable, soit au choix:

$t == t'$

$\bigwedge_i h_i => t == t'$

$w <=> w'$

$\bigwedge_i h_i => w <=> w'$

où t et t' sont des termes et w, w' et h_i des formules du premier ordre.

De même, les règles d'inférences d'analyse par cas, et les tactiques correspondantes doivent être construites à partir d'un axiome de disjonction ($\bigvee_i w_i$).

3.1. IMPLANTATION EN LCF DES TYPES ABSTRAITS.

En LCF, pourtant, le parallèle entre axiomes et règles d'inférence n'est pas complet: une théorie (ou un "calcul") est spécifié par une signature (ensemble de types, et ensemble d'opérateurs) et par un ensemble d'axiomes, mais on ne peut pas avoir de règles d'inférence locales à une théorie (Sauf celles fabriquées à partir des axiomes, par une procédure générale).

Nous utilisons donc des règles d'inférence pour coder les propriétées générales de notre formalisme, et tout ce qui est local à un type abstrait est traduit par des axiomes. A chaque type de la hiérarchie, y compris aux modifications, correspond une théorie LCF.

Donnons à titre d'exemple une portion de la théorie associée au type Pile-Bornée:

new-parent 'Entier';;
new-type 0 'PB';;

map new-operator [
    'Pilevide`,":PB";
    'Empiler', ":PB # Entier -> PB";
    'Dépiler', ":PB -> PB";
    'Sommet', ":PB -> Entier";
    'Haut', ":PB -> Entier"];;

map new-axiom [
    'R-Pilevide`,"~ Pilevide == UU";
    'R-Dépiler',"~ Dépiler P == UU
        <=> ~ P == UU $\wedge$ NON (Haut P < 1) == VRAI"; ...];;

map new-axiom [
    'PB-1',"Haut Pilevide == Zéro";
    'PB-2',"!P:PB. !x:Entier.
        ~ P == UU
     $\wedge$ ~ x == UU
     $\wedge$ ~ Haut (Empiler (p,x)) == UU
    => Haut (Empiler (P,x)) == Succ (Haut P)"; ...];;

make-theory 'Pile-Bornée`;;

3.2. REGLES D'INFERENCE ET TACTIQUES POUR LES MODIFICATIONS.

Les modifications d'un langage source sont souvent représentées par des séquences plus ou moins longues de modifications objet, appelées macros de représentation. Pendant la phase de construction automatique des théories LCF, nous construisons pour chaque macro une formule caractérisant son comportement.

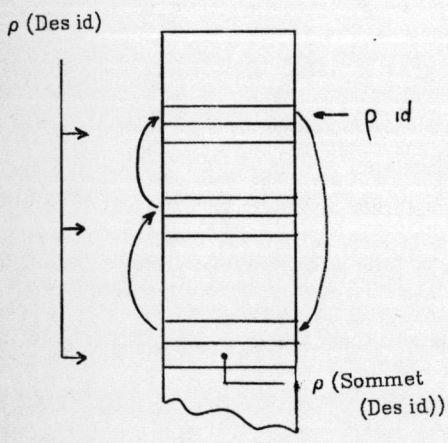

Prenons un exemple extrait de [Mad 83]. Il concerne des piles de variables automatiques "à la PL1", que l'on peut allouer ou libérer à volonté. Elles sont implantées par des structures chaînées, allouées dynamiquement dans la mémoire. A chaque identificateur est associé une pile par l'opération modifiable **Des**, et le contenu courant de cette pile est rendu par l'opération modifiable **Sommet**. Pour chaque nouvelle instance d'un identificateur correspond en mémoire deux adresses contigues. La première contient le lien de chainage, et la seconde la valeur de cette instance de l'identificateur. Le registre **sommet** contient la première adresse mémoire libre.

ρ(Allouer id) == macro-étendre (ρ id)
   == SEQ (ranger (cr sommet, cm(ρ id)),
           ranger (ρ id, cr sommet),
           charger (sommet, cr sommet + 2))

macro-étendre (ad) == SEQ (subst(cm (cr sommet), cm ad),
                           subst(cm ad, cr sommet),
                           subst(cr sommet, cr sommet + 2))

L'étude de l'effet de cette macro nous oblige à distinguer des cas selon les valeurs des différentes adresses qui interviennent. Plus généralement, l'ensemble des sous-termes modifiables mis en jeu par une macro constitue un domaine fini sur lequel on peut énumérer l'ensemble des congruences.

Ici le domaine des registres ne pose pas de problèmes, seul **sommet** intervient. Notant **s** l'état avant exécution de **macro-étendre**, l'ensemble des adresses qui nous interessent est:

$EVAL$ ($cr\ sommet, s'$)   == $a\,1$
$EVAL$ ($cm\ ad, s'$)   == $a\,2$
$EVAL$ ($cm\ a\,1, s'$)   == $a\,3$
$EVAL$ ($cm\ a\,2, s'$)   == $a\,4$

Un invariant de représentation nous permet de restreindre l'étude:

$\left. \begin{array}{l} ad < cr\ sommet \\ cm\ ad < cr\ sommet \end{array} \right| => \begin{array}{l} ad \neq a\,1 \\ a\,2 \neq a\,1 \end{array}$

Il reste deux congruences possibles sur le domaine des adresses:

{a1, a2, ad} et {a1, (a2 = ad)}

Dans chacun des cas, on peut alors "dérouler" la macro, calculant les valeurs des opérations modifiables dans les états successifs. On obtient dans l'état final s':

$\left\{ \begin{array}{ll} EVAL\ (cr\ sommet, s') & == a\,1 + 2 \\ EVAL\ (cm\ ad, s') & == a\,1 \\ EVAL\ (cm\ a\,1, s') & == a\,2 \\ EVAL\ (cm\ a\,2, s') & == a\,4 \end{array} \right.$

et $\left\{ \begin{array}{ll} EVAL\ (cr\ sommet, s') & == a\,1+2 \\ EVAL\ (cm\ ad, s') & == a\,1 \\ EVAL\ (cm\ a\,1, s') & == ad \end{array} \right.$

Les deux cas peuvent alors se regrouper. Le résultat final de la procédure de caractérisation est le théorème qui suit. Dans notre système, cette règle d'inférence est appliquée automatiquement, pour chaque macro de représentation. Elle produit un théorème adapté aux différentes tactiques de preuve sur les modifications: tactiques associées aux théorèmes de représentation, tactiques pour prouver qu'une modification est sans effet...

appart (ad < (cr sommet), VRAI, s) == VRAI
∧ appart ((cm ad) < (cr sommet), VRAI, s) == VRAI
=>
!a1 a2: adresse.
EVAL (cr sommet, s) == a1
∧ EVAL (cm ad, s) == a2
=>
EVAL (cr sommet, appl (macro-étendre ad, s)) == a1 + 2
∧ EVAL (cm ad, appl (macro-étendre ad, s)) == a1
∧ EVAL (cm a1, appl (macro-étendre ad, s)) == a2
∧ SANS-EFFET-SUR-OMO (cond, (), macro-étendre ad) == VRAI
∧ SANS-EFFET-SUR-OMO-SAUF−EN (cr, sommet, macro-étendre ad) == VRAI
∧ SANS-EFFET-SUR-OMO-SAUF-EN (cm, [a1; ad], macro-étendre ad) == VRAI

3.3. TACTIQUES ET STRATEGIES

Tactiques standard de LCF, règles d'inférences et tactiques spécialisées sont des éléments qui peuvent être appliquées un par un, interactivement, mais aussi au sein de stratégies de preuve plus complexes. En particulier lors d'une première tentative de preuve, menée automatiquement par le système sur chacune des conditions de correction, puis à chaque itération du processus de preuve, lorsqu'une correction des spécifications rend nécessaire de refaire complètement la preuve. Ici on peut envisager deux méthodes: on peut mémoriser, pour chaque formule prouvée avec succès, soit la tactique (composée) employée pour la preuve, soit la fonction de preuve elle-même, c'est à dire seulement la procédure qui construit le théorème en question. Bien que cette dernière méthode soit plus efficace lorsqu'il s'agit de refaire exactement la même preuve, nous préférons la première: dans un certain nombre de cas, la preuve à faire sera légèrement différente, puisqu'on aura modifié les théories. Il est alors probable que la même tactique parvienne quand même à résoudre le nouveau problème, là où la fonction de preuve aurait échoué.

Donnons un exemple d'une de ces tactiques, tiré de la preuve du compilateur spécifié dans [Mad 83]:

La conservation de l'axiome: *Etendue (Etendre P) == VRAI*
s'écrit en ML:

#setgoal "~ P == UU => ρ (Etendue (Etendre P)) == VRAI";;

% setgoal est une fonction du système de gestion de preuve qui initialise le but courant de la preuve. Pour plus de détails sur la syntaxe de LCF voir [LCF 79] et [Pau 83a]. %

La première étape est une réécriture par un ensemble de règles bien choisies (Le système construit l'ensemble des axiomes susceptibles d'être utilisés dans la première passe de réécriture):

#let Pile-SS =
 ["ρ (Etendue P) == un ≤ pred (long (ρ P))";
  "ρ (Etendre P) == préfixe (succ (long ρ P), SEQ (BASE (ρ P)))";
  "~ s == UU => long (préfixe (i,s)) == i";
  "pred (succ i) == i"; ...]

Appliquons cette réécriture au but courant (en fait, ici, le système la tente automatiquement):

   #expand (ASM-REWRITE-TAC Pile-SS)
   ["1 ≤ succ (long (ρ P)) == VRAI"] : subgoal list

   #expand (SUBGOAL-TAC "!j:nat. 1 ≤ j == VRAI => 1 ≤ succ j == VRAI"]

% Démontrons indépendamment cette propriété sur les entiers. On traitera les deux sous-buts dans un ordre quelconque. Présentons les donc en parallèle. %;;

["1≤j == VRAI => 1≤succ j == VRAI"]
#expand ((nat-STRUC-TAC "j") THEN
(ASM-REWRITE-TAC nat-SS));;

[TRUTH]

% Il est souvent utile de faire une passe de réécriture juste après une induction structurelle: les sous-buts faciles n'y résistent pas. Ici d'ailleurs les deux sous-buts (pour j = zéro et j = succ j') sont immédiatement résolus. %

["1≤long (ρ P) == VRAI"]

#expand ((Pile-STRUC-TAC "P")
THEN
(ASM-REWRITE-TAC Pile-SS));;

["1≤ pred (long (ρ P')) == VRAI"
 . $\vdash$ P == Raccourcir P'
 . $\vdash$ 1 ≤ long (ρ P') == VRAI]

% Ces deux derniers théorèmes sont les hypothèses ajoutées par la tactique d'induction structurelle.

Plutôt que de résoudre ce but par une tactique, nous allons construire le théorème correspondant ("forward-proof"). Nous utilisons une règle d'inférence spécialisée dans le traitement des préconditions. %

#let th1 = PREC-RULE ("Raccourcir",
" $\vdash$ ~ Raccourcir P' == UU");;

" $\vdash$ Etendre P' == VRAI" : thm

#let th2 = REWRITE-RULE Pile-SS
(APTERM "ρ" th1);;

" $\vdash$ 1≤ pred(long(ρ P')) == VRAI":thm

#expand (ACCEPT-TAC th2);;

[TRUTH]

L'utilisateur, qui a mis un certain temps, devant son terminal, à découvrir cette preuve, n'a certainement pas envie de refaire ce travail, sur cette formule, plusieurs fois. Il doit donc utiliser les connecteurs de tactiques ("tacticals") pour la mémoriser dans le fichier de preuve:

```
(ASM-REWRITE-TAC Pile-SS)
THEN (SUBGOAL-TAC "!j:nat. 1 ≤ j == VRAI => 1 ≤ succ j == VRAI")
THENL [(nat-STRUC-TAC "j") THEN (ASM-REWRITE-TAC nat-SS);
    (Pile-STRUC-TAC "P") THEN (ASM-REWRITE-TAC nat-SS)
        THEN (ACCEPT-TAC
            (REWRITE-RULE Pile-SS
                (PREC-RULE
                    "Raccourcir", "⊢ ~ Raccourcir P' == UU"))))]
```

4. CONCLUSION

Nous avons présenté un système d'aide à la preuve de compilateurs lié au métacompilateur Perluette. La portée de notre travail dépasse ce cas particulier: certaines parties peuvent être appliquées au cas beaucoup plus général de la preuve de correction de la représentation des types abstraits algébriques.

Sur le plan théorique, nous avons extrait des travaux récents sur le problème de la correction de la représentation des types abstraits un formalisme bien adapté au cas de la sémantique des langages de programmation et de leurs compilateurs. Nous avons également pu formaliser la notion de préconditions de Guttag dans le cadre des algèbres partielles de Broy et Wirsing. Il reste encore de nombreux problèmes ouverts, en particulier:

- L'extension du système formel de Broy et Wirsing au cas où l'on a des opérateurs non stricts.
- La recherche de conditions pratiques utilisables dans un système de preuve pour la correction de la représentation des types paramétrés.
- L'obtention d'un formalisme simple capable de rendre compte du rattrapage d'erreurs, et du traitement des exceptions dans les types abstraits.

Sur un plan plus pratique, nous avons une méthode d'implantation de nos types abstraits (et des modifications) dans des théories LCF. Nous avons développé des règles d'inférence et des tactiques spécialisées pour faire des preuves tant dans les types abstraits que dans les modofications. Enfin nous avons conçu un système permettant la génération des théories LCF, et des ensembles de conditions de correction à partir des spécifications du compilateur. Ce système gère en outre toute une partie automatisée de la preuve de correction, les parties plus difficiles de la preuve étant guidées par l'utilisateur.

Enfin il faudra passer un exemple en vraie grandeur, ce qui ne manquera pas de poser des problèmes d'efficacité, et vraisemblablement de remettre en cause certains choix techniques. Nous attendons beaucoup, par exemple, d'une expérimentation avec la spécification du compilateur Pascal-Pcode de [JDes 82].

5. BIBLIOGRAPHIE

[Ben 83]   C.BENOIT: "Axiomatisation des tests et systèmes complets de preuve." *Thèse de 3ème cycle*, LITP, Université de Paris-7, 1983.

[BGa 82]   M.BIDOIT, M.C. GAUDEL: "Etude des méthodes de spécification des cas d'exceptions dans les types abstraits algébriques." CGE, Laboratoires de Marcousis, Décembre 1982.

[BPaW 82]   M.BROY, C.PAIR, M.WIRSING: "A systematic study of models of abstract data types." Nancy, 1981.

[BW 82]   M.BROY, M.WIRSING: "Partial abstract types." *Acta informatica No 18*, 1982.

[Des 82]   Ph.DESCHAMP: "Perluette : a compiler's producing system using abstract data types." *5th Intern. Symp. on Programming, LNCS 137*, Turin, Avril 1982.

[J.Des 82]   J.DESPEYROUX: "Une sémantique algébrique de Pascal et application à la spécification d'un compilateur Pascal-P-code." *Thèse de 3ème cycle*, Université Paris-Sud, Novembre 1982.

[Ehr 78]   H.D.EHRICH: "On the theory of specification, implementation and parametrization of abstract data types." *Rapport technique, Forschungsbericht*, Dortmund, 1978 et *JACM 29, 1982*.

[EK 82]   H.D.EHRIG, H.J.KREOWSKY: "Parameter passing commutes with implementation of parameterized data types." *Proc. 9th ICALP*, Aarhus, Danemark, 1982.

[EKMP 80]   H.D.EHRIG, H.J.KREOWSKY, B.MAHR, P.PADAWITZ: "Algebraïc implementation for abstract data types." *Theorical Computer Science*.

[Gau 80]   M.C GAUDEL: "Génération et preuve des compilateurs basées sur une sémantique formelle des langages de programmation." *Thèse d'état*, INPL, Nancy, 1980.

[GH 78]   J.V.GUTTAG, J.J.HORNING: "The algebraic specification of abstract data types." *Acta informatica 10, No.1*, 1978.

[Gut 76]   J.V.GUTTAG: "Abstract data types and the developpement of data structures." *CACM, Vol.20, No.6*, 1977.

[Mad 83]   E.MADELAINE: "Un système d'aide à la preuve de compilateurs." *Thèse de 3ème cycle*, INRIA - Paris 7, Septembre 1983.

[Pau 83]   L.PAULSON: "Recent developpement in LCF: examples of structural induction." *Rapport No34*, Université de Cambridge, Janvier 1983.

[Pau 83a]   L.PAULSON: "Rewriting in Cambridge LCF." *Rapport No35*, Université de Cambridge, Fèvrier 1983.

[Pla 82]   D.A.PLAISTED: "An initial algebra semantics for error presentation." Avril 1982.

[SW 82]   D.SANELLA, M.WIRSING: "Implementation of parameterized specifications." *Proc. 9th ICALP*, Aarhus, Danemark, 1982.

[WB 80]   M.WIRSING, M.BROY: "Abstract data types as lattices of finitely generated models." *9th MFCS, LNCS 88*, Berlin, 1980.

[WB 81]   M.WIRSING, M.BROY: "An analysis of semantic models for algebraic specifications." *Int. summer school on the theorical foundations of prog. methodology*, Marktoberdorf, 1981.

Optimized Combinatoric Code for Applicative Language Implementation

Silvio Lemos Meira[‡]
Universidade Federal de Pernambuco, Recife, BRAZIL
and
University of Kent at Canterbury, UK

1. Introduction

Since Backus' Turing lecture was published [Bac78], there has been a worldwide upsurge of interest in applicative languages (**ALs**), of which the **pure** varieties are claimed to be elegant, simple, and to allow relatively easy program specification, transformation and proving. But so far as performance is concerned, there remains a huge gap to be bridged before we can satisfactorily compare ALs and imperative languages (**ILs**).

Unfortunately enough, the source of ALs power and simplicity, i. e., higher order functions, normal order semantics and referential transparency normally lead to very inefficient implementations. Higher Order Functions can be reasonably implemented using a combinator based virtual machine, like SASL's [Tur79a]. In this paper, we are concerned only with the two latter problems. Normal order relates to parameter passing and is translated to call-by-need [FrW76], and referential transparency implies total storage protection.

Storage protection will normally imply that no storage cell to which a pointer is held will ever be rewritten. In order to store results of a computation, new cells are requested from the free list, and old ones abandoned to their own fate. If they are not bound when a garbage collection takes place, they will then be reclaimed. This process guarantees that no over-writing of bound cells occur, by playing safe and not over-writing at all.

The cost implications are obvious. One way to overcome them is the use of reference counting which, in order to cope with many-to-one and cyclic reference problems will then introduce drawbacks of its own.

We suggest that a fixed program combinatoric implementation using one bit cell protection mechanism and *wise* destructive operations could optimize the space usage to a minimum value (Section 5).

On the other hand, call-by-need (**CBN**) ensures that no parameter is evaluated until it is actually needed. Even when *wise* destruction is allowed, **CBN** could prevent it from happening, forcing the retention of closures and the consequent waste of space. By means of a safe transformation of CBN into call-by-value (**CBV**), one could force the evaluation of the parameters **known** to be needed, in a style similar to Mycroft's in [Myc81], thus effectively reducing space usage whenever possible. This result is independent from the implementation technique used.

The algorithms also work in non-flat domains, though this is not exposed here due to space limitations. A further paper [Mei83b] will deal with the subject in full. The transformation algorithms are based on Abstract Interpretation [CoC77,Myc81,Nie82] of combinatoric code, and make no reference whatsoever to the source program. However, we will use KRC to draw a parallel between the implementation and the real world.

2. KRC - The Language and its Use

KRC is a purely applicative, weakly typed language of higher order recursion equations, with some notations from set theory. KRC was designed and implemented by Prof. David Turner of The UniKent, and described in [Tur82]. A formal presentation is to be found in [Mei83a].

KRC scripts are a set of curried functions, like

   sort [ ] = [ ]
   sort $(a : x)$ = *insert* a (*sort* x)

[‡] Supported by the Departamento de Eletrônica e Sistemas, UFPE, Recife, Brazil and CNPq, Brazil. Research Grant Number 200.510/81. Author's current address: Computing Laboratory, UniKent, Canterbury, CT2 7NF, UK. USENET address: srlm@ukc.UUCP

$$\begin{aligned}insert\ a\ [\ ] &= [\ a\ ]\\ insert\ a\ (b:x) &= a:b:x\ ,\ a <= b\\ &= b:insert\ a\ x\end{aligned}$$

defining insertion sort, where [ ] is the empty list, $a:x$ matches the head and tail of a list, : is the infix CONS operator and in right hand sides of the form exp_1, exp_2, the latter is the guard: when it is TRUE, exp_1 is evaluated, otherwise the next equation is. As in the second *insert* equation, pattern matching and guards can be mixed in the same equation. The (Franz) LISP equivalent would be

```
(def sort (lambda (x)
    (cond ((null x) x)
          (t (insert (car x) (sort (cdr x)))))))
(def insert (lambda (a x)
    (cond ((null x) (cons a nil))
          ((< a (car x)) (cons a x))
          (t (cons (car x) (insert a (cdr x)))))))
```

A Peano arithmetic function to add two (natural) positive numbers would be

$$\begin{aligned}add\ x\ y &= x\ ,\ y = 0\\ &= add\ (x+1)\ (y-1)\end{aligned}$$

or, using pattern matching,

$$\begin{aligned}addp\ x\ 0 &= x\\ addp\ x\ y &= addp\ (x+1)\ (y-1)\end{aligned}$$

KRC can deal with infinite objects, such as the sequence 1,2,2,3,3,3,4,4,4,4,... which is generated by the function pair

$$\begin{aligned}seq &= 1:gen\ 2\ 2\\ gen\ 0\ n &= gen\ (n+1)\ (n+1)\\ gen\ k\ n &= n:gen\ (k-1)\ n\end{aligned}$$

In response to the user's input

$$seq\ ?$$

KRC will start printing the above sequence, until it eventually runs out of space. Functions are first class citizens, as in

$$\begin{aligned}map\ f\ [\ ] &= [\ ]\\ map\ f\ (a:x) &= f\ a:map\ f\ x\end{aligned}$$

where f is applied to all members of the list $(a:x)$. The input

$$map\ ('+'\ 1)\ [0\ ..\ 4]\ ?$$

will produce [1,2,3,4,5], where '+' 1 is the *add one* function and [0 .. 4] is the list [0,1,2,3,4].

3. Compiling KRC into Combinators

In [Sch77], Schönfinkel showed how to translate logic into a variable-free language, given the availability of some extra constants (combinators). In [Tur79a], Turner took the idea to the compilation of SASL [Tur79b], an ancestor of KRC. Given three basic combinators, S, K and I, with

$$\begin{aligned}S\ f\ g\ x &= f\ x\ (g\ x)\\ K\ x\ y &= x\\ I\ x &= x\end{aligned}$$

and the (bracket) abstraction (Markov) algorithm

$$\begin{aligned}[\ x\ ]\ (E_1\ E_2) &= S\ ([\ x\ ]\ E_1)\ ([\ x\ ]\ E_2)\\ [\ x\ ]\ x &= I\\ [\ x\ ]\ y &= K\ y\end{aligned}$$

where $y \neq x$, KRC (or any other purely applicative language) can be translated to a SKI-language free of bound variables. Using the algorithm above, the resulting SKI-code grows exponentially in relation to the size of the source program. This can be improved if we use the additional combinators [CFC58]

$$\begin{aligned}B\ f\ g\ x &= f\ (g\ x)\\ C\ f\ g\ x &= f\ x\ g\end{aligned}$$

and optimization rules

$$S\ (K\ E_1)\ (K\ E_2) => K\ (E_1 E_2)$$
$$S\ (K\ E_1)\ I => E_1$$
$$S\ (K\ E_1)\ E_2 => B\ E_1\ E_2$$
$$S\ E_1\ (K\ E_2) => C\ E_1\ E_2$$

but the resulting combinatoric code still grows at least quadratically in relation to the source. Turner [Tur79] introduced the combinators

$$S1\ w\ x\ y\ z = w\ (x\ z)\ (y\ z)$$
$$B1\ w\ x\ y\ z = w\ x\ (y\ z)$$
$$C1\ w\ x\ y\ z = w\ (x\ z)\ y$$

and corresponding translation rules, which make up for a linear increase in the object size, but still having a quadratic worst case behaviour. Burton [Bur82] has subsequently shown how to generate linearly sized **SASL**-code. Efficiency considerations have also led to *Super Combinators* [Hug82] where, instead of using a fixed set of combinators, the translation process works by tailoring specific combinators to each source function. Although the optimization disciplines discussed here do not exclude this approach, we are to concentrate on studying **SASL** combinators, the full list of which includes, among others,

$$COND\ TRUE\ x\ y = x$$
$$COND\ FALSE\ x\ y = y$$
$$S\_p\ f\ g\ x = f\ x : g\ x$$
$$B\_p\ f\ g\ x = f : g\ x$$
$$C\_p\ f\ g\ x = f\ x : g$$

with "$\_p$" for "pairing", and the pair

$$MATCH\ a\ b\ a = b$$
$$MATCH\ a\ b\ c = FAIL$$
$$TRY\ f\ g\ x = TRY\ (f\ x)\ (g\ x)\ ,\ function\ f$$
$$TRY\ FAIL\ g = g$$
$$TRY\ f\ g = f$$

used in pattern matching.

The **SASL**-code for add, addp and map is

$$add_c = S1\ S\ (C1\ COND\ (C\ EQ\ 0))\ (C1\ (B1\ add_c)\ (C\ PLUS\ 1)\ (C\ MINUS\ 1))$$
$$addp_c = TRY\ (MATCH\ 0)\ (C1\ (B1\ addp_c)\ (C\ PLUS\ 1)\ (C\ MINUS\ 1))$$
$$map_c = TRY\ (K\ (MATCH\ NIL\ NIL))\ (B\ U\_\ (S\ (C1\ B\_p)\ map_c))$$

with *PLUS* and *MINUS* as the binary plus and minus operators, *NIL* is [ ] and $U\_$ is the "unpairing" combinator

$$U\_\ f\ (a : x) = f\ a\ x$$
$$U\_\ f\ other = FAIL$$

The evaluation of $add_c\ 2\ 1$? follows:

$$add_c\ 2\ 1 = S1\ S\ (C1\ COND\ (C\ EQ\ 0))\ (C1\ (B1\ add_c)\ (C\ PLUS\ 1)\ (C\ MINUS\ 1))\ 2\ 1$$
$$= S\ ((C1\ COND\ (C\ EQ\ 0))\ 2)\ ((C1\ (B1\ add_c)\ (C\ PLUS\ 1)\ (C\ MINUS\ 1))\ 2)\ 1$$
$$= C1\ COND\ (C\ EQ\ 0)\ 2\ 1\ (((C1\ (B1\ add_c)\ (C\ PLUS\ 1)\ (C\ MINUS\ 1))\ 2)\ 1)$$
$$= COND\ (C\ EQ\ 0\ 1)\ 2\ (((C1\ (B1\ add_c)\ (C\ PLUS\ 1)\ (C\ MINUS\ 1))\ 2)\ 1)$$

then $C\ EQ\ 0\ 1$, i.e., $EQ\ 1\ 0$ is evaluated to *FALSE* and the recursion proceeds with the else part...

$$= C1\ (B1\ add_c)\ (C\ PLUS\ 1)\ (C\ MINUS\ 1)\ 2\ 1$$
$$= B1\ add_c\ (C\ PLUS\ 1\ 2)\ (C\ MINUS\ 1)\ 1$$
$$= add_c\ (C\ PLUS\ 1\ 2)\ (C\ MINUS\ 1\ 1)$$

leading to the evaluation of $C\ MINUS\ 1\ 1$, which is needed for the termination test and in this case, $C\ PLUS\ 2\ 1$, due to the evaluation of the **then** clause of *COND*. As we will see next, the first parameter is kept as a closure until its evaluation eventually occurs.

4. Complexity of SASL Algorithms

For brevity's sake, only *add* will be analysed, to show the method under which most functions can be treated. The following analysis assumes the knowledge of the behaviour of a Normal Graph Reduction system, not necessarily evaluating combinatoric code.

4.1. Complexity in a NGR System

The size of the **SASL**-combinatoric code for *add* is $SC_{add} = 15^1$, which is basically the number of cells that will be used for reduction in each recursive call to *add*. The number of calls is $y+1$, with 1 subtracted y times from y and added y times to x. Considering that each +1 closure will occupy 2 new cells, the total number of cells used to compute *add* x y is a linear function on y, dominated by the size of its combinatoric code:

$$Cells_{add} = (y+1) * SC_{add} + y + 2 * y$$

which, for $y \gg 1$ is

$$Cells_{add} = y * (SC_{add} + 3)$$

However, if we look at the maximum number of cells in use at any stage during the computation (residency storage, **Res**), which is the true limit for the possibility of computing *add* in a limited storage space M,

$$Res_{add} = SC_{add} + 2 * y$$

and then, roughly, it is not possible to evaluate *add* x y if $y > (M - SC_{add})/2$. As a matter of fact, the maximum values of y above for **SASL**, **KRC** (Unix[2] version) and Franz Lisp (which is not a **NGR**) are 620, 810 and 510 respectively, because the interpreters call themselves recursively and will run out of stack before running out of cells.

It is clear, though, that an **NGR** system evaluating *add* with parameters called by *value* and overwriting parameter cells at each call would use only

$$Res_{add} = SC_{add} + k$$

where k is a constant number of cells used between recursive calls. In the sequel, we show and algorithm capable of rewriting the combinatoric code for *add* such that its residency complexity is of the same order as

adde x $0 = x$
adde 0 $y = y$
adde x $y = $ *adde* $(x+1)$ $(y-1)$

and for $x > 0$, both residency and time complexity are fractionally smaller, without explicitly programming the **CBV** for x.

On the same grounds, the analysis for functions like *map* is much more subtle, since it has a function and a structure (list) as its parameters:

map f $[\ ] = [\ ]$
map f $(a:x) = f$ a : *map* f x

First, we need not force a total evaluation of the second parameter to check for a **nil** list, for this can be done by just looking at the list's spine (if the actual parameter is indeed a list; otherwise a typing error will happen). Second, the decision to evaluate the list is not computable at compile time, because f may not need its parameter in order to produce a result, such as in

fun $x = 1$

for which **CBN** of *map fun anylist* will always produce $[1, 1, \cdots, 1]$ but **CBV** may give rise to a undefined object or non-terminating computation. Note that in a non-flat domain, i.e. a domain which contains partially evaluated objects, *map* is strict on its second parameter. A fully lazy evaluator will evaluate it just enough to test for $[\ ]$.

For functions like *map* we will seek to guarantee that if the (parameter) list is not bound the result will overwrite it, thus saving space and time that otherwise would be needed to create a new list and collect the old one.

4.2. Complexity in a Fixed Program System

An **NGR** machine creates a new copy of the function being evaluated at each call, and then reduces it by "crunching" the function's graph. In the process, most of this graph is turned into garbage, which must be collected by the memory management later on. The **NGR** space complexity $Cells_f$ of f is dominated by the use of space by the **NGR** machine itself. It is likely that program transformations that marginally improve a program's performance but also increase its size would worsen rather than improve the overall complexity on an **NGR**.

---

1) That is the number of applications in the combinatoric code for the function.
2) Unix is a Trademark of Bell Laboratories.

One way of solving the problem is to compile the combinatoric code to a fixed program equivalent, as it was done in [JoM82]. By doing so, we can think of combinators now as an intermediate code, which is later compiled to assembler. The advantages of this are two-fold: first we can use the special properties of combinators to do a series of compile time analysis and optimizations, as suggested in this paper, and later the assembler generated from the "optimized" combinatoric code can be further refined through peep-hole techniques and so on.

Most of the discussion on complexity above is still valid for a fixed program machine, if we remove from the equations the number of cells used by the **NGR** machine on its own. Being able to overwrite parameters has less significance on the **NGR** than on a fixed program machine, and changing call-by-need into call-by-value is equally valuable in both approaches. We now proceed to introduce the use of Abstract Interpretation (**AbI**) to optimize combinatoric code.

5. Abstract Interpretation

A role of **AbI** in programming is to compute properties of programs without executing them. The idea is the same of the "rule of signs" used to compute the result's sign in a multiplication operation, i.e., if a and b are operands, there is a function

$$Signtimes : I - \{0\} \to I - \{0\} \to \textbf{Pow } S$$
$$Signtimes \; a \; b = \{+\}, \; Sign \; a = Sign \; b$$
$$= \{-\}$$

where I is the integer domain, $S = \{+, -\}$, **Pow** S is the power set of S and

$$Sign : I - \{0\} \to S$$

maps integers (but zero) into their signs. Obviously

$$Signplus : I - \{0\} \to I - \{0\} \to \textbf{Pow } S$$
$$Signplus \; a \; b = \{+\}, \; Sign \; a = Sign \; b = +$$
$$= \{-\}, \; Sign \; a = Sign \; b = -$$
$$= \{+, -\}$$

and the sign of the result cannot be generally decided without evaluation. **AbI** *approximates* the result of the computation, and the property one is trying to compute might not be necessarily computable in all cases.

The basic references to **AbI** related to this work are [CoC77, Myc81] and under the name of *program (data) flow analysis* [Jon81, Nie82]. We do not know of any prior application of the method to the study of combinatoric code. [Pet78], although not using **AbI** deals with some of the problems presented herein.

5.1. Abstract Interpretation of Combinatoric Code - A Model

We will take a more or less operational point of view on the analysis that follows, that makes it easier to understand in relation to the implementation issues it deals with. A formal justification of the process is out of the question due to space limitations and can be found elsewhere together with the full treatment given to the combinatoric code generated by the **SASL** compiler [Mei83b].

The minimum knowledge of the evaluation environment needed in order to proceed with the analysis is that the storage cells corresponding to source language objects are pairs <*protect*,*object*>, generally called objects, and created with *protect*=*FALSE*. Unless *protect*=*TRUE*, objects can be destroyed or overwritten.

This evaluation environment is to be called **COMB**$_d^{SASL}$, the *destructive* environment and its combinators subscripted by a **d**, while the original **SASL** system will be **COMB**^{SASL}.

The **COMB**^{SASL} combinators are divided in six sets:

Act	{*PLUS*,*MINUS*,*TIMES*,*DIV*,*NEG*,*AND*,*OR*,*NOT*}
Pass	{*EQ*,*NEQ*,*GR*,*GRE*}
Sx	{*S*,*S1*,*S_p*,*TRY*}
Cond	{*COND*,*MATCH*,{*TRY*,*MATCH*}}
Unp	{*U*,*U_*}
Cons	{*S_p*,*C_p*,*B_p*}
Others	all other combinators

The combinators in *Act* and *Cons* will try to overwrite the parameters with the result of their operation. If this is not possible, a new cell is created for the result. For example, $PLUS_d$ would be (operationally) defined as

$PLUS_d$ a b :
if a.protect *then*
   if b.protect *then* new.object := a.object + b.object
   else b.object := a.object + b.object
else a.object := a.object + b.object

where **new** is a newly created cell. The *Pass* combinators do not modify their arguments. The Sx are the only source of sharing in combinatoric code. When an entity is duplicated, the need for protection arises if the evaluation in which the first occurrence of it is engaged contains *Act* combinators. The **Abl dup** (Section 6) computes, for each Sx in $COMB^{SASL}$ an optimum Sx_d in $COMB_d^{SASL}$ maintaining normal order semantics.

The *Cond* are of special interest for the **Abl by** (Section 7), which approximates the set of parameters to combinatoric expressions that can be passed by value under normal order semantics.

6. dup - Approximating the Behaviour of Duplicators

The **Abl dup** approximates the evaluation of expressions in $COMB^{SASL}$, mapping Sx combinators into their Sx_d counterparts. In a $COMB^{SASL}$-expression, the function of Sx is to duplicate parameters to sub-expressions. Actually, it is done by duplicating pointers to the duplicand, as in

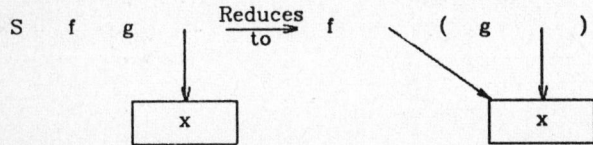

and that is why the protection problem arises. In $COMB^{SASL}$, whatever the case, neither **f** nor **g** would modify **x**, because in general this could lead to chaos. Nonetheless, if the expressions **f** and **g** are such that the former is, say, a passive test on **x** and the latter corresponds to tail recursion (see add_c, Section 3), **g** could safely overwrite **x**, keeping the same semantics throughout.

6.1. dup Basics

dup resembles a combinatoric code interpreter, which instead of actual input parameters, deals with set approximations to those. Its main task is to build a **dup**lication tree for each function parameter which is eventually duplicated by an Sx combinator. **dup** assumes sequential evaluation of the code, which can be weakened to sequential evaluation of the base functions.

The $COMB^{SASL}$ expressions are approximated by their identity mapping in $COMB_d^{SASL}$, except for Sx, which is mapped onto

$Sx_d = \{S_d, S1_d, S\_p_d, TRY_d, S_d^p, S1_d^p, S\_p_d^p\}$

with the p-superscripted combinators protecting their duplicands. If we index the left to right occurrences of Sx in a $COMB^{SASL}$ expression sx_i then

   $newS : Sx \to Sx_d$
  $newS\ TRY_i = TRY_{d_i}$
    $newS\ sx_i = sx_{d_i}$, if the sx_i duplication is safe
    $newS\ sx_i = sx_{d_i}^p$

When an object is duplicated, its duplicates are referred to as **left** (ld) and **right** (rd), depending on their order of evaluation. **dup** is a normal order interpreter and the order of spatial occurrence of a duplicate in a partially evaluated expression has no particular significance.

KRC is translated to the $COMB^{SASL}$ equivalent of

if $cond_1$ *then* exp_1

$$elseif\ cond_2\ then\ exp_2$$
$$\vdots$$
$$else\ exp_{z+1}$$

and the *cpo* of possible evaluation paths (**EvPa**) is

$$\mathbf{EvPa} = \{\{cond_1, exp_1\}, \{cond_1, cond_2, exp_2\}, \cdots, \{cond_1, cond_2, \cdots, cond_z, exp_{z+1}\}\}$$

which in the simplest case is the familiar *if* $cond_1$ *then* exp_1 *else* exp_2 for which

$$\mathbf{EvPa}_{ite} = \{\{cond_1, exp_1\}, \{cond_1, exp_2\}\}$$

A duplication is safe if for $EP_m \in \mathbf{EvPa}$

$$ld_i \in E_k \in EP_m$$
$$rd_i \in E_l \in EP_n$$

either

$$\{ld_i, rd_i\} \not\subset \bigcup EP_k\ ,\ \forall\ k$$

like exp_1 and exp_2 in $\mathbf{EvPa}_{ite}$ or

$$\{ld_i, rd_i\} \subset \bigcup EP_k\ ,\ \text{for some } k$$

and the left duplicate ld_i is safe. ld_i is safe if either it is a duplicand itself - then the safety test is propagated down in the duplication tree - or it is not modified by an *Act* or *Cons* combinator.

For example, if we name p_1 and p_2 as parameters to add_c,

$$\mathbf{EvPa}_{add_c} = \{\{\{EQ, p_2, 0\}, \{p_1\}\}, \{\{EQ, p_2, 0\}, \{\{add_c\}, \{PLUS, p_1, 1\}, \{MINUS, p_2, 1\}\}\}\}$$

and a straightforward application of the rules gives that both p_1 and p_2 are safe. Then add_{c_s} is the same as add_c, since no Sx_d^p combinators are needed. For

$$addy\ x\ y = x\ ,\ y + 1 > 0$$
$$= add\ (x + 1)\ (y - 1)$$

the *cond* set is $\{GRE, PLUS, p_2, 1\}$ and

$$\mathbf{EvPa}_{addy} = \{\{cond, \{p_1\}\}, \{cond, \{addy_c\}, \{PLUS, p_1, 1\}, \{MINUS, p_2, 1\}\}\}$$

and we find that p_1 is safe but p_2's left duplicate, if not protected, will be modified by the + operation within the *cond* expression, and this makes corresponding Sx to be mapped on to Sx_d^p. It is also easily seen that both p_1 and p_2 are safe in

$$addx\ x\ y = x + 1\ ,\ y = 0$$
$$= addx\ (x + 1)\ (y - 1)$$

One example in which the spatial relation between the duplicates is not significant is

$$pai\ x = [x, x+1]$$

which generates

$$pai_c = S\_p\ I\ (C\_p\ (C\ PLUS\ 1)\ NIL)$$

In this case, $\mathbf{EvPa}_{pai}$ is $\{\{x + 1\ ,\ x\}\}$ to cater for the worst case evaluation of both x and $x+1$ in the result list.

A peculiarity of **COMB**^{SASL} code is that left duplicates generated by *TRY* are always safe, since they are used only in connection with the *MATCH* combinator, which performs a passive equality test only. *TRY* is always mapped to TRY_d, and there is no TRY_d^p.

So far as scalars are concerned, that is roughly how **dup** treats them, and it is not difficult to find an informal proof of its correctness. The behaviour for structures is basically the same, although we have a different operational semantics for *Unp* and *Cons*, as explained below.

6.2. Rewriting Structures - A Lazy Protection Mechanism

Protecting scalars is just a matter of protecting the cell that holds its value. For a list, we must ensure protection for each of its elements, allowing for partially shared structures. In KRC, we must also deal with lazy and possibly infinite lists. If Sx_d^p tried to protect all *CONS* cells of an infinite list, for example, this would lead to an infinite process in itself, and the protection mechanism has to cope with the possibility.

The idea used in **COMB**$_d^{SASL}$ is to have a Lazy Protection Mechanism for lists, in which the Sx have the same behaviour both for scalars and structures. When an Sx_d^p duplicates a list, its head *CONS* node is marked as "protected". As the only possible way to take lists apart is via *Unp* combinators, they are made responsible for disseminating the protection information throughout the structure, and the head's protection can be propagated to the head object and tail, protecting them if necessary. Rewriting capability **and** partial sharing is achieved if only *protect* = *TRUE* is propagated. So far as protecting a possibly lazy, infinite and/or partially shared list this is all we need.

In order to have rewriting of unprotected lists, a few more bars have to be added. Looking at map_c and its interpretation, given f and $(a:x)$ (assumed unprotected) as parameters, we reach a point where

$$U_- (S (C1 \ B_-p) \ map_c \ f)(a:x)$$

corresponds to the second *map* equation, and the next operation to be performed is unpairing. If U_- proceeded by just taking $(a:x)$ apart, B_-p could not use the corresponding *CONS* node while building the result list. Instead, U_- will be bolder and if the protection for the *CONS* node is *FALSE*, besides of producing pointers for the head object and tail, it also returns the *CONS* node to a *CONS* free list, where the *Cons* combinators will look for free nodes when building structures. This means that B_-p will use the same node two reductions ahead, to build the equivalent node in the resulting "*map f*" list. If at that time the *CONS* free list is empty, nodes are requested from the general free list. The reader is invited to "evaluate" *map f* over a unprotected list and check that the result is written in the same nodes as the input list.

map also illustrates **dup**'s ability to deal with higher order functions: its first parameter is a function, duplicated by *TRY*, which acts the same in **COMB**^{SASL} and **COMB**$_d^{SASL}$. This is an extension of the results of Mycroft and Pettorossi [Myc81, Pet78], which were for first order languages. **dup** also achieves partial structure sharing and destructive rewriting inside a very simple framework, **and** at "object" code level, keeping the higher level language used, whatever it is, completely unchanged.

What we are to see next is how the gains obtained from the overwriting capability are very much connected to the parameter passing discipline in use. In (call-by-need) *map*, for example, unless explicitly needed, the resulting list is not to be evaluated at all. But even then, the operational semantics just described for Unp_d and $Cons_d$ are of some help: for example, it is possible to evaluate

$$map \ f \ (1:gen \ 2 \ 2) \ 1000000 \ ?$$

the application of f to the millionth member of *seq*, using just a small constant number of cells, in a fixed program machine.

7. Transforming Call-by-Need into Call-by-Value

We now introduce another interpretation, whose aim is to transform, where possible, call-by-need into call-by-value, under the assumption of sequential evaluation used in the previous discussion. We do not attempt an all-out, total transformation of CBV into CBN as in [Myc81], but our approach is higher-order and increases the size of programs by a constant factor only.

7.1. by Basics

Given a KRC function such as *add* (Sec. 2), a NORMAL ORDER evaluator will pass both parameters by need (or name...). In *add*'s case, the second parameter is nonetheless evaluated at each call, because it is needed by the conditional. If the function ever terminates, the first parameter will be evaluated, only once, at termination. If it were computed at each call, the input-output semantics would not be modified.

The analysis is based on the fact that the (sequentially evaluated) **COMB**^{SASL} form of a KRC program can be viewed in terms of the cpo of all possible evaluation paths **EvPa**. A further simplification is to deal with programs as expressions of the form

$$e ::= cond \ e_1 \ e_2 \ | \ e_{nc}$$
$$e_{nc} ::= non-conditional \ expression$$

For $E = cond \ e_1 \ e_2$ we can *de facto* compute the set of parameters which are evaluated in E as

$$evin \ E = evin \ cond \ \cup \ (evin \ e_1 \ \cap \ evin \ e_2)$$

evin is defined such as to collect the parameters that appear in an expression, given the induction step that, in a recursive call, all the parameters already known to be needed are evaluated. As **dup**, **by** deals with the combinatoric form of **KRC** programs, which provides for a trivial treatment of higher order functions.

The basic **by** algorithm is similar to **dup**'s: it keeps stripping a combinatoric expression, until it finds an instance of either *COND* or *TRY*, to which *evin* is applied. U_- and *MATCH* also deserve special treatment. The parameters to *CONS* will be kept unevaluated, and the strictness of *AND* and *OR* can be enforced or not. Their current forms are strict on the first argument only.

7.2. Results

The pair **dup/by** computes that both arguments to *add* (Sec. 2) can be overwritten and called by value. The same holds for *addp*, *adde*, *addx* and a whole class of tail recursive functions, including the test functions used in [Myc81]. But what would happen to functions like *insert*, *gen* and *map*? **dup** computes that the second parameter to *map* can be rewritten, and **by** says that it is strict. The first parameter is not strict, because the evaluation of *map f* [] is independent of *f*. Even if it was not so, the alternative equation is a *CONS* operation, the parameters to which are not evaluated. In reality, the decision to compute the parameters to *CONS* depends on the actual expression being evaluated. In a fully lazy evaluator, different evaluation processes will take place for each of

map (*add* 1) [1 .. 10] ?
(*map* (*add* 1) [1 .. 10]) ?
map (*add* 1) [1 .. 10] 7?

and only in the first all the elements of the result list are computed, and even so each one of them can be thrown away just after printing. Even the suspensions created by the last two expressions are temporary, and will turn into garbage after counting or skipping. This is as good as one could expect. But, for

mapn 10 (*add* 1) [1 .. 10] 7?

where *mapn* is

mapn 0 *f* *list* = *list*
mapn n *f* *list* = *mapn* (n − 1) *f* (*map f list*)

the head of the list to be indexed will be produced only after 10 recursions of *mapn*, and nothing can be discarded before then. It is likely that some improvement could be achieved for functions that produce a list as a result, preserving the size and the ordering of the input list, as *mapn* does, but this is not the general case. Anyway, it might pay to proceed with a pre-run time analysis, when the actual parameters are known, to fill gaps that couldn't be decided at compile time, because, for example, of the higher order nature of the language. Consider

apply 0 *f x* = *x*
apply n *f x* = *apply* (n − 1) *f* (*f x*)

for which **by** will decide that the first parameter can be called by value, but the third must stay by need. This is so because *f* will not be known until run time. In this case, **by** could insert the third parameter conditionally into the *by value* set, indicating that it would be called by value in *apply* if it is in (the actual) *f*. This would provide the necessary information to decide whether to evaluate a parameter on a per case basis, without incurring on any significant overhead.

In order to give a rough idea of how **by** (and **dup**) look like, we now reproduce some equations from **by**.

...

by (*I*:*x* :*res*) *status* = *by* (*x* :*res*) *status*
by (*K*:*x* :*y* :*res*) *status* = *by* (*x* :*res*) *status*
by (*C*:*x* :*y* :*z* :*res*) *status* = *by* (*x* :*z* :*y* :*res*) *status*
by (*S*:*x* :*y* :*z* :*res*) *status* = *by* (*x* :*z* :[*y*,*z*]:*res*) *status*
by (*COND*:*x* :*y* :*z* :*res*) *status* = *union* (*by x status*)
(*inter* (*by y status*) (*by* (*z* :*res*) *status*))
by (*TRY*:([*MATCH*,*x*,*y*,*z*]:*m*):*alt* :*res*) *status* =
union (*union* (*by x status*) (*by z status*))
(*inter* (*by* (*y* :*res*) *status*) (*by* (*TRY*:*m* :*alt* :*res*) *status*))

$by\ (MATCH:NIL:y:z:res)\ status = inter\ (by\ y\ status)\ (by\ res\ status)$
$by\ [MATCH,x,y,z]\ status = union\ (by\ x\ status)\ (by\ z\ status)$
$by\ (MATCH:x:y:z:alt:res)\ status = union\ (by\ x\ status)\ (by\ z\ status),\ constant\ y$
$= union\ (union\ (by\ x\ status)\ (by\ z\ status))$
$(inter\ (by\ (y:res)\ status)\ (by\ (alt:res)\ status))$
$by\ (op:x:y:res)\ status = union\ (by\ x\ status)\ (by\ (y:res)\ status),\ member\ a2op\ op$
...

COMB^{SASL} code is treated as syntactic trees, and is the first parameter to by. The second contains the name of the function being analysed, the number and name of its (pseudo) actual parameters and other information necessary to proceed with the analysis. The combinators appearing were defined in Section 3 and $a2op$ is the set of strict, binary sequential base functions.

Both **by** and **dup** were completely written in KRC, and comprise 50 functions, in a total of 170 equations. An integrated **dup/by** production system would not be much bigger than this.

8. Conclusions

We have just shown that abstract interpretation of combinatoric code, in order to introduce destructive operations in otherwise purely applicative languages and to transform call-by-need into call-by-value is not only possible, but also safe, efficient, elegant, higher order and source language independent. The complexity of the interpretations we have implemented (in KRC) is of linear order in relation to the size of the combinatoric expression being analysed. The results obtained so far have been very promising, although in NGR systems the effect of **dup** is overshadowed because those systems already perform some form of destructive rewriting, using program nodes to store results. Here, the optimization gains provided by **dup** will be useful in preventing the generation of garbage in certain cases only. It is very likely that a fixed program (combinatoric) machine making use of **dup** and **by** optimizations would be much more efficient than current implementations using NGR or tree rewriting methods. A NGR implementation enhanced by them would also be faster than a *normal* NGR, without any extra complexity at machine level.

We hope to apply the same methodology to the analysis of expressions to be computed, when the actual parameters are already known, and thus maximise the benefit of **dup** and **by**.

It also looks as if the same methods could be efficiently used for the construction of a polymorphic type checker in the style of Milner's [GMW77]. Further research is necessary to assert so.

9. Acknowledgements

I am much indebted to Alan Mycroft for the inspiration, to Professor David Turner and Keith Hanna for all the advice, criticism and encouragement and to Simon Croft, Michael Ellis and Peter Welch for the patience with me. Thanks are also due to Heather Brown and Ian Utting for giving me the opportunity of using their Text Server.

10. Bibliography

[Bac78] BACKUS, J., Can Programming Be Liberated from the von Neumann Style? A Functional Style and Its Algebra of Programs, *Comm. ACM 21*, 8 (Aug. 1978), 613-641.

[Bur82] BURTON, F. W., A Linear Space Translation of Functional Programs to Turner Combinators, *Inf. Proc. Lett. 14*, 5 (Jul. 1982), 201-204.

[CoC77] COUSOT, P. and COUSOT, R., Abstract Interpretation: a Unified Lattice Model for Static Analysis of Programs by Construction or Approximation of Fixed Points, in *Proc. 4th. ACM Symp. on Princ. Prog. Lang.*, ACM, Los Angeles, 1977.

[CFC58] CURRY, H. B., FEYS, R. and CRAIG, W., *Combinatory Logic, Vol. I*, North Holland, Amsterdam, 1958.

[FrW76] FRIEDMAN, D. P. and WISE, D. S., CONS Should not Evaluate its Arguments, in *3rd. Intl. Coll. in Autom. Lang. & Programming*, Edinburgh, Jul. 1976, 257-284.

[GMW77] GORDON, M., MILNER, R. and WADSWORTH, C., Edinburgh LCF, CSR-11-77, Parts I and II, Dep. Comp. Sci, University of Edinburgh, Edinburgh, Scotland, 1977.

[Hug82] HUGHES, R. J. M., Super Combinators: A New Implementation Method for Applicative Languages, in *Conf. Record of the 1982 ACM Symp on LISP and Funct. Prog.*, ACM, Pittsburgh, PA, 15-18 Aug. 1982, 1-10.

[JoM82] JONES, N. D. and MUCHNICK, S. S., A Fixed-Program Machine for Combinator Expression Evaluation, in *Conf. Record of the 1982 ACM Symp on LISP and Funct. Prog.*, ACM, Pittsburgh, PA, 15-18 Aug. 1982, 11-20.

[Jon81] JONES, N. D., Flow Analysis of Lambda Expressions, DAIMI PB-128, Comp. Sci. Dept., Aarhus Univ., Aarhus, Denmark, Jan. 1981.

[Mei83a] MEIRA, S., The Kent Recursive Calculator (KRC): Syntax and Semantics, *unpublished*, Canterbury, U. K., 1983.

[Mei83b] MEIRA, S., Abstract Interpretation Methods for Optimization of Combinatoric Code, in preparation, Computing Laboratory, University of Kent, Canterbury, U. K., 1983.

[Myc81] MYCROFT, A., Abstract Interpretation and Optimising Transformations for Applicative Programs, Ph. D. Thesis, Dep. of Comp. Sci., Univ. of Edinburgh, Edinburgh, 1981.

[Nie82] NIELSON, F., A Denotational Framework for Data Flow Analysis, *Acta Informatica 18*, 3 (1982), 265-288.

[Pet78] PETTOROSSI, A., Improving Memory utilization in Transforming Recursive Programs, in *Math. Found. of Comp. Sci. 1978*, J. Winkowski, ed., Springer Verlag, Zakopane, Poland, 1978, 416-425.

[Sch77] SCHONFINKEL, M., On The Building Blocks of Mathematical Logic, in *From Frege to Godel - A Source Book in Mathematical Logic, 1879-1931*, J. van Heijenoort, ed., Harvard Univ. Press, Cambridge, Mass, 1977.

[Tur79a] TURNER, D. A., A New Implementation Technique for Applicative Languages, *Soft. Pract. and Exp. 9*, (1979), 31-49.

[Tur79b] TURNER, D. A., SASL Language Manual, Comp. Lab. Report, University of Kent, Canterbury, 1979.

[Tur82] TURNER, D. A., Recursion Equations as a Programming Language, in *Functional Programming and its Applications, An Advanced Course*, C. U. P., Cambridge, UK, 1982.

[Tur79] TURNER, D. A., Another Algorithm for Bracket Abstraction, *J. Sym. Log. 44*, 2 (Jun. 1979), 267-270.

Polymorphic Type Schemes and Recursive Definitions

Alan Mycroft
Programming Methodology Group
Institutionen för Informationsbehandling
Chalmers Tekniska Högskola
S-412 96 Göteborg, Sweden

Abstract: An extension to Milner's polymorphic type system is proposed and proved correct. Such an extension appears to be necessary for the class of languages with mutually recursive top-level definitions. We can now ascribe a more general type to such definitions than before.

1. Introduction

The polymorphic type system introduced in ML /GMW/ and formally proved correct by Milner /Mi/ has become popular. That this is so seems to be due to two factors. Firstly the polymorphism provides a type system which is sound (i.e. can detect all type errors) but without the irritating need to duplicate similar code at different types as occurs in Algol68 or Pascal: a function can be defined to operate on lists of type α rather than having to define separate functions for operating on lists of integers and on lists of booleans. (Incidentally Holmström /Ho/ demonstrates that a polymorphic program can be translated into a monomorphic one which uses a Pascal-like type system.) Secondly, the polymorphic type system can be used without user specified types and types are then inferred. This makes it useful for interactive work.

This popularity has brought the use of such type schemes into other languages, notably HOPE /BMS/ and Prolog /MO/. The problem is that the exemplified languages have a mutually recursive top level of definitions which, as implemented, non-trivially extend the ML type system without semantic justification. The problem we encounter is that in Milner's scheme the mutually recursive definition of map and squarelist in

$\quad$ map(f,ℓ) = if null(ℓ) $then$ ℓ $else$ cons(f(hd ℓ), map(f,tl ℓ))
$\quad$ squarelist(ℓ) = map(λx.x^2, ℓ)

gives the types
$\quad$ map: (int$\rightarrow$int) $\times$ int list $\rightarrow$ int list
$\quad$ squarelist: int list $\rightarrow$ int list

whereas their sequentially recursive definition (first of map, then of squarelist) gives the 'expected' type of
$\quad$ map: $\forall \alpha\beta \cdot (\alpha\rightarrow\beta) \times \alpha$ list $\rightarrow \beta$ list

Worse still, if a third mutually recursive definition were to use map at a different type (e.g. bool list) then the three definitions could not be well-typed. This fact is seemingly not well-known and much reduces the usefulness of the type system for languages with such a feature. Although in the above example the type checker $could$ determine that map and squarelist are not mutually recursive and so treat them as sequentially recursive definitions, we avoid such an idea since small changes in the program can drastically change the potential calling graph. Moreover this scheme fails to solve the underlying problem which also exists in ML; there are non-contrived examples associated with "object oriented" programming which fall foul of the restriction in a less avoidable manner and whose resolution requires duplication of functionally identical code. (See section 8.)

In the language Exp, introduced in section 2, we have a recursion operator in which the above definition can be written

$\quad$ *let* (map,squarelist) = *fix* (map,squarelist). (λ(f,ℓ). ..., $\lambda\ell$. ...).

We centre in on this and note that /Mi,DM/ give the same type rules for *fix* x.e as they would for FIX(λx.e) where FIX is assumed to be a predeclared function of type $\forall\alpha.(\alpha\to\alpha)\to\alpha$. Our solution is to give new, and more general, type rules for the former than the latter although, of course, they are intended to have the same semantics. In particular, we will allow different occurences of x in e to take on different instance types of that of x, subject to the types of x and e matching in a sense made precise later.

This idea is entirely parallel to the more general treatment of *let* x=e *in* e' compared with (λx.e')e which are semantically equivalent, but the first has more general type rules which allow x to take on different instance types in e' unlike the second. See /Mi/ for more discussion on this point which is closely related to the idea of generic and non-generic type variables.

Related work includes /MO/ in which the restriction on recursive definitions was first lifted for the special case of Prolog and /DMS/ in which certain definitions such as *fix* f. λx.f which we will consider ill-typed can be given the recursive (infinite) type $\mu\tau. \forall\alpha.\alpha\to\tau = \forall\alpha_0\cdots.\alpha_0\to\alpha_1\to\cdots$. Note that they seek to give semantics to recursively defined types, whereas our aim is to give (finite) types to recursive definitions. This paper attempts to follow the notation of /DM/ who set the initial work of /Mi/ in a clearer framework and who sketched completeness. A completeness proof has also been given by /Ho/.

Sections 2 and 3 give the syntax of and operators on expressions and types. Section 4 follows by giving semantics for both and section 5 gives a semantically sound type inference system and proves the resulting inferrable types are principal. Section 6 uses unification to give a (semi-) algorithm for most general type assignment which is sound and complete for inference. This is followed by section 7 which gives an effective, though over-restrictive, condition to ensure termination.

2. The language

We follow /Mi/ and define the language Exp of expressions e to be given by the (abstract) syntax

$\quad$ e ::= x | e e' | λx.e | *fix* x.e | *let* x=e *in* e'

where x ranges over a set Id of identifiers. We omit Milner's *if* e *then* e' *else* e" construct since its effect (for type-checking purposes) is exactly that of the application IF e e' e" where IF is an identifier of type $\forall \alpha.\text{bool} \to \alpha \to \alpha \to \alpha$.

3. Types

Types are absent from the language Exp and we now introduce their syntax and operators. Discussion of their semantics occurs in section 4.

We assume a set TVar of *type variables* ranged over by α, β, γ and a set TCons of *type constructors* each with their arity. For simplicity we here assume that TCons = {int, bool, $\to$} having arity 0 except for $\to$ which has arity 2 and written infixed.

The set Type of *(simple) types*, ranged over by τ is given by the set of arity-respecting terms in the grammar
   Type ::= TVar | TCons(Type,...,Type).
The set TScheme of *type schemes*, ranged over by σ is similarly given by
   TScheme ::= Type | $\forall$TVar.TScheme.
It will be later useful to adjoin an element *err* to TScheme. *Monotypes* are types which do not contain type variables and are ranged over by μ. We have natural concepts of *free* and *bound* type variables. A type scheme is *closed* if it has no free type variables. Following /Mi,DM/ but not /MPS/ our type schemes have quantification ($\forall$) at the outermost level only.

A *(type) substitution* S is a finite map TVar$\to$Type often written $\{\tau_1/\alpha_1,\ldots,\tau_n/\alpha_n\}$. It is naturally extended to a map Type$\to$Type and, by acting on free variables only, to a map TScheme$\to$TScheme. We say σ' is an *instance* of σ if $\sigma'=S\sigma$ for some substitution S.

We say $\sigma' = \forall \beta_1 \ldots \beta_m.\tau'$ is a *generic instance* of $\sigma = \forall \alpha_1 \cdots \alpha_n.\tau$ if there is a substitution S acting only on $\{\alpha_1 \cdots \alpha_n\}$ such that $\tau'=S\tau$ and no β_i is free in σ. We write this as $\sigma \sqsubseteq \sigma'$ (/Mi/ uses $\sigma \geq \sigma'$). We naturally write $\sigma = \sigma'$ if $\sigma \sqsubseteq \sigma' \sqsubseteq \sigma$. Under this equivalence TScheme is a partial order with least element $\forall \alpha.\alpha$. It can be completed by adding the element *err* with $x \sqsubseteq err$. We will later consider monotonic functions on TScheme and it is convenient to draw part of it (fig 1). We note that in the $\sqsubseteq$ order type variables act like niladic type constructors and that infinite properly ascending chains have limit *err*. Moreover any subset X of TScheme has a *greatest lower bound* $\bigsqcap X$ with $\bigsqcap \{\} = err$. If X is a subset of TVar and $\sigma \in$ TScheme we define $\overline{X}(\sigma) = \forall \alpha_1 \cdots \alpha_n.\sigma$ where the α_i are free in σ but not in X. $\overline{X}$ is retractive on TScheme.

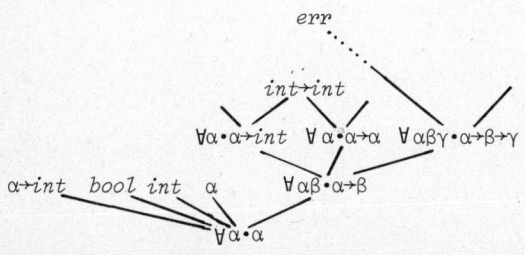

Figure 1: the cpo (TScheme, $\sqsubseteq$)

4. Semantics

This section defines the semantics of Exp and types. The interpreting domain for Exp will be given by V which satisfies the isomorphism
$$V = \mathbb{B} + \mathbb{Z} + (V \to V) + \{wrong\}_\perp$$
where $\mathbb{B}$ is the 3-element cpo of truth values, $\mathbb{Z}$ the cpo of integers with $\perp$ and $+$ the coalesced sum. The three injection functions are called in_B, in_Z and in_F respectively.

We can now define the notion of *environment* Env, ranged over by η, as a finite (partial) map Id→V. Given such a η we define dom(η) to be the subset of Id on which it is defined. It is then standard that we define a semantic function
$$E: Exp \to Env \to V$$
in the obvious manner (see /Mi/).

We now follow /MPS/ and give closed type schemes a semantics in a similar manner. The meanings of types will naturally be *(left) ideals*, that is *downward closed and directed complete* /Mi,MPS/ subsets of V which do not contain *wrong*. The set of all such ideals is called I_V. The semantics of a closed type scheme σ is $T(\sigma)$ where $T:TScheme \to I_V$ is given by

$$T[\![bool]\!] = in_B(\mathbb{B})$$
$$T[\![int]\!] = in_Z(\mathbb{Z})$$
$$T[\![\tau \to \tau']\!] = in_F\{f \in V \to V: f(T[\![\tau]\!]) \subseteq T[\![\tau']\!]\}$$
$$T[\![\sigma]\!] = \bigcap\{T[\![\mu]\!]: \sigma \leq \mu, \mu \text{ monotype}\}$$

Lemma /MS/:
$$\sigma \leq \sigma' \Rightarrow T[\![\sigma]\!] \subseteq T[\![\sigma']\!]$$

Following normal practice we define the space of *type assumptions* TA, ranged over by A, to be the set of finite maps Id → TScheme. A is *closed* if Ax is closed for all x in dom(A). We will write A{x:σ} on type assumptions to stand for the usual A{σ/x} which denotes the function agreeing with A except at x where its value is σ. By (helpful) abuse of notation we will define T on TA → $\mathcal{P}$(Env) by
$$T[\![A]\!] = \{\eta \in Env: dom(\eta)=dom(A), \forall x \in dom(\eta). \eta(x) \in T[\![Ax]\!]\}.$$

The atomic proposition $A \models e : \sigma$ is now defined. Intuitively it means that whenever e is evaluated with its free variables having values in types indicated by A then its result will have type σ. Formally it is defined by
$$A \models e:\sigma \iff \forall \eta \in T[\![A]\!]. E[\![e]\!]\eta \in T[\![\sigma]\!]$$
provided A and σ are closed. Otherwise we define $A \models e:\sigma$ to be true iff all its closed instances are.

5. Type Inference

In this section we define a relation $\_\vdash\_:\_ \subseteq$ (TA x Exp x TScheme) which will enable us to deduce some true things about $\_\models\_:\_$. It is defined to be the least relation satisfying the following axioms. In this we follow /DM/, but the *fix* rule is new and discussed afterwards.

TAUT: $A \vdash x:\sigma$ (if $Ax=\sigma$)

SPEC: $\dfrac{A \vdash e:\sigma}{A \vdash e:\sigma'}$ (if $\sigma \models \sigma'$)   GEN: $\dfrac{A \vdash e:\sigma}{A \vdash e: \forall \alpha.\sigma}$ (if α not free in A)

COMP: $\dfrac{A \vdash e: \tau' \to \tau \quad A \vdash e':\tau'}{A \vdash e\,e': \tau}$ ABS: $\dfrac{A\{x:\tau'\} \vdash e:\tau}{A \vdash \lambda x.e: \tau' \to \tau}$

FIX: $\dfrac{A\{x:\sigma\} \vdash e:\sigma}{A \vdash fix\ x.e:\ \sigma}$ LET: $\dfrac{A \vdash e:\sigma \quad A\{x:\sigma\} \vdash e':\tau}{A \vdash let\ x=e\ in\ e':\ \tau}$

In /Mi/ the FIX rule is given as (modulo change of notation)

FIX": $\dfrac{A\{x:\tau\} \vdash e:\tau}{A \vdash fix\ x.e:\ \tau}$

and /DM/ implicitly give the same rule by treating *fix* x.e as FIX(λx.e) where FIX is an identifier of type $\forall \alpha \cdot (\alpha \to \alpha) \to \alpha$. The proper generalisation (of FIX over FIX") is the basis of this work and enables the examples of the introduction to be typed in a natural way, since the type σ given to x in *fix* x.e can now be instantiated (with SPEC) at different occurrences of x within e. This extension is justified since it still results in only true things about $\models$ being $\vdash$ inferrable. Formally this is:

<u>Theorem</u> (semantic soundness)

For all A,e,σ we have $A \vdash e:\sigma \Rightarrow A \models e:\sigma$

<u>Proof</u>

/DM/ claim a proof by induction on e, to which we add the case for *fix* x.e. Assume, therefore, $A\{x:\sigma\} \vdash e:\sigma$, its implicant $A\{x:\sigma\} \models e:\sigma$. By the FIX rule we can deduce $A \vdash fix\,x.e:\sigma$ and hence we must show $A \models fix\,x.e:\sigma$.

Let $A' = A\{x:\sigma\}$ and η be an arbitrary member of $T[\![A]\!]$.

We have $E[\![fix\ x.e]\!]\eta = Y(\lambda v.E[\![e]\!]\eta\{v/x\}) = \bigsqcup_i v_i$

where $v_0 = \bot$ and $v_{i+1} = E[\![e]\!]\eta\{v_i/x\}$

By assumption $A' \models e:\sigma$ that is $\forall \eta' \in T[\![A']\!]\ .E[\![e]\!]\eta' \in T[\![\sigma]\!]$,

but we also have $v \in T[\![\sigma]\!] \Rightarrow \eta\{v/x\} \in T[\![A']\!]$ by definition of T

hence $v \in T[\![\sigma]\!] \Rightarrow E[\![e]\!]\eta\{v/x\} \in T[\![\sigma]\!]$.

So $v_0 = \bot \in T[\![\sigma]\!]$ and by the above $v_i \in T[\![\sigma]\!] \Rightarrow v_{i+1} \in T[\![\sigma]\!]$.

Hence $E[\![fix\ x.e]\!]\eta = \bigsqcup v_i \in T[\![\sigma]\!]$ by directed completeness of ideals.

Since η was arbitrary the last line holds for all η, which is just the definition of $A \models fix\ x.e:\sigma$ as required.

<u>Note</u>: To emphasise the point, if we are to have a computable set of types there can be no corresponding *semantic completeness*. When we come to discuss completeness it will be the *syntactic completeness* of an algorithm to infer instances of $A \vdash e:\sigma$.

As mentioned in section 3, we adjoin err to TScheme so it becomes a cpo with $\bigsqcap\{\} = err$. We still require $\sigma \in$ TScheme-$\{err\}$ for $A \vdash e:\sigma$ to hold.[†]

/DM/ show that the type inference rules (excepting our new FIX rule) are principal, i.e. for a given A and e, letting $\sigma = \bigsqcap\{\sigma': A \vdash e:\sigma'\}$, we have
$$\sigma \neq err \Rightarrow A \vdash e:\sigma.$$
(σ is a principal type scheme for e in A.)
Of course, by the INST rule we also have
$$\{\sigma': A \vdash e:\sigma'\} = \{\sigma': \sigma \sqsubseteq \sigma'\},$$
which is a principal (right) ideal of TScheme-$\{err\}$. We now show that this result extends to the FIX rule, and derive a monotonic operator on TScheme used later. We prove the result by induction, assuming the e below contains at most $n \geq 0$ nested fix expressions and show it holds for n+1.

For a given $A \in$ TA and fix x.e $\in$ Exp, define the function
$$F_A^{x.e}: \text{TScheme} \to \text{TScheme}: \begin{cases} \sigma \to \bigsqcap\{\sigma': A\{x:\sigma\} \vdash e:\sigma'\} \\ err \to err \end{cases}$$

We will often omit the sub- and super-script of F if the context is clear.

Lemma:
(i) F is monotonic and (ii) $F(\sigma) \neq err \Rightarrow A\{x:\sigma\} \vdash e:F(\sigma)$.

Proof:
(i) By lemma 1 of /DM/ we have that $\sigma_1 \sqsubseteq \sigma_2$ & $A\{x:\sigma_2\} \vdash e:\sigma' \Rightarrow A\{x:\sigma_1\} \vdash e:\sigma'$ by transforming derivations. The result follows from $X_1 \supseteq X_2 \Rightarrow \bigsqcap X_1 \sqsubseteq \bigsqcap X_2$.
(ii) By the principality of types for $A\{x:\sigma\}$ and e (inductive hypothesis).

Now, by the FIX inference rule, possibly followed by an INST rule we have:

Proposition 5.1:
$$A \vdash fix \text{ x.e}:\sigma \iff \sigma \sqsubseteq F_A^{x.e}(\sigma) \text{ \& } \sigma \neq err$$

In other words the derivable types of fix x.e are just the non-err pre-fixpoints of F. Moreover the least fixpoint is the most general ($\sqsubseteq$ smallest) such σ and is expressible as $\bigsqcup F^i(\forall\alpha.\alpha)$ if this is non-err. If the limit is err then fixx.e has no deducible type under A. The former case gives a principal type scheme to fix x.e thus completing the inductive step. (In the latter case there is nothing to prove.)

Remark:
The induction over e could have been carried out without reference to the result of /DM/ and this would give us a characterisation of principality without reference to an algorithm for calculating principal types. (Principality is like confluence.)

The following proposition illustrates how the fixpoint iteration on types progresses and also shows that our approach treats the type of a recursive definition as the limit of types gained by expanding out the definition a finite number of times.

Proposition 5.2:
$$\left[F_A^{x.e}\right]^n(\forall\alpha.\alpha) = \bigsqcap\{\sigma: A \vdash \underbrace{let \text{ x}=\bot \text{ in } let \text{ x=e in } ..., in \text{ x}}_{n \text{ times}}: \sigma\}$$

Proof:
Straightforward induction on n using pricipality.

(†): Adding $A \vdash e:err$ as an axiom simplifies the formalism in some places.

6. Type Assignment

Following /DM/ we define an algorithm (here semi-algorithm since we do not guarantee termination but see section 7) which given a type assignment A and a term e produces a substitution S and a type τ such that $SA \vdash e:\tau$. The produced S and τ are in some sense the most general such pair. If there is no such S and τ the program fails or loops.

Recall the definition of $\overline{X}(\sigma)$ from section 3. If A is a type assignment we will write $\overline{A}(\sigma)$ to mean $\overline{X}(\sigma)$ where X is the set of free type variables of A. Recall also the existence of a unification algorithm:

Proposition /Ro/:

There is an algorithm U: Type x Type $\to$ Subst + $\{fail\}$ such that
(i) If $U(\tau_1,\tau_2)$ = $fail$ then there is no substitution S with $S\tau_1$ = $S\tau_2$.
(ii) If $U(\tau_1,\tau_2)$ = S then $S\tau_1$ = $S\tau_2$ and any other S' with this property can be factored S' = RS for some substitution R.
Moreover the produced S is idempotent and only acts on variables of τ_1 and τ_2.

We can now define algorithm W, which copies that of /DM/ exactly except for the *fix* case and typographical corrections.

Algorithm W(A,e):
 case e of
  x: if $Ax = \forall \alpha_1\cdots\alpha_n.\tau$ then $(1, \{\beta_1/\alpha_1,\cdots,\beta_n/\alpha_n\}\tau)$ where the β_i are new
       else fail   and 1 the identity function

  $e_1\ e_2$: let (S_1,τ_1) = $W(A,e_1)$
         let (S_2, τ_2) = $W(S_1A, e_2)$
         let V = $U(S_2\tau_1, \tau_2 \to \beta)$ where β is new
         in $(VS_2S_1, V\beta)$

  $\lambda x.e_1$: let (S_1,τ_1) = $W(A\{x:\beta\}, e_1)$ where β is new
         in $(S_1, S_1\beta \to \tau_1)$

  let $x=e_1$ *in* e_2:
         let (S_1,τ_1) = $W(A,e_1)$
         let A_1 = $(S_1A)\{x: \overline{S_1A}(\tau_1)\}$
         let (S_2,τ_2) = $W(A_1,e_2)$
         in (S_2S_1, τ_2)

  fix $x.e_1$:
         let σ_0 = $\forall \beta.\beta$ where β is any type variable   (1)
         let A_0 = $A\{x:\sigma_0\}$ (2)
         repeat let (S_{i+1},τ_{i+1}) = $W(A_i,e_1)$ for $i \geq 0$ (3)
              let σ_{i+1} = $\overline{S_{i+1}A_i}(\tau_{i+1})$ (4)
              let A_{i+1} = $(S_{i+1}A_i)\{x:\sigma_{i+1}\}$ (5)
         until $S_{i+1}\sigma_i = \sigma_{i+1}$ (6)
         in $(S_{i+1}\cdots S_2S_1, \tau_{i+1})$ (7)

Notes:
1. This definition assumes a language like ML /GMW/ in which there are separate fail values which cause (failure) termination of the whole algorithm. We could simulate such values by using explicit injections and tests into a sum type but this complicates the definition for no gain in clarity.
2. The HOPE language /BMS/ requires a type scheme σ to be specified for each top-level definition and hence the fix case could be replaced by the code
   let A_0 = $A\{x:\sigma\}$
   let (S_1,τ_1) = $W(A_0,e_1)$
   if $S_1\sigma = \overline{S_1 A_0}(\tau_1)$ then (S_1,τ_1) else fail
   which merely checks that the user did supply a fixpoint.
3. If W is implemented in a side-effecting style and the effect of line 4 achieved by side-effecting τ_{i+1} then we must arrange for this to be undone on loop exit (or to use a new generic instance of σ_{i+1} in the result). Similar comments apply to note 2.
4. The definition of the fix x.e case is taken from that of the let case in that, for any n, $W(A, fix\ x.e)$ defines S_i ($i \leq n$) and τ_n so that
$$W(A, \underbrace{let\ x = \bot\ in\ let\ x = e\ in\ ...,}_{n\ times} in\ x) = (S_n...S_1, \tau_n)$$ or both fail to exist.

This is apparent from the code.

Proposition (Syntactic) soundness and completeness of W for $\vdash$: Given A,e we have

(i) If $W(A,e)$ succeeds with (S,τ) then $SA \vdash e:\tau$
(ii) If for some S',σ we have $S'A \vdash e:\sigma$ then
    (a) $W(A,e)$ succeeds with (S,τ) and
    (b) $S'A = RSA$ and $R(\overline{SA}(\tau)) \sqsubseteq \sigma$ for some substitution R.

Proof:
A fairly convincing proof can be constructed from the equivalence of approximants such as given in note 4 above and fix expressions together with proposition 5.2 giving a principal type for such approximants. However, we prefer to give a separate proof of correctness based on the suggested proof by induction on e in /DM/. We accordingly give the fix x.e case inductively assuming (i) for e:

Suppose that the fix iteration terminates after n steps (otherwise there is nothing to prove). For $0 \leq i \leq n$ we have

$S_{i+1}A_i \vdash e:\tau_{i+1}$ by the induction hypothesis and line (3) of W.
$S_{i+1}A_i \vdash e:\sigma_{i+1}$ by line (4) and GEN steps.

We hence have

$\sigma_{i+1} \in \{\sigma': (S_{i+1}A_i) \vdash e:\sigma'\} = \{\sigma': (S_{i+1}A_i)\{x:S_{i+1}\sigma_i\} \vdash e:\sigma'\}$

so $\sigma_{i+1} \sqsupseteq \sqcap \{\sigma': (S_{i+1}A_i)\{x:S_{i+1}\sigma_i\} \vdash e:\sigma'\} = F^{x.e}_{S_{i+1}A_i}(S_{i+1}\sigma_i)$.

By using $\sigma_{n+1} = S_{n+1}\sigma_n$ we have

$\sigma_{n+1} \sqsupseteq F^{x.e}_{S_{n+1}A_n}(\sigma_{n+1}) = F^{x.e}_{S_{n+1}...S_2 S_1 A}(\sigma_{n+1})$ since the two subscripts to $F^{x.e}$ only differ at x.

By proposition 5.1 characterising pre-fixpoints we thus have

$S_{n+1}...S_1 A \vdash fix\ x.e: \sigma_{n+1}$

and we can derive a corresponding formula with σ_{n+1} replaced with τ_{n+1} by INST. Therefore the inductive case is proved with (line 7) $S = S_{n+1}...S_1$ and $\tau = \tau_{n+1}$.

7. Termination Properties

The above arguments about soundness and completeness were only concerned with W succeeding if and only if there is a certain $\vdash$ derivation. They were not concerned with what behaviour W exhibited in failing to give a successful answer. As in the case without fix W may fail because unification fails or because a variable does not have a type in the type assumption. But now a new behaviour can occur - one of the type fixpoint iterations may fail to converge. This new case can actually happen: consider the expression fix f.λx.f. It gives a σ_n given by $\forall \alpha_0 \cdots \alpha_n.\alpha_0 \to \alpha_1 \to \cdots \to \alpha_n$. Of course, completeness means that the associated F has no non-err fixpoint either. As mentioned in the introduction, the work of /MPS/ is concerned with giving such expressions infinite or circular types.

We now turn to the problem of deriving effective termination criteria with which we can predict beforehand whether a given fixpoint iteration will converge. This section is of a much more tentative nature than the previous sections but is included because it illustrates the problems and because it does give an effective termination criterion which however is a little too strong - it faults some programs which have a convergent type iteration. (Perhaps this provides a good reason for adopting a type system like HOPE in which the user has to give the types of all recursive functions thereby avoiding the problems of this section.)

We can see the problem of determining whether an iteration will converge is very like that of the "occur check" in unification which forbids the unification of α with a term containing a. Taking the above example, we see that a type which limits the σ_i would need to satisfy the equations:

$\sigma \sqsubseteq \tau$ and $\sigma = \forall \alpha_1 \cdots \alpha_n.\tau' \to \tau$

which is impossible on symbol counting grounds. The problem appears to pose difficulties for unification due to the $\sqsubseteq$ inequality since unification is based on equality relations. The problem does not appear to have the flavour of undecidability but an exact characterisation of convergence does not seem very close at hand either.

The partial solution proposed here is to add the following lines of code to W just before the line numbered (1)

$\text{let } (S,\tau') = W(A, \lambda x^1 \cdots \lambda x^n.e_1')$ (0.1)
$\text{let } (\tau_1' \to \cdots \to \tau_n' \to \tau_0') = \tau'$ (0.2)
$\text{let } V_i = U(\tau_i', \tau_0')$ (0.3)

where e_1' is the expression derived from e_1 by replacing its n free occurrences of x with the new identifiers $x^1...x^n$. The effect is still to allow x to take on different types at different occurrences in e_1 (but in a slightly more restricted manner as we demonstrate in the example below). Basically, the idea is that the type τ' of $\lambda x^1 \cdots \lambda x^n.e_1'$ is then checked (0.3) to ensure that there is a unifier of τ_i' and τ_0'. This serves to fail the call to W (by the side-effect of U) if τ' has a form like $\alpha \to (\beta \to \alpha)$ produced by $\lambda f.\lambda x.f$ from our example $fix\ f.\lambda x.f$. Note that the unification of τ_i' and τ_0' is solely performed to check this and any side effect must be undone.

Theorem:

W is now (i) sound (ii) not complete and provided A is closed (iii) total.

Proof sketches:

(i) Since the modification does not enable W to give any answer it did not give before.

(ii) An example is

$fix\ f.\ let\ g=f\ in\ \ldots\ g(true)\ \ldots\ g(3)\ \ldots$

This is failed by the modification to W because g is given a type (not a type scheme) due to line (0.1) and so cannot be differently instantiated at its two occurrences. Programs of this form can however be well typed according to $\vdash$ (and hence the old version of W). Note that if completeness is thought to be a vital requirement it could be restored by restricting $\vdash$ by giving a weaker fix rule along the lines of

$$\text{FIX'}: \quad \frac{A \vdash \lambda x^1 \cdots \lambda x^n.e_1': \tau_1 \to \cdots \to \tau_n \to \tau_0 \quad (\text{if } \tau_i \sqsubseteq \sigma = \forall \alpha_1 \cdots \alpha_k.\tau_0)}{A \vdash fix\ x.e_1 : \sigma \quad (\text{and } \alpha_1 \ldots \alpha_k \text{ are not free in A})}$$

which corresponds to our derived rule for the expression

$fix\ x.(\lambda x_1 \cdots x_n.e_1')\ x \cdots x$

used below. FIX' is of intermediate power between our FIX and Milner's FIX" defined in section 5.

(iii) We first show that the iteration $\sigma_{n+1} = F_A^{x.e}(\sigma_n)$ always converges in a finite number of steps (to a type scheme or err) subject to the given condition.

We start by noting that $fix\ x.e$ and $fix\ x.(\lambda x_1 \cdots \lambda x_n.e')\ x \cdots x$ have the same semantics and the former can be well typed in type assumption A whenever the latter can (by transforming derivations). Here e' is derived from e as indicated above.

Now let A be an arbitrary type assumption. Associated with the former expression is the type scheme transformation $F_A^{x.e}$ given in section 5. We can similarly define one for the latter. We define

$$G_A^{x.e}(\sigma) = \bigsqcap \{\sigma': A\{x:\sigma\} \vdash (\lambda x^1 \cdots x^n.e')x \cdots x: \sigma'\}$$

By the above remark on type derivations we have that $F_A^{x.e}(\sigma) \sqsubseteq G_A^{x.e}(\sigma)$ and hence if an iteration $(G)^n(\forall \alpha \cdot \alpha)$ converges to a non-err value then so does $(F)^n(\forall \alpha \cdot \alpha)$. In the following we will assume that the free type variables of A are contained in $\{\gamma_1, \gamma_2, \ldots\}$ and that $\{\alpha_i\}$ and $\{\beta_j\}$ are two further disjoint subsets of TVar.

Now, letting $\forall \beta_1 \cdots \beta_m.\tau_1 \to \cdots \to \tau_n \to \tau_0 = \bigsqcap \{\sigma': A \vdash \lambda x^1 \cdots \lambda x^n.e': \sigma'\}$ be the most general type for the λ-expression and $\sigma = \forall \alpha_1 \cdots \alpha_k.\tau$ with $\tau^i = \{\alpha_{(i-1)k+j}/\alpha_j; 1 \leq j \leq k\}\tau$, we can write (by the COMP rule)

$$G_A^{x.e}(\sigma) = \forall \alpha_1 \cdots \alpha_{nk} \beta_1 \cdots \beta_m.U(\tau_1, \tau^1) \cdots U(\tau_n, \tau^n)(\tau_0)$$

if this exists and where the unifiers can only instantiate $\{\alpha_i, \beta_j\}$

$= err$ otherwise.

Finally, we show that the existence of V_i with $V_i(\tau_i) = V_i(\tau_0)$ and the V_i not instantiating the $\{\gamma_j\}$ gives a convergence criterion for $G^r(\forall\alpha\cdot\alpha)$ and hence for $F^r(\forall\alpha\cdot\alpha)$. It suffices to show that there is a $\sigma \neq err$ such that $\sigma \sqsupseteq G(\sigma)$ since by monotonicity $G^i(\forall\alpha\cdot\alpha) \sqsubseteq G^i(\sigma) \sqsubseteq \sigma$ and all bounded increasing sequences are eventually constant.

We start with the case n=1. If $V(\tau_1) = V(\tau_0)$ then we may assume that only γ_i are free in $V(\tau_0)$ by using $V' = RV$ if necessary to instantiate any β_i.

Now $G(V(\tau_1)) = \forall \beta_1 \cdots \beta_m . U(V(\tau_1), \tau_1)(\tau_0)$

$\sqsubseteq \forall \beta_1 \cdots \beta_m . V(\tau_0)$ since V unifies $V(\tau_1)$ and τ_1 and is hence less general than $U(V(\tau_1), \tau_1)$.

$= V(\tau_1)$ as no τ_i is free in $V(\tau_0) = V(\tau_1)$.

For the case n>1 we consider

$G_i(\sigma) = \sigma \sqcup \forall \alpha_1 \cdots \alpha_k \beta_1 \cdots \beta_m . U(\tau, \tau_i)(\tau_0)$.

Each G_i is monotonic and the mutual pre-fixpoints of the G_i are the pre-fixpoints of G. Moreover $G^i(\forall\alpha\cdot\alpha) \sqsubseteq (G_n \cdots G_1)^i(\forall\alpha\cdot\alpha) \sqsubseteq G^{ni}(\forall\alpha\cdot\alpha)$. Hence the result.

To apply the result to W in the absence of free variables of A (i.e. no enclosing λ-expressions) we merely note that $F^i(\forall\alpha\cdot\alpha)$ is exactly σ_i of the iteration.

8. ML example

The following example which I actually encountered in my rôle of programmer (it occurred in the ML compiler) shows that not all typing problems can be resolved by sorting recursive definitions into 'really' mutually recursive cliques.
In it *list* and *dlist* are isomorphic data structures having operations hd,tl,null, dhd, dtl,dnull giving respective list processing primitives. The code skeleton was:
  let rec f(x: structure) = case x of
     (basecase(y): ...
     | listcase(y): g(y, (hd,tl,null));
     | dlistcase(y): g(y, (dhd,dtl,dnull)))
   and g(x:α, (xhd:$\alpha\to\beta$, xtl:$\alpha\to\alpha$, xnull:$\alpha\to bool$)) =
        if xnull(x) then () else (f(xhd x); g(xtl x, (xhd,xtl,xnull)))
which was (over the larger body of code) a natural programming solution involving parameterising common code. The *fix* rule we suggest can successfully typecheck this.

9. Conclusions

We have extended Milner's polymorphic type scheme to allow more general typing of recursive definitions as required for languages with mutually recursive top level environments as well as some examples in ML itself. We did this for a minimal language, Exp, but the technique should readily extend to a larger set of type constructors.

We have given an algorithm like Milner's, but with a type iteration to determine the type of recursive definitions. A natural question is whether there is an algorithm to do this without iteration or how to find an exact termination criterion. Pragmatically, there may be grounds for restricting the use of this extended algorithm (as it stands) to the top level of definitions only, due the the exponential cost of analysing nested *fix* definitions.

Acknowledgments

Thanks to Sören Holmström for helpful comments and to Chris Wadsworth for the *fix* f.λx.f example. Financial support was provided by Chalmers and the Swedish STU.

References

/BMS/   Burstall, R., MacQueen, D.B. and Sannella, D.T.
        HOPE: an experimental applicative language.
        Internal report, Dept. of Computer Science, Edinburgh University, 1980.

/DM/   Damas, L. and Milner, R.
        Principal type schemes for functional programs.
        Proc. 9th ACM Symp. on Principles of programming languages, 1982.

/GMW/   Gordon, M., Milner, R. and Wadsworth, C.
        Edinburgh LCF.
        Springer-Verlag LNCS 78, 1979.

/Ho/   Holmström, S.
        Polymorphic type schemes and concurrent computation in functional languages.
        PhD thesis, Dept. of Computer Science, Chalmers TH, S-412 96 Göteborg, 1983.

/Mi/   Milner, R.
        A theory of type polymorphism in programming.
        Journal of computer and system sciences, 17(3), 1978.

/MO/   Mycroft, A. and O'Keefe. R.A.
        A polymorphic type system for Prolog.
        To appear in Artificial Intelligence. Preliminary version in DAI research report. Dept. of Artificial Intelligence, Edinburgh University.

/MPS/   MacQueen, D.B., Plotkin, G.D. and Sethi, R.
        An ideal model for recursive polymorphic types.
        Proc. 11th ACM Symp. on Principles of programming languages, 1984.

/MS/   MacQueen, D.B. and Sethi, R.
        A semantic model of types for applicative languages.
        Proc. Aspenäs workshop 1982.

/Ro/   Robinson, J.A.
        A machine oriented logic based on the resolution principle.
        JACM 12(1), 1965.

NON-SEQUENTIAL BEHAVIOUR

M.W. Shields
Electronics Laboratories
University of Kent at Canterbury

1 Introduction

Languages of string vectors and traces (congruence classes of strings) have been extensively used in the study of properties of path programs of Lauer and Campbell [8,13,14,9] and related systems [10]. They permit the dynamic properties of non-sequential systems to be expressed in an algebraic or linguistic manner. In this paper, we consider the relationship between such 'non-sequential languages' and objects of a more explicitly order-theoretic nature - generally, systems of labelled partially ordered sets.

We explain that under certain constraints on labelling and cardinality, there is a natural embedding of such systems into vector or trace monoids which permit us to consider the former as non-sequential languages. Furthermore, there is a converse construction - given a vector or trace language, we may construct a system of labelled posets which map to it under the above embedding.

As well as establishing a connection between two forms of behavioural representation, the above result also allows us to transfer results about order theoretic properties from one model to the other. In partiular, the class of languages which are left closed under the natural order structure of their ambient monoids may be characterised up to isomorphism as a class of prime algebraic and consistently complete posets satisfying a finiteness condition.

The paper concludes with a discussion of related work.

We give the following results without proof. A full account may be found in [11].

2 Systems of Posets

Let X be a poset. We shall write $\overline{X}$ for its underlying set and $\leq_X$ for its order relation.
If X and Y are posets, we define $X \leq Y \stackrel{\Delta}{=}$
 $\overline{X} \subseteq \overline{Y}$ and $\leq_X = \leq_Y | \overline{X}$ and $\forall x \epsilon \overline{X} \forall y \epsilon \overline{Y}: y \leq_Y x \Rightarrow y \epsilon \overline{X}$

Of course, if P is any collection of posets, then $(P, \leq)$ is itself a poset. This will be our initial model for non-sequential behaviour. The elements of Env(P), defined:

$$\text{Env}(P) = \cup \overline{X}; X \in P$$

are the <u>event</u> <u>occurrences</u> of the system in question, the posets $X \in P$ are the <u>behaviours</u> of the system and if $x \leq_X y$, then x has preceded y in the behaviour X. $X \leq Y$ means that the behaviour X is an initial part of the behaviour Y.

We may refine this model a little. Let us define, first of all, that P is <u>left</u> <u>closed</u> $\triangleq \forall X \in P: Y \leq X \implies Y \in P$
and that P is <u>event</u> <u>consistent</u> $\triangleq$
$$x \in \overline{X} \cap \overline{Y} \implies (y \leq_X x \iff y \leq_Y x)$$

P is a <u>behaviour</u> <u>system</u> iff it is left closed and event consistent. Left closure is not a serious restriction; obviously, we may always left-close a system of posets. Event consistency seems slightly more of a restriction. However, it turns out that we may always represent a left closed set of posets by a labelled behaviour system, which shows that we are not losing much generality by restricting our attentions to behaviour systems.

A labelling for a set of posets P is simply some surjection
$$\lambda: \text{Env}(P) \longrightarrow A,$$
some non-empty set A. We shall use labels to express incidence. Thus, for $\lambda(x) = a$, read 'x is an occurrence of a'.

Suppose P is a left-closed set of posets, then the labelled behaviour system (B, ϕ) <u>represents</u> P if there is a function Φ such that

$\Phi: (B, \leq) \longrightarrow (P, \leq)$ is an isomorphism

$\phi: \text{Env}(B) \longrightarrow \text{Env}(P)$ satisfies $\phi(\overline{X}) = \overline{\Phi(X)}$, all $X \in B$

Considered as a mapping $\phi: X \longrightarrow \Phi(X)$, ϕ is an isomorphism

Apart from the names of individual occurrences (hidden by the labellings) the two systems are identical.

   Theorem 1 ([12], Theorem 1, p 7): Every left-closed system of posets possesses a representation by a labelled behaviour system. □
The event consistency property simplifies things somewhat. Let $\overline{B}$ denote the set of ground sets, $\overline{X}$, $X \in B$, then we have

   Theorem 2 ([12], Theorem 1, p 5): If P is an event consistent set of partial orders then the mapping $X \longrightarrow \overline{X}$ defines an isomorphism
   $$(P, \leq) \longrightarrow (\overline{P}, \subseteq)$$ □
With this, it is very easy to show the following, which is a mild generalisation of a result to be found in [6].

Recall that x is a complete prime if whenever it is below the supremum of some set then it is below some element in that set, and that a poset is prime algebraic if every element is the supremum of the primes below it. A set is consistently complete if all upper bounded non-empty sets have suprema.

> Theorem 3 ([12], Theorem 2, p 5): Let B be a behaviour system, then as a poset B is prime algebraic and consistently complete. The complete primes of B are the posets $[x]_B$ with $\overline{[x]_B}$ = $\{y \varepsilon Env(B) | y \leq x\}$. Furthermore, any such poset is isomorphic to some behaviour system, in which the complete primes are the events and to a point in the poset corresponds the subposet of primes below it. □

We have sketched a number of order-theoretic models of non-sequential behaviour. We now describe some language theoretic models.

3   Trace and Vector Languages

Let A be a set and ind $\subseteq$ A X A a symmetric, irreflexive relation (an <u>independence</u> relation) that is

   a ind b $\Longrightarrow$ b ind a and a $\neq$ b.

Let $\equiv_{ind}$ be the smallest equivalence relation containing the relation

$$\{(x.a.b.y, x.b.a.y) | (a,b) \varepsilon ind, x,y \varepsilon A^*\}$$

It is easy to show that $\equiv_{ind}$ is a monoid congruence on A^* and that the relation $\leq_{ind}$:

$$(x)_{ind} \leq_{ind} (y)_{ind} \iff (x.z)_{ind} = (y)_{ind}, \text{ some } z \varepsilon A^*$$

is a partial order. Thus the set of $\equiv_{ind}$ classes of A^* form a monoid $A^*/\equiv_{ind}$, which is also a partially ordered set.

$\equiv_{ind}$ is a Mazurkiewicz <u>trace congruence</u> [5]. The intuition behind it is that if a ind b, then a and b are reciprocally unconstrained; they may happen concurrently, for example. This being the case, then any strings x,y with x $\equiv_{ind}$ y may be considered different interleavings of the same non-sequential behaviour.

Trace monoids have a concrete representation as monoids of vectors of strings. Let A be a set. An <u>indexed</u> <u>cover</u> for A is a mapping

   $\alpha: I \longrightarrow 2^A$,

(where 2^A denotes the powerset of A), satisfying

   $A = \cup \alpha(i); i \varepsilon I$.

From a cover, we may obtain an independence relation, via:

$$a \text{ ind}_\alpha b \iff \forall i \varepsilon I \; \{a,b\} \subseteq \alpha(i).$$

Conversely, to any independence relation ind, there may be associated at least one cover, α, such that

$$\text{ind}_\alpha = \text{ind}. \;(\text{See, for example, [3]}).$$

Two actions belong to the same element of the cover if they may not execute concurrently. In a behaviour involving these actions and respecting the relation ind_α, all actions in any of the sets $\alpha(i)$ would thus execute in sequence and we thus may associate with this behaviour a vector, the i'th coordinate of which is the string representing the sequence of executions of the actions of $\alpha(i)$.

We shall now construct the set of all such vectors, for a given cover $\alpha:I$. Denote by M_α, the set of all functions: $x:I \longrightarrow A^*$, such that $x(i) \varepsilon \alpha(i)^*$, each $i \varepsilon I$. We shall call these, <u>α-vectors</u>.

It is evident that M_α is a monoid under coordinatewise concatenation

$$(x.y)(i) \stackrel{\Delta}{=} x(i), \text{ each } i \varepsilon I,$$

and a poset with respect to a coordinatewise prefix ordering:

$$x \leq y \iff \forall i \varepsilon I: x(i) \leq y(i).$$

We define a submonoid of M_α as follows. Let $a \varepsilon A$ and define the α-vector a_α as follows:

$$a_\alpha(i) \stackrel{\Delta}{=} \underline{\text{if}} \; a \varepsilon \alpha(i) \; \underline{\text{then}} \; a \; \underline{\text{else}} \; \varepsilon.$$

Here, ε denotes the null string. We shall drop the subscript α where this will not cause confusion.

We also define ε_α to be the α-vector with all its coordinates ε.

Let $A_\alpha \stackrel{\Delta}{=} \{a_\alpha | a \varepsilon A\}$. Let A_α^* denote the submonoid of M_α generated by A_α. The connection with trace languages is simply:

Theorem 4 ([1,7] Theorem 7, p 41): Let α be a cover of A and let $\text{ind} = \text{ind}_\alpha$, then the mapping $\phi_\alpha: A_\alpha \longrightarrow A/\equiv_{\text{ind}}$ extends to an isomorphism $\phi_\alpha: A_\alpha^* \longrightarrow A^*/\equiv_{\text{ind}}$, which is also a poset isomorphism. □

Subsets of monoids A_α^* we shall call <u>vector languages</u>. Such languages provide a fairly natural means of describing the behaviour of systems composed of sequential machines cooperating by synchronising on shared labels, for example SMD Petri Nets (for example [2], page 198), Path Expressions [4] or SDL [10].

There is an alternative construction for A_α^*, which emphasises the connection between our work here and the Rational Relations of Nivat [1,7]. Let $\pi_i: A^* \longrightarrow \alpha(i)^*$ denote the i-projection function, which 'deletes' from strings $x \in A^*$ all elements not belonging to $\alpha(i)^*$. The mapping $\pi_\alpha : A^* \longrightarrow M_\alpha$ given by $\pi(x)(i) = \pi_i(x)$ is obviously a monoid morphism with $\pi_\alpha(A) = A_\alpha$ and so $\pi_\alpha(A^*) = A_\alpha^*$.

We shall now establish a relationship between the lingusitic objects of this section and the order theoretic objects of the previous section.

4 Representation of Linguistic Behaviour Systems

Let us first isolate some aspects of the local dynamic behaviour of B. If $X,Y \in B$ with $X \leq Y$ and $\overline{Y} - \overline{X} = \{x\}$, then we shall say that x may occur at X and transform X to Y, writing

$X \to {}^x Y$.

We shall write $X \to {}^x$ to indicate that $X \to {}^x Y$, some Y.
If $x,y \in \text{Env}(B)$, then we shall say that x and y are <u>cotemporaneous</u> in X, and write $x \; co_X \; y$ if

$x,y \; \overline{X}$ and $x \not\leq_X y$ and $y \not\leq_X x$.

We use the word 'cotemporaneous' rather than 'concurrent' or 'simultaneous' because the two latter sometimes suggest specific kinds of cotemporaneousness; intransitive in the first case and transitive in the second. The behaviour system (and related) models do not restrict themselves to either.

Now that we have a notion of temporal independence, we may consider the relationship between the order theoretic and abstract algebraic models. First, we restrict ourselves to <u>finitary</u> behaviour systems.

Let (B,λ) be a labelled behaviour system, then (B,λ) and B will be said to be finitary iff

$\forall X \in B : |\overline{X}| < \infty$.

Let us define a relation ind_λ on A = codomain(λ) as follows. $(a,b) \in \text{ind}_\lambda$ $\iff$ $a \neq b$ and $\exists X \in B \exists x, y \in \overline{X}: x \; co_X \; y$ and $\lambda(x) = a$ and $\lambda(y) = b$.

ind_λ thus reflects, to a certain extent, the cotemporaneousness relation in B 'lifted' to its label set. We shall consider a constrained type of labelling, in which this reflection is faithful.

λ will be said to be <u>conservative</u> iff

1. $\forall X \in B \; \forall x,y \in \text{Env}(B) : X \to {}^x$ and $X \to {}^y$ and $x \neq y \implies \lambda(x) \neq \lambda(y)$

2. If $x,y \in \overline{X}$ with $\lambda(x) \; \text{ind}_\lambda \; \lambda(y)$ then $x \; co \; y$ <u>or</u> ($\exists z \in \overline{X}: x < z < y$ or $y < z < x$).

If (B,λ) is both finitary and conservative, we shall call it <u>linguistic</u>.

We shall now explain that lingusitic behaviour systems are precisely the order theoretic objects that correspond to left-closed vector or trace languages. One direction of their construction is very simple.

Let $x \varepsilon B$. Define $R(X)$ to be the set of all strings $\lambda(x_1)\ldots\lambda(x_n)$ such that
$$\overline{X} = \{x_1,\ldots,x_n\} \text{ and } \forall i,j: x_i <_X x_j \Rightarrow i < j.$$
$R(X)$ thus represents all the sequential <u>interleavings</u> of the non-sequential behaviour X. R is evidently a function from B to 2^{A*}. In fact we have much more than this:

Theorem 5 ([11] Theorem 8, p 37): Suppose (B,λ) is linguistic, with ind = ind_λ, then R is a poset monomorphism:
$$R: (B, \leq) \longrightarrow (A*/\equiv_{\text{ind}}, \leq_{\text{ind}}).$$
and $R: B \cong R(B)$. □

$R(B)$ is left closed in $A*/\equiv_{\text{ind}}$ with respect to $\leq_{\text{ind}}$. ($R(B)$ is a <u>left-closed trace language</u>).

From theorem 5, we may obtain a similar embedding into a left closed vector language via a mapping $\phi_\alpha \cdot R$. We note that the same mapping may be obtained directly as follows. Construct a cover α corresponding to ind_λ. If X B, construct a vector, $R_\alpha(X)$ such that its i coordinate is $\lambda(x_1)\ldots\lambda(x_m)$, where $\{x_1 < \ldots < x_m\}$ is the total order obtained by restricting X to $\lambda^{-1}(\alpha(i))$. We would have $R_\alpha = \phi_\alpha \cdot R$.

Suppose now that we have a left-closed trace or vector language, V. Can we construct a labelled behaviour system from it? Each element of the language represents some behaviour. We must construct for each element a set of event occurrences. The clue to doing this is provided by theorem 3. Here, event points correspond to complete primes, and the complete primes in a behaviour system are those posets which contain a unique maximal element. We therefore choose to represent event points the elements $x \varepsilon V$ such that if $a, b \varepsilon A_\alpha$ then
$$x = y_1 \cdot a = y_2 \cdot b \Rightarrow a = b.$$
and define $\lambda_V(x) = a$. Let us denote the set of such x by $\text{Pr}(V)$ and for $y \varepsilon V$, let $S(y)$ be the poset X with
$$\overline{X} = \{x \varepsilon \text{Pr}(V) \mid x \leq y\} \text{ and } \leq_X = \leq | \overline{X}.$$
Theorem 6 ([11] Theorem 13, p 57, Theorem 21, p 63): Let V be a left closed trace language, then $(S(V), \lambda_V)$ is a linguistic behaviour system (B,λ) and the mapping: $S: (V, \leq) \longrightarrow (B, \leq)$ is a poset isomorphism. □

We thus have two ways of associating our two kinds of objects together. It merely remains to be remarked that these are almost inverses of each other.

Theorem 7 ([11], Theorems 25, 26, p 65): With the above terminology:
1. $V = R(S(V), \lambda_V)$
2. $(B,\lambda) \cong (S(R(B)), \lambda_{R(B)})$ □

Here, '$\cong$' denotes isomorphism of labelled behaviour systems. Labelled behaviour systems (B,λ) and (B',λ') are isomorphic if there exists a map $\mu:\text{Env}(B) \to \text{Env}(B')$, which is bijective and satisfies:
1. $\forall x \in \text{Env}(B): \lambda(x) = \lambda'(\mu(x))$
2. If $X \in B$, then there exists $\Phi(X) = X' \in B'$ such that Φ is a poset isomorphism and $\mu(\overline{X}) = \overline{Y}$.

Having the isomorphism, we may now drop the restriction 'left closed' from both sides and generalise the above results. Say that a labelled, event consistent set of posets (P,λ) is linguistic if its left closure is (noting that, if B is the left closure of P then B is a behaviour system with $\text{Env}(B) = \text{Env}(P)$, so that the above definition makes sense) If, on the other hand, V is a trace language, $V \subseteq A^*/\equiv_{ind}$, then let V' be its left closure in $A^*/\equiv_{ind}$ with respect to $\leq_{ind}$. The isomorphism $S:V' \to (S(V'), \lambda_{V'}) \lambda_{V'})$ evidently cuts down to an isomorphism S 1 V: $V \to (S(V), \lambda_V)$, where the latter has S(V') for its left closure, and inherits event consistency and conservativeness from it. We thus have:

Theorem 8 ([12], Theorem 11, p 13): Let (P,λ) be linguistic, then R(P) is a trace language isomorphic to P. Conversely, if V is any trace language then $(S(V), \lambda_V)$ is a linguistic, event consistent set of posets isomorphic to V and we have:
1. $V = R(S(V), \lambda_S)$
2. $(P,\lambda) \cong (S(R(B)), \lambda_{R(B)})$ □

By theorem 4, we have corresponding results for vector languages, keeping the chosen cover α fixed. In fact, we found the proofs of these results slightly easier using vectors and in [11], they are given in this latter form.

We also remark that the above results apply to behaviour systems which are finitary but unlabelled - we may take the label to be the identity mapping - it is obviously conservative.

Theorem 7 allows us to transfer results on the order theoretic properties of behaviour systems to left-closed non-sequential languages. Indeed, let us call a poset $(D,\leq)$ 'linguistic' if it is prime algebraic consistently complete and satisfies

$$\forall x \varepsilon D: |\{p \varepsilon Pr(D) | p \leq x\}| < \infty.$$

By theorem 3, $(D,\leq)$ is isomorphic to a finitary behaviour system and hence, by the above remark and theorem 7 to a left-closed vector or trace language. Conversely, if V is a left-closed or trace or vector language, then by theorem 3 it is isomorphic to a finitary behaviour system. By theorem 3, this system is prime algebraic and consistently complete, while for any element of it, the set of primes below that element is in 1-1 correspondence with its elements and hence finite. We thus have:

Theorem 9 ([12], Theorem 12, p 14): Let V be a left-closed vector or trace language, then $(V,\leq)$ is a linguistic poset. If $(D,\leq)$ is any linguistic poset, then $(D,\leq)$ is isomorphic to $(V,\leq)$, some left-closed trace or vector language V. □

5 Connections with Other work

The main aim of this paper is to tidy up the connections between models of non-sequentiality which are mainly order theoretic and those which are language theoretic.

An approach which is so closely related to that of behaviour systems that it is questionable whether they differ at all significantly is that involving Event Structures, initiated in [6] and continued fruitfully by Winskel [14,15]. The closest connection is with the model in [6]. Every such event structure defines a collection of posets L(E), which are the conflict-free left-closed subposets of E, and which constitute a behaviour system. Conversely, to every behaviour system one may relate an event structure, W(B). W(L(E)) is always E, but in general we only have inclusion in the other direction: $B \subseteq L(W(B))$. It is possible to show that the behaviour system L(W(B)) is the smallest behaviour system containing B which is <u>coherent</u> as a poset. A poset is coherent if every subset X, which is such that any two of its elements are bounded above in the poset, has a supremum. For this reason, we have spoken of it in [11] as the <u>completion</u> of the behaviour system B. The event structures thus correspond to the complete behaviour systems. There is a more general model presented in [17]. The main difference seems to be absence of event consistency. However, we may use something like theorem 1 to enable us to regard them as labelled behaviour systems. In fact, Winskel proves a comparable result in that paper.

Corresponding to completions of linguistic behaviour systems, there is also a 'completion' of the corresponding languages, involving vectors of infinite strings. This seems a straightforward generalisation of the situation in string languages except that here one does not simply add on the 'adherence' of the language (which completes to an algebraic c.p.o.) but also vectors x.a.b. whenever x.a, x.b are in the language and a and b are independent actions. These results are to be found in [12].

The connection between vector languages and Nivat's work on rational relations is given in [1]. Here, we have a construction which generalises that of A_α^* from A^* and the projection functions π_i, in that the functions are allowed to be a more general class of monoid epimorphisms.

Our main result allows us to consider systems of partial orders as subset of monoids. Related to this aspect of things are attempts to endow collections of order theoretic objects directly with algebraic structure as in the work of Winkowski [18] and Starke [15]. Winkowski's algebras seem to use fragments of causal net for which are defined two combinators, one a serial and the other a parallel composition. Starke has two similar combinators, although his objects are labelled posets rather than fragments of net. In both cases, the structures are partial algebras. With our applications in mind, we cannot help feeling that working in this way, that is directly, with order theoretic objects, although ingenious, is rather clumsy and (in view of theorem 7 above), unnecessary.

Finally, let us examine the connection between the work presented here and Net Theory [2]. From a condition/event system, and a given initial case, one may construct an 'occurrence net' (in the sense of [6]), labelled to exhibit its conflict-free and left closed subnets as processes of that net from the given case. Extracting the labelled event structure and the corresponding finitary behaviour system, we have that the induced labelling in conservative. Thus, we may indirectly give a vector semantics for C/E nets. More directly, we may place complement the net, giving a 1-safe SMD net. Such nets give rise naturally to vector languages - they correspond (almost) to certain path programs - and the resulting languages are isomorphic to those produced via processes and event structures. A third approach would take Mazurkiewicz trace semantics for nets and 'vectorise it'. Again, the same languages result, up to isomorphism. Of the three approaches, the trace is (as far as I can gather) the earliest, that via event structures emphasises the behavioural interpretation of C/E nets the most and that using place complementation allows a simple characterisation of the class of languages obtained.

Acknowledgements

The work reported in this paper was done when the author was working at Edinburgh University in a project headed by Robin Milner and sponsored by Standard Telecommunications Ltd. and the Science and Engineering Research Council of the U.K. The author would like to thank all the above for their support.

References

[1] Arnold, A., Synchronised Behaviours of Processes and Rational Relations. *Acta Informatica* 17:21-30, 1981.

[2] Brauer, W. (ed.), LNCS. Volume 84: *Net Theory and Application*. Springer, 1980.

[3] Janicki, R., Characterisation of Concurrency-like Relations. In Giles Kahn (ed.), *Proc. Symposium on the Semantics of Concurrent Computation*, LNCS. Vol. 70. Springer, 1979.

[4] Lauer, P.E., Campbell, R.H., Formal Semantics for a Class of High Level Primitives for Coordinating Concurrent Processes. *Acta Informatica* 5: 247-332, 1975.

[5] Mazurkiewicz, A., Concurrent Program Schemes and their Interpretation. In *Proceedings, Aarhus Workshop on Verification of Parallel Processes*, 1977.

[6] Nielsen, M., Plotkin, G., Winskel, G., Petri Nets, Event Structures and Domains. In Giles Kahn (ed.), *Proc. Symposium on the Semantics of Concurrent Computation*, LNCS Vol. 70. Springer, 1979.

[7] Nivat, M., Infinitary Relations. 6th Colloquium on Trees in Algebra and Programming, "*CAAP 81*", Genoa, 1981, e.d. Estesiono and C. Böhm, LNCS 112, pp 46-75.

[8] Shields, M.W., Adequate Path Expressions. In Giles Kahn (ed.), *Proc. Symposium on the Semantics of Concurrent Computation*, LNCS Vol. 70. Springer, 1979.

[9] Shields, M.W., *On the Non-sequential Behaviour of Systems Possessing a Generalised Free Choice Property*. Technical Report CRS-92-81, University of Edinburgh, Department of Computer Science, September 1981..

[10] Shields, M.W., *Concurrency, Correctness, Proof and Undecidability in SDL-like Systems*, Technical Report CSR-119-82, University of Edinburgh, Department of Computer Science, June, 1982.

[11] Shields, M.W., *Non-sequential Behaviours 1*. Technical Report CRS-120-82, University of Edinburgh, Department of Computer Science, June, 1982.

[12] Shields, M.W., *Non-sequential Behaviours 2*. Technical Report CRS-144-83, University of Edinburgh, Department of Computer Science, October, 1983.

[13] Shields, M.W., Lauer, P.E., A Formal Semantics for Concurrent Systems. In *Proceedings ICALP 6*, LNCS Vol. 71, Springer, 1979.

[14] Shields, M.W., Lauer, P.E., Verifying Concurrent System Specifications in COSY. In *Proc. MFCS 8*, LNCS Vol. 88, 1980.

[15] Starke, P., Processes in Petri Nets, *Elektronische Informationsverarbeitung und Kybernetik* 17(8-9): 389-416, 1981.

[16] Winskel, G., *Events in Computation (Ph.D. thesis)*. University of Edinburgh, Department of Computer Science, 1980.

[17] Winskel, G., *Event Structures Semantics for CCS and Related Languages*, Technical Report DAIMIPB-159, Aarhus University, Computer Science Department, April, 1983.

[18] Winkowski, J., An Algebraic Description of Systems Behaviours, *Theoretical Computer Science* 21(3):215-340, December 1982.

PROVING PROPERTIES OF SNOBOL4 PATTERNS:
SELECTING THE ASSERTION FORMAT

Morris M. Siegel
Dept. of Computer Science
Queens College of CUNY
Flushing, NY 11367 / USA

Abstract

Classic Hoare logic has been very successful for proving properties of programs in conventional, imperative languages. Adapting it to a non-imperative environment, which has not been tried much, can provide new insight into the method of axiomatic semantics as well as into the specific new area of application.

This paper presents two surprising results derived merely from the adaptation of the Hoare assertion {P} S {Q} to a logic for proving properites of Snobol4 patterns: (1) selecting just the right assertion format sometimes is highly non-trivial and requires careful analysis, since the choice has a fundamental influence on the final logic; and (2) a certain amount of inexpressiveness (normally considered undesirable) may deliberately be chosen in order to simplify the logic. Our main analytic tool, in selecting "the" correct assertion format from among the many plausible alternatives, is to require that patterns with different properties be "assertionally separable" -- i.e., there must be an assertion true for one pattern but false for the other.

1. Introduction

Until now, program proving has focused on Algol-like "imperative" languages. Some of the most distinctive languages are non-imperative, though, and one may reasonably conjecture that axiomatizing the latter might be especially instructive. Not only would the immediate object of study be better understood, but improved perspective could be gained on the axiomatic method itself, in that some intrinsic aspects might be distinguished from aspects that pertain only in the imperative case.

One prime candidate for testing our conjecture is the non-imperative feature of pattern matching. Found in many string-oriented languages, this assumes in Snobol4 [GPP 71] a powerful but idiosyncratic form. Like a procedure, a non-trivial pattern needs testing and debugging before it can be used with full confidence. The same high standard of correctness that gives rise to program proving for imperative languages applies here too: a pattern should be provably correct, not just "testably correct."

Developing a logic for proving properties of Snobol4 patterns, besides giving us a better understanding of pattern matching and enabling us to prove patterns correct, also supports our conjecture that non-imperative axiomatizations can be especially instructive. Merely the first step of adapting the Hoare [Hoa 69] assertion format {P} S {Q} to our particular logic (which step is trivial in the imperative case) is quite difficult and requires careful analysis. Moreover, the final assertion format we settle on deliberately involves a certain amount of inexpressiveness (which is usually avoided as much as possible), and also may aid us in the axiomatization of generalized backtracking (of which pattern matching is a special case), and even of features of imperative languages such as error handling (e.g. the ON statement of PL/I). We therefore devote this paper to the topic of selecting the assertion format for Snobol4 pattern matching. The exposition herein is simplified as well as abbreviated, but the main ideas are presented. Those interested in more details may contact the author.

2. Assertional separability

Rather than choosing at random among the many different plausible assertion formats, relying on our intuition to evaluate the suitability of a candidate format, we systematically judge the various possibilities using the criterion of "assertional separability," which relates to the notion of expressiveness. Specifically, we require of our assertion format (whatever it may be) that if pattern p is not equivalent to pattern q, then we ought to be able to distinguish between p and q in our formalism. For if p and q are not equivalent, then there is some property true of p but not of q, and any formalism failing to meet our requirement will be inherently incapable of even expressing an assertion capturing this property, let alone serving as a means for proving such an assertion.

Rephrasing this more precisely, we call p and q __assertionally inseparable__ iff for all formulas b and c, the assertions {b} p {c} and {b} q {c} are either both true or both false; otherwise, p and q are __assertionally separable__. (We often omit the word "assertionally.")

Our criterion is that non-equivalent patterns must be separable.

However, while necessary, separability is not a sufficient criterion for evaluating assertion formats.

3. Definitions and Notation

Given a string $s = x_1 \ldots x_m$ of $m \geq 0$ characters, define $\#s = m$ and $s[i/j]$ = the substring $x_{i+1} \ldots x_{i+j}$.

When matching a pattern against the subject string (denoted \$), the cursor (denoted @), which points after (rather than at) characters of the subject, is incremented from the **precursor** to the **postcursor** position if the match succeeds, but is left unchanged if the match fails.

To match the concatenation p & q (standard notation: p q), first p is tried, and if p succeeds, then the **subsequent** q is tried. If q succeeds, we're done; if q fails, we **backtrack** to try p again and then (upon success of p) to try q again, etc. The **primary behavior** of p is what p does before q is reached; the **secondary behavior** of p is what p does when retried during backtracking. **Total behavior** is primary plus secondary behavior.

Patterns p and q are **primarily equivalent** if they share the same primary behavior, and **totally equivalent** if they share the same total behavior. **Unitary** patterns are those with nil secondary behavior; i.e., omitting retrial of unitary patterns during backtracking would not affect the outcome of the match.

4. Evaluating possible assertion formats

4.1. Initial attempt -- single success postcondition

The simplest format that comes to mind is

$$\{b\} \; p \; \{s\} \; , \qquad (1)$$

meaning that if formula b holds, and pattern p is matched, then if p succeeds, then formula s is true. The formula that is true if p fails is left implicit, relying on the complementarity of success and failure. For example,

$$\{@=k\} \; 'A' \; \{\$[k/1]='A' \; \& \; @=k+1\} \; ,$$

meaning that if the precursor position is k and the pattern being matched is 'A', then if the match succeeds we know the $(k+1)^{st}$ character of the subject is 'A' and the postcursor position is k+1. However, even though this is very close to the standard imperative assertion format, it fails to meet the separability criterion, for it cannot distinguish between patterns that on failure perform different side effects. For example, 'A' and 'A' | @M & FAIL are inseparable, but on failure only the latter sets M to the cursor.

4.2. Second attempt -- success/failure postcondition pair

We might try to solve the above difficulty by adding another postcondition to the format:

$$\{b\} \; p \; \{s \; \| \; f\} \; . \tag{2}$$

Here s is true if p succeeds and f is true if p fails. 'A' and 'A' | @M & FAIL are now separable, for

$$\{M=m \; \& \; @=k\} \; 'A' \; \{\$[k/1]='A' \; \& \; M=m \; \& \; @=k+1$$
$$\| \; \$[k/1] \neq 'A' \; \& \; M=m \; \& \; @=k\}$$

whereas

$$\{M=m \; \& \; @=k\} \; 'A' \; | \; @M \; \& \; FAIL \; \{\$[k/1]='A' \; \& \; M=m \; \& \; @=k+1$$
$$\| \; \$[k/1] \neq 'A' \; \& \; M=@=k\} \; .$$

Format (2), though, also fails our criterion. The problem this time is more subtle. We haven't yet mentioned whether the postcondition is to include secondary behavior of p, i.e. whether s may be what is true if p suceeds when retried upon scanner back-up. If we ignore secondary behavior, then 'A' and 'A' | 'AB' are inseparable (since they share the same primary behavior), even though they are not interchangeable. However, if we include secondary behavior, then 'A' | 'AB' and 'AB' | 'A' are inseparable, since the assertion format cannot distinguish between primary and secondary behavior; thus the non-commutativity of alternation (which is an important part of pattern-matching semantics, not just an implementation detail) cannot be modeled by the assertion format.

4.3. Other unsuccessful attempts

In similar fashion, we could consider and reject in turn the following assertion formats:

$$\{b\} \; p \; \{s_1 \| f_1 \; ; \; \ldots \; ; \; s_n \| f_n\} \tag{3}$$

After initial trial of p (representing primary behavior), if p succeeds, then s_1 is true, but if p fails, then f_1 is true; assuming initial success, upon failure of p's subsequent, scanner back-up, and retrial of p, if p succeeds or fails, then s_2 or f_2 is true, respectively; and so on.

$$\$ \; \{b\} \; p \; \{s_1, s_2, \ldots, s_n \; \| \; f\} \tag{4}$$

When matching pattern p against the subject \$, n is defined to be the number of times p succeeds; upon the ith trial and success of p, s_i is true (i=1,...,n, where n $\geq$ 0); upon the n+1st trial, p fails, and f is true.

$$\${b_1, ..., b_n, b_{n+1}\} \; p \; \{s_1, ..., s_n \; \| \; f\} \qquad (5)$$

When matching subject $ against pattern p, upon the ith trial (i=1,...,n, where n $\geq$ 0), b_i is true before the match, p succeeds, and s_i is true afterwards; upon the n+1st and final trial, b_{n+1} is true before the match, p fails, and f is true afterwards.

We reject these formats most but not entirely because of the separability criterion. In particular, format (5) is rejected because a logic based upon it is so tedious and complicated to use that the increased confidence it provides in the correctness of our patterns is not worth the effort.

4.4. A new approach

A much simpler assertion format suggests itself by considering a troubling feature of formats (3) - (5). At the statement level only primary behavior of a pattern is relevant -- once the pattern initially succceeds, the pattern match statement succeeds, and there can be no backtracking and retrial of the pattern. Hence, any inference rule transforming a pattern assertion into a statement assertion would have to discard $s_2, ..., s_n$; this implies that these elements were derived in vain. If so, perhaps we should try an assertion format which throughout refers only to primary behavior. This was mentioned in passing in section 4.2 and immediately rejected as violating the separability criterion by not always being able to distinguish p from p | q.

We resolve this dilemma by re-interpreting the criterion. We still require that our assertion format be able to differentiate between non-equivalent patterns; but now we take "equivalent" to mean "primarily equivalent" rather than "totally equivalent." In other words, since (say) 'A' and 'A' | 'AB' share the same primary behavior, we no longer expects them to be assertionally separable; the fact that they are not totally equivalent will instead be reflected in restrictions on the proof rules. Note that we are deliberately opting for a form of inexpressiveness -- our assertion format will now be totally incapable of expressing any properties of the secondary behavior of a pattern, no matter how important. We willingly pay this price in order to have a humanly manageable formalism; moreover, surprisingly few patterns become formally intractable as a result. (We still aim for expressiveness and relative completeness w.r.t. primary behavior of patterns.)

4.5. Sixth version -- primary-behavior-only postcondition

The final assertion format is

$$\{b\} \ p \ \{s \ \| \ f\} \ . \qquad (6)$$

If f is true, and pattern p is tried (afresh, not during backtracking), then following (primary) termination of p, if p succeeded then s is true but if p failed then f is true. For example,

$$\{@=2\} \ \text{'XYZ'} \ \{\$[2/3]=\text{'XYZ'} \ \& \ @=5$$
$$\| \ \$[2/3] \neq \text{'XYZ'} \ \& \ @=2\} \ ,$$

which says that if the cursor is initially positioned after the 2nd character of the subject and the subject is matched against the pattern 'XYZ', then either the match succeeds, the next 3 characters of the subject are 'XYZ', and the cursor advances to after the 5th character, or else the match fails, the next 3 characters are not 'XYZ', and the cursor remains unchanged. Since Snobol4 pattern-matching semantics requires that the cursor value upon match failure be the same as before the match, it is convenient to introduce the notation

$$\{b' \ \& \ @=k\} \ p \ \{s \ | \ f'\}$$

to abbreviate

$$\{b' \ \& \ @=k\} \ p \ \{s \ \| \ f' \ \& \ @=k\} \ ;$$

thus the above assertion abbreviates to

$$\{@=2\} \ \text{'XYZ'} \ \{\$[2/3]=\text{'XYZ'} \ \& \ @=5$$
$$\| \ \$[2/3] \neq \text{'XYZ'}\} \ .$$

(Having both '|' and '‖' available as delimiters simplifies the schematic presentation of the proof rules.)

Note that our assertion format says that if p succeeds, then s is true, but not necessarily conversely; given that s is true, p may have either succeeded or failed. However, not only does this potential ambiguity allow us to prove useful assertions, but if we tried to strengthen the postcondition interpretation by forbidding such ambiguity, then some intuitively reasonable assertions and proofs would becomes formally invalid; moreover, the rules of inference needed to preserve unambiguity have ugly schemas. Thus the obvious choice is to permit this ambiguity.

Once we settle on an assertion format we can formulate proof rules based upon it; this in turn provides feedback on the suitability of our chosen format. Sample axioms and rules of inference for format (6) appear in the appendix.

5. Previous Work

Gimpel [Gim 73, Gim 75, Gim 76] defines a restricted class of patterns as functions mapping a string (the subject) and a natural number (the precursor) into a sequence of natural numbers (the postcursors resulting from the various successful ways of matching, taken in order of being tried). For example,

$$['AB' | 'X' | 'A']('CAB',1) = <3,2>.$$

Alternation and concatenation are functionals on these mappings. Gimpel proves several results about patterns in general, and also derives some properties of a few specific patterns.

Tennent [Ten 73a, Ten 73b] defines a Scott-Strachey-style mode of Snobol4 semantics which covers all of pattern matching and has unusual domains of complicated functionality.

Both of the above are denotational, primarily concerned with defining language features mathematically, and hence not optimized for proving properties of individual patterns. Tennent's model is especially cumbersome; Gimpel's is far less so, but ignores side effects, an essential aspect of many useful patterns. Our axiomatic effort, in contrast, is specifically aimed at proving properties of as general a class of patterns as possible. By nature, a denotational approach must consider total behavior of patterns, whereas ours can treat just primary behavior, using a convenient, deliberately inexpressive precondition-postcondition assertion format, as compared with the more awkward manipulation of functional definitions.

The only known previous attempt to treat pattern matching a la Hoare is found in Lutz and Gehani [LG 78].

6. Conclusions

Our work in axiomatizing the non-imperative feature of Snobol4 partern matching not only extends the area of applicability of the axiomatic approach, giving us more confidence in its robustness, but also gives us new insights. Correct choice of assertion format and its interpretation is crucial and may be non-trivial. Trying to convey too much information can make the whole formalism unwieldy; for pattern matching, it is essential that assertions describe only the primary behavior of patterns, and it is important to allow success/failure postcondition ambiguity. This lesson cannot be learned from imperative axiomatics, for there the choice of assertion format is straightforward: the assertion can say anything about the program text except perhaps that it terminates, and abstracting out irrelevant details is up to the user. Axiomatizing pattern matching vividly shows the importance of abstracting out just the right information by the definition of the formalism itself. In general, the axiomatizer should have some systematic criterion (such as assertional separability of non-equivalent program text) for judging possible assertion formats; he should be aware that his choice may affect the relative completeness of the formalism, and may involve a trade-off between textual complexity of assertions and length and directness of proofs. In the case of pattern matching, the separability criterion led us to consider increasingly more complicated assertion formats, until finally to regain simplicity we weakened the criterion. The resulting inexpressiveness of the assertion format w.r.t. secondary behavior leads to shorter assertions and proof rules but forces indirect proofs of properties of patterns with non-unitary left concatenands; also, those few patterns with recursive, non-unitary left concatenands seem to be formally intractable, but this is an acceptable price to pay for having a simpler logic.

Since pattern matching embodies many of the features of general backtracking, many of the techniques found useful in Snobol4 should be adaptable to the general case. Even for imperative axiomatics, multiple postcondition fields might prove useful; conceivably, an "error postcondition" could allow axiomatic treatment of program errors, an advance over treating errors as undefined, and certainly necessary in order to axiomatize program-controlled error recovery (such as the ON statement of PL/I).

Appendix: Sample Proof Rules

We present sample axioms and inference rules for pattern matching based on our final assertion format (6).

In schemas, "wff(exp)" denotes the result of syntactically substituting expression exp for all free occurrences of variable v in formula "wff<v>". The usual imperative assignment axiom expressed in this notation is

$$\{b(exp)\} \ v := exp \ \{b\langle v\rangle\} \ .$$

<u>Axioms</u> handle primitive patterns:--
A1. [string]

$$\{b(@+\#s)\}\ s\ \{b<@>\ \&\ \$[@-\#s/\#s]=s\ \|\ b(@+\#s)\ \&\ \$[@/\#s]\neq s\}$$

Put informally, this axiom schema says that if string s succeeds as a pattern, then the cursor is incremented by #s and we know that the substring of the subject over which the cursor advances equals s; but that if s fails, then the cursor remains unchaaged and we know that the next #s characters do not equal s; and that in either case whatever else is true before the match (b<@> is an arbitrary formula) still holds afterwards.

A2. [LEN]

$$\{b(@+j)\}\ LEN(j)\ \{b<@>\ \|\ b(@+j)\ \&\ \#\$ < @+j\}$$

Since LEN(j) matches any string of length j (j an arbitrary non-negative integer), it succeeds or fails depending only on whether or not the subject is long enough for the cursor to be incremented by j. The formula #$ > @ is omitted from the S-postcondition since it could be supplied by another axiom not shown here.

A3. [FAIL]

$$\{b\}\ FAIL\ \{false\ \|\ b\}$$

FAIL immediately fails without altering the initial state b in any way.

A4. [cursor assignment], or [@]

$$\{b(@)\}\ @v\ \{b<v>\ \|\ false\}\ ,$$

where v is an arbitrary Snobol4 identifier.

The pattern @v always succeeds, matching the null string (i.e., leaving the cursor unchanged) and as a side effect assigns the current cursor position to v.

<u>Rules of inference</u> handle compound patterns:--
R1. [alternation], or [|]

$$\frac{\{b\}\ p\ \{s\ \|\ f\}\ ,\ \{f\}\ q\ \{s'\ \|\ f'\}}{\{b\}\ p\ |\ q\ \{s\ or\ s'\ \|\ f'\}}$$

for patterns p and q, and formulas b, s, f, s', and f'.

The alternation p | q succeeds if either p or q succeeds, but fails if both p and q fail (q's F-postcondition f' taking into account p's F-postcondition f). Comparing this with the usual imperative composition rule

$$\frac{\{b\}\ p\ \{f\}\ ,\ \{f\}\ q\ \{f'\}}{\{b\}\ p\ ;\ q\ \{f'\}}$$

we see that alternation may be regarded as composition w.r.t. failure.

R2. [concatenation], or [&]
$$\frac{\{b\} \; p \; \{s \mid f\} \; , \; \{s\} \; q \; \{s' \mid f'\}}{\{b\} \; p \; \& \; q \; \{s \mid f \; or \; f'\}}$$
provided p is unitary.

The concatenation p & q succeeds if both p and q succeed (q being tried starting at the cursor position resulting from p's success), but fails if either p or q fails, provided p is unitary. (If p were non-unitary, then after q failed the scanner might find another successful alternative within p, whereupon q [and thus also p & q] might succeed.)

Unitarity of p is essential since the assertion format describes only primary behavior. 'A' and 'A' | 'AB' are assertionally inseparable, but 'A' & 'C' and ('A' | 'AB') & 'C' are not primarily equivalent, so [&] must be restricted to prevent the deduction of errors. To prove some assertion about ('A' | 'AB') & 'C', one proves it about 'A' & 'C' | 'AB' & 'C' and then uses a pattern equivalence transformation -- this is the main price we must pay for having an inexpressive expression format (w.r.t. secondary behavior).

R3. [immediate value assignment], or [$]
$$\frac{\{b \; \& \; @=k\} \; p \; \{s(\$[k/j]) \; \& \; @=k+j \parallel f\}}{\{b \; \& \; @=k\} \; p \; \$ \; v \; \{s<v> \; \& \; @=k+j \parallel f\}}$$
provided that the Snobol4 identifier v does not occur free in k+j and that p has no side effect upon k.

The immediate value assignment p $ v acts just like p, except that if it succeeds, v is assigned the substring of the subject over which the cursor advances (i.e. the substring matched by p).

The above axioms and inference rules based on format (6) are complicated enough; the reader is left to imagine how much more involved they would be had we retained an assertion format describing the total behavior of patterns.

References

1. [Gim 73] Gimpel, James F. "A Theory of Discrete Patterns and Their Implementation in SNOBOL4". Comm. ACM 16, 2 (Feb. 1973), 91-100.

2. [Gim 75] ----------. "Nonlinear Pattern Theory". Acta Informatica 4 (1975), 213-229.

3. [Gim 76] ----------. Algorithms in SNOBOL4. John Wiley & Sons, New York, 1976.

4. [GPP 71] Griswold, R. E., J. F. Poage, and I. P. Polonsky. *The SNOBOL4 Programming Language* (2nd ed.). Prentice-Hall, Englewood Cliffs, N. J., 1971.

5. [Hoa 69] Hoare, C. A. R. "An Axiomatic Basis for Computer Programming". *Comm. ACM* 12, 10 (Oct. 1969), 576-580.

6. [LG 78] Lutz, Peter H., and Narain Gehani. "An Axiomatic Definition of Pattern Matching in SNOBOL4: Preliminary Findings", Technical report, Computer Science Department, State University of New York at Buffalo, Amherst, N. Y., Jan. 1978.

7. [Ten 73a] Tennent, Robert D. "Mathematical Semantics of SNOBOL4". *Conference Record of [the First] ACM Symposium on Principles of Programming Languages* (held in Boston, Oct. 1973), 95-107.

8. [Ten 73b] ----------. "Mathematical Semantics and Design of Programming Languages", Technical Report 59, Department of Computer Science, University of Toronto, Sept. 1973.

Polynomial-Time Analysis for a Class of Communicating Processes

Scott A. Smolka
Department of Computer Science
State University of New York
Stony Brook, New York 11794
U.S.A.

Abstract: "Can a process terminate prematurely?" is a computationally difficult question to answer for finite-state communicating processes. We present an algorithm for this problem that runs in polynomial (quadratic) time for a significant class of communicating processes. The underlying model is algebraic and represents a restriction of Milner's CCS to finite-state systems with one-to-one communication.

In order to answer the question of premature termination for process P_i, we express the problem as a two-player game, P_i versus the rest of the network. We then show that this problem can be restated in terms of the network's [HBR] failures. This leads to an algorithm based on an efficient procedure for computing the failures of a network. An on-board comparator and a rebound sorter are used as illustrative examples.

1. Introduction

The Synchronization Analysis Problem for message-passing programs is essentially one of detecting potential deadlock. In particular, it raises the questions "Can a process terminate?" and "Can a process terminate prematurely?" In this paper we consider these questions for programs in which communication is specified by one-to-one naming among processes. Ultimately, we have Hoare's [Ho] CSP in mind but this pattern of communication is typical of many other types of distributed systems, such as VLSI circuits.

We model a message-passing program algebraically as a network of communicating Finite-State Processes (FSPs). Such networks correspond to a subset of the systems describable in Milner's [Mi] CCS (Calculus of Communicating Systems). FSPs are by definition finite-state while *synchronization trees*, the corresponding entity in CCS, are infinite state. Moreover, communication in FSP networks is point-to-point, a special case of the many-to-many, port-oriented communication of CCS.

We show that synchronization analysis is a hard problem and that its complexity is related to certain aspects of the network's structure. Keeping these sources of complexity in mind, we present an algorithm for synchronization analysis that runs in polynomial time for a nontrivial class of networks.

Section 2 contains the model. In Section 3 the analysis problem is defined formally and its complexity is examined. Section 4 presents our algorithm for synchronization analysis and Section 5 some extensions of the algorithm. In each of these two sections an example is provided. Section 6 concludes.

2. An Algebraic Model for Networks of Processes

A network can be represented as a directed graph (the *network graph*) where nodes correspond to processes and edges to unidirectional communication channels. A network of five processes and seven channels is depicted in Figure 1a.

The *ports* of a process are points at which messages can enter or leave the process. For example, P_4 has an input port for messages from P_1, and an output port to P_5. Every port has a *name* and a *type*. For simplicity, we assume every port is of the same type.

Port names identify the sending and receiving processes (see Figure 2). The set of possible *input ports* of process P_i is $\Delta_i = \{\alpha{:}(j,i) \mid 1 \leq j \leq n\}$ and the set of possible *output ports* of P_i is $\overline{\Delta}_i = \{\overline{\alpha}{:}(i,j) \mid 1 \leq j \leq n\}$. The set of port *labels* of P_i is just $\Lambda_i = \Delta_i \cup \overline{\Delta}_i$. Two ports are *complementary* if they form a communication channel. Thus $\alpha{:}(j,i)$ in P_i and $\overline{\alpha}{:}(j,i)$ in P_j are complementary.

The sort Σ_i of a process P_i is the set of port labels the process actually owns. For example, the sort of P_4 is $\Sigma_4 = \{\alpha{:}(1,4), \overline{\alpha}{:}(4,5)\}$.

Concurrent composition is an important operation on networks of processes, the result of which is another process. The definition of composition is given below (Definition 4). A network is *reconfigured* by a composition. Figure 1b illustrates the effect of the composition $P_1 \| P_2 \| P_3$ on the network of Figure 1a. Notice that a composite process inherits the

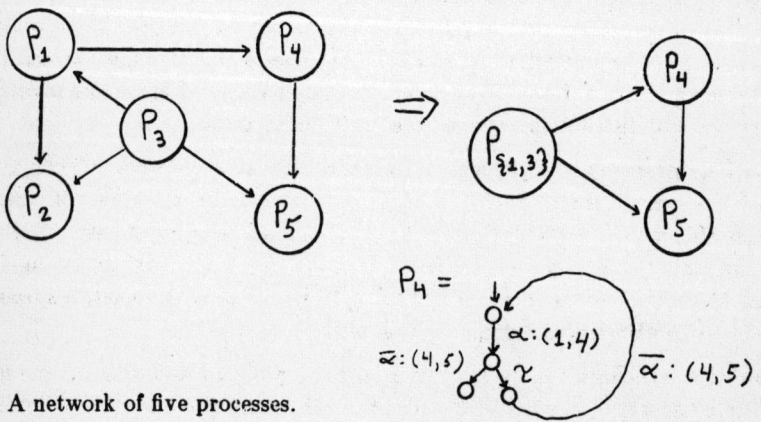

Figure 1. A network of five processes.

Figure 2. Naming in a network.

names of its constituents, possibly with some information hiding.

The finite-state process, the building block of our model, closely resembles the nondeterministic finite-state automaton (NFA) of the classical theory of computation.

Definition 1: A *Finite-State Process* (FSP) is a quadruple $<K, p_0, \Sigma, \delta>$, where:

1) K is a finite set of *states*.
2) $p_0 \in K$ is the *start state*.
3) Σ, a finite set of actions (port names), is P's *sort*.
4) $\delta: K \times (\Sigma \cup \{\tau\}) \to 2^K$ is a function called the *transition function*.

Here, τ is a special symbol called the *unobservable action*.

An arc of an FSP labeled by an input port indicates an "offer" by the process to receive a message from the named process; likewise, for an arc labeled by an output port. For example, the behavior of P_4 might look like the transition graph in Figure 1c.

Definition 2: A *network* N of FSPs is an n-vector
$$N = [P_1, \cdots, P_n]$$
where $P_i = <K_i, p_{i,0}, \Sigma_i, \delta_i>, \Sigma_i \subseteq \Lambda_i.$

A global state of a network is a vector of control locations.

Definition 3: A *global state* Q of a network N is an n-vector
$$Q = [q_1, \cdots, q_n], q_i \in K_i.$$

The composition operator defines the reachable global states of a network as well as the network's visible behavior.

Definition 4: We write $P_i \| P_j$ for the concurrent composition of FSPs P_i and P_j. The result is a new FSP such that:

1) The states are a subset of $K_i \times K_j$.
2) The initial state is $<p_{i,0}, p_{j,0}>$.
3) The sort is $\Sigma_i \cup \Sigma_j - \{\alpha{:}(i,j), \alpha{:}(j,i), \bar{\alpha}{:}(i,j), \bar{\alpha}{:}(j,i)\}$.
4) The transition function may be described as follows. Suppose p_i has the transition $p_i \xrightarrow{\lambda_i} p_i'$ and P_j has the transition $p_j \xrightarrow{\lambda_j} p_j'$. Then state $<p_i, p_j>$ has three types of transitions.
   (i) $<p_i, p_j> \xrightarrow{\lambda_i} <p_i', p_j>$: P_i moves autonomously.
   (ii) $<p_i, p_j> \xrightarrow{\tau} <p_i', p_j'>$: P_i and P_j move in synchrony in order to communicate. This implies that λ_i and λ_j are complementary.
   (iii) $<p_i, p_j> \xrightarrow{\lambda_j} <p_i, p_j'>$: P_j moves autonomously.

The composition operator enumerates all possible interleavings of actions from the two processes. A τ-move appears when an unbuffered and hence synchronous communication takes place. A buffered (asynchronous) composition operator has been defined in [Sm].

The $\|$ operator is associative and commutative [Sm]. It is based on Milner's composition operator [Mi, §2.2] and can be extended to arbitrary arity [Mi, Theorem 2.1].

3. The Synchronization Analysis Problem

We define the Synchronization Analysis Problem (SAP) for networks of FSPs and analyze its complexity. We show that in general the SAP is a hard problem and its complexity is related to the network topology and the structure of the FSPs.

For simplicity let us consider a network $N = [P_1, \cdots, P_n]$ of *finite-tree processes*; the problem for arbitrary FSPs is closely related. Let $P = P_1 \| \cdots \| P_n$, i.e. P is the product FSP of N. By the definition of composition, P will also be a finite-tree process. Let Q denote a state reachable from the root of P; Q is therefore a reachable global state of N. We define the notion of possible termination, normal and abnormal:

$terminated(P_i)$ iff $\exists Q = [q_1, \cdots, q_n]$ such that q_i is a leaf of P_i.

$blocked(P_i)$ iff $\exists Q = [q_1, \cdots, q_n]$ such that Q is a leaf of P and q_i is *not* a leaf of P_i.

Note that in the case of $blocked(P_i)$, q_i must be devoid of τ-transitions given that Q is a leaf.

Definition 4.5: Let $N = [P_1, \cdots, P_n]$ be a network of n finite-tree processes. Then the *Synchronization Analysis Problem* (SAP) consists of the following $2n$ questions:

(a) The *possible termination problem* (**PT**): "Is $terminated(P_i)$ true?", $1 \leq i \leq n$.
(b) The *possible deadlock problem* (**PD**): "Is $blocked(P_i)$ true?", $1 \leq i \leq n$.

The SAP can be solved naively by performing the composition $P_1 \| \cdots \| P_n$ and then inspecting the global state space. As one would expect, this approach in general requires time exponential in n. The costly running time of this algorithm is indicative of the fact that the SAP is a hard problem. For networks consisting of FSPs of arbitrary structure we conjecture that the problem is PSPACE-complete [Sm]. The problem is NP-complete for acyclic FSPs (by reduction from 3SAT [Ta]). The SAP remains NP-complete even for networks of constant-size processes (again by reduction from 3SAT [Sm]). The problem is easy for straight-line processes [DS].

The above results are summarized in the following table.

	straight-line FSPs	constant-size FSPs	acyclic FSPs	general FSPs
SAP	linear	NP-complete	NP-complete	PSPACE-complete (?)

The FSP networks resulting from the 3SAT reductions for acyclic FSPs and constant-size FSPs are illustrated in Figure 3. Note that the network graph for acyclic FSPs is a tree while the network graph for constant-size FSP contains a large cycle. In general, the networks required to make these reductions go through are duals of one another. They have the following characteristics:

Constant-Size FSPs

(i)   centralized control
(ii) network degree $O(n)$
(iii) loosely connected

Acyclic FSPs

(i')   decentralized control
(ii') network degree $O(1)$
(iii') tightly connected

Thus, for acyclic FSPs, we may attribute the NP-hardness of the SAP to the presence of a large central process in the network (the Supervisor process). For constant-size FSPs, the problem is made difficult by the presence of a large cycle in the network graph. We keep these points in mind in the next section where we present a polynomial-time algorithm for a

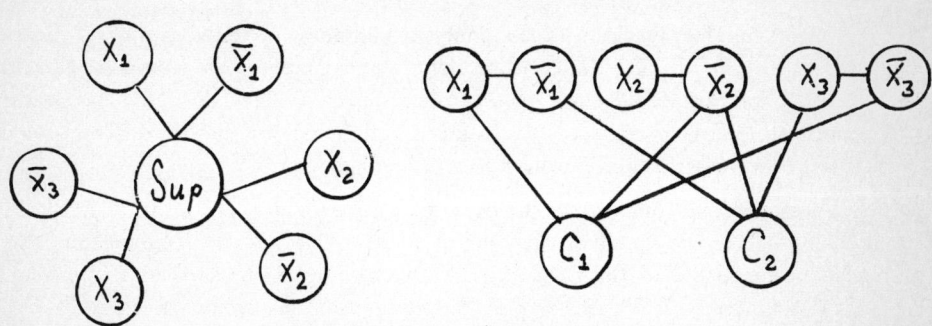

Figure 3. FSP networks for $(x_1 + \bar{x}_2 + \bar{x}_3) \cdot (\bar{x}_1 + \bar{x}_2 + x_3)$.

significant class of networks.

4. An Algorithm for Synchronization Analysis

We present an algorithm for the Synchronization Analysis Problem and sufficient conditions for it to run in polynomial time. We begin by viewing the problem $blocked(P_i)$ as a two-player game, P_i versus the rest of the network.

Proposition 1: Let $P_{-i} = P_1 || \cdots || P_{i-1} || P_{i+1} || \cdots || P_n$, i.e. the product of N with P_i omitted, and let Q denote a reachable state of $P' = P_i || P_{-i}$. Then
$blocked(P_i)$ iff $\exists Q = <p,q>$ such that Q is a leaf of P' and p is *not* a leaf of P_i.

Proof: $||$ is commutative and associative with respect to identity [Sm]. Thus the reachable states of P are exactly the reachable states of P'. ∎

We next redefine the predicate $blocked(P_i)$ in terms of P_i and the failures [HBR] of P_{-i}. Let P be an FSP over the alphabet $\Sigma \cup \{\tau\}$, where Σ is P's *visible alphabet* and τ is the invisible action. Let $s \in \Sigma^*$ and $X \subseteq \Sigma$. Then, informally, the failures of P is the set of pairs (s, X), such that P can take the string s (along with τ-moves) to a state at which it can refuse to do any of the actions in X. The set X is called a *refusal set* of P, and is relative to the state reached by s.

We now show that whether or not P_i blocks depends only on the failures of P_{-i}, not on P_{-i}'s internal structure. Once again let Q denote a reachable state of $P' = P_i || P_{-i}$, and let $compl(A) = \{\overline{a} \mid a \in A\}$.

Lemma 1: $blocked(P_i)$ iff $\exists Q = <p,q>$ such that $\exists X \in refusals(p)$, $\exists Y \in refusals(q)$: $X \cup compl(Y) = \Lambda_i$, where $\Lambda_i = \{\alpha{:}(j,i), \overline{\alpha}{:}(i,j) \mid 1 \leq j \leq n, i \neq j\}$.

Proof: In state $<p,q>$, P_i and P_{-i} can no longer communicate since, for every action in P_i's alphabet, P_i can refuse to perform it or the rest of the network can refuse to perform the action's complement. Further details can be found in [Sm]. ∎

Our algorithm for synchronization analysis can now be stated simply: compute the failures of P_{-i} in terms of a failure-equivalent representative FSP, compose P_i with the representative, and inspect the state space of the resulting product. For obvious reasons we'd like to obtain a failure-equivalent representative of minimal size and we'd like to do this in minimal time. We describe our approach to this problem.

We decompose the process of finding a network's failure-equivalent representative in terms of finding representatives for the network's biconnected components (i.e. the biconnected components of the network's *undirected* graph). In particular, we compose a biconnected component (BCC) of FSPs, normalize the resulting product FSP, and reconfigure the network. This procedure is repeated until all BCCs have been considered.

We refer to the sequence of compositions performed by this algorithm as a "composition strategy". It is easy to show that there are many composition strategies for a given network ($O(n!)$ of them). In order to minimize the size of the representative produced at each step, it is important to choose a biconnected component having a minimal number of *visible processes*, i.e. processes containing ports external to the BCC. This is the BCC of choice since the size of a representative is exponential in the number of visible processes [Sm]. To guide this selection process, we represent a network as a tree of biconnected components related by their articulation points (APs). Such a tree is undirected and consists of two types of vertices: *green* vertices correspond to the BCCs of the network and *blue* vertices correspond to the network's APs. An edge in the tree may only connect a green vertex to a blue vertex, and then only if the corresponding biconnected component contains the corresponding articulation point. An example of this transformation is given in Figure 4.

To minimize the number of visible processes present at a step of a composition strategy, we always choose a *leaf* BCC of the network's tree. Thus the chosen BCC contains at most one AP, its parent in the tree. We now state our algorithm for computing a representative of a network, and refer to it as a *tree strategy with normalization*.

algorithm *TSN:* /∗ computes a failure-equivalent representative for a network N
using Tree Strategy with Normalization ∗/
$m :=$ # biconnected components in N
loop m times
  naively compose a biconnected component of N;
  normalize the resulting product;
  reconfigure the network
repeat

Note that *TSN* may need to be called more than once in order to compute the failures of P_{-i} since the removal of P_i may disconnect the network.

We now prove the correctness of algorithm *TSN* and show that it runs in linear time for *bounded networks*. A network is *bounded* iff the size of its constituent FSPs and the size of the BCCs in its network graph are bounded by a constant. In this case the SAP's two

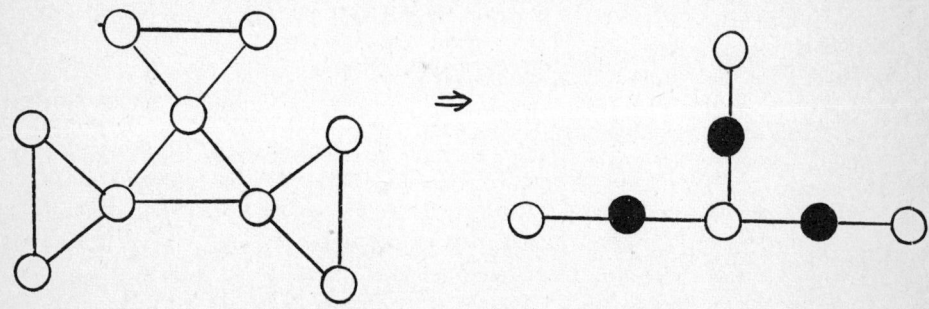

Figure 4. A network and its corresponding tree.

sources of complexity have been removed (see Section 3).

Theorem 1: *TSN* correctly computes the failures of network N.

Proof: The proof of correctness depends on the following facts:

(i) $||$ is associative and commutative; thus we are allowed to group the product of a network in terms of the subproducts formed by the network's BCCs.

(ii) Failure equivalence is a congruence with respect to $||$ [Br2,Sm]; thus we may replace a subproduct with a failure equivalent and maintain the failures of the product.

(iii) Our procedure for normalization is based on a sound and complete set of axioms for failure equivalence of finite-tree processes [Br1].
A more detailed proof can be found in [Sm]. ▌

Corollary: Our algorithm for $blocked(P_i)$ is correct.

Proof: By Lemma 1, $blocked(P_i)$ is determined uniquely by the failures of P_{-i}, the rest of the network. The corollary follows from Theorem 1. ▌

Theorem 2: Our algorithm for $blocked(P_i)$ runs in $O(n)$ time for bounded networks, where n is the number of FSPs in the network.

Proof: The major cost for computing $blocked(P_i)$ is incurred by calling *TSN*. Since N is bounded, it will consist of $O(n)$ BCCs each of constant size. Moreover, the size of each FSP in N is bounded by a constant. *TSN* will thus require $O(n)$ iterations where each iteration includes the cost of composing the BCC, normalizing the product, and reconfiguring N. The composition cost will be that of a constant raised to a constant since we are composing a constant number of constant-size processes; the cost of normalization at most doubles this cost [Sm]. The cost to reconfigure N is insignificant with respect to the other costs. Finally, the size of any FSP in N will remain constant in size throughout the strategy since N is a network of constant degree; i.e. the removal of P_i results in a network having a constant number of visible FSPs [Sm]. ▌

Corollary: The Synchronization Analysis Problem can be solved in $O(n^2)$ time for bounded networks.

Proof: The SAP can be solved by determining $blocked(P_i)$ for each i, $1 \leq i \leq n$. By Theorem 2, the total time required is $O(n^2)$. The computation of $terminated(P_i)$, $1 \leq i \leq n$, proceeds in a nearly identical fashion. ▌

In order to illustrate our algorithm for the synchronization analysis of finite-tree processes, we consider an *on-board comparator* example. This network is structured as a complete binary tree of processes. Inputs to the comparator are loaded in at the leaves and the maximum value of these inputs is propagated to the root. From there it is output to the external environment. The network structure is illustrated in Figure 5 for the case of eight inputs. The FSPs themselves are of two types and are also depicted in Figure 5. A leaf FSP simply relays its contained value to its parent. An internal FSP receives inputs from both of its children, in either order, and then relays the maximum of the two to its parent. For simplicity, we have labeled transitions with the names of their designee FSPs.

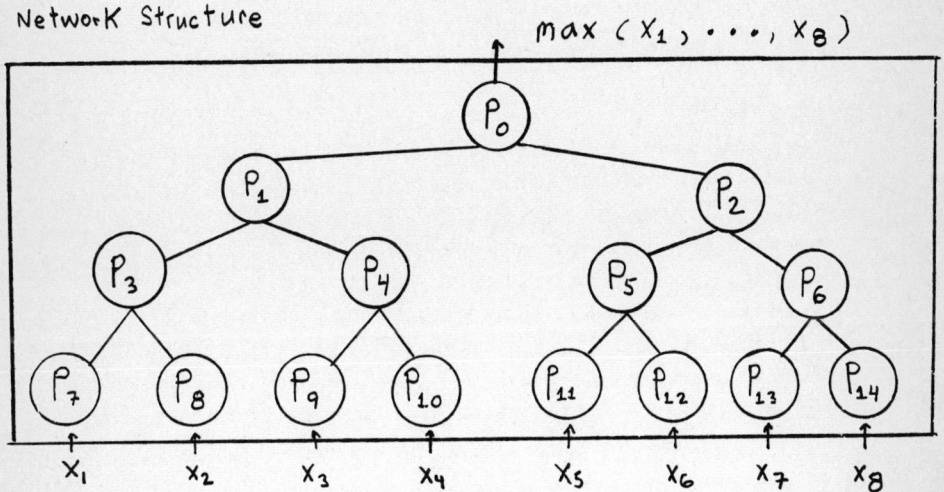

Figure 5. On-board comparator example.

In order to demonstrate the outcome of algorithm *TSN* applied to the comparator, we have depicted the composition of leaf FSP P_7 with its parent P_3. The result of this composition is an FSP that after receiving a single input from P_8, its other child, relays its maximum to P_1, the parent of P_3. Composition of the normalized product $P_7 \,||\, P_3$ with P_8 yields a leaf-FSP behavior. By induction the result of the completed tree strategy with normalization will yield an FSP that merely outputs the maximum value to the outside world. Thus we have shown that the comparator does not suffer from any synchronization anomalies and that this analysis can be carried out in polynomial time.

5. Extensions to the Algorithm

We have extended our algorithm for synchronization analysis of finite-tree processes in several ways. First, by the inclusion of a "recursion axiom", a normal form for cyclic FSPs is obtained. As a result, some networks of cyclic FSPs can now be analyzed in polynomial time. For example, consider the *rebound sorter* first analyzed in [Go]. Its network topology along with the communication behavior of its constituent FSPs is given in Figure 6. We analyze this network by first composing the X_i-P_i FSP pairs, thereby absorbing the X_i's. We are left with the chain of FSPs P_0 through P_{n+1}. Composing P_0 with P_1 shortens the chain by one FSP and passes along the behavior of P_0 to P_1. We can inductively conclude that *blocked* is false for each FSP in the network, and that the analysis can be performed in quadratic time.

The algorithm has also been extended to large BCCs of FSPs. For instance, consider a ring of FSPs. Removing P_i from the ring results in a chain of FSPs with external ports confined to the end processes. Such a network is amenable to polynomial-time analysis [Sm].

6. Conclusion

In this paper, we have presented an algebraic model for networks of communicating finite-state processes based on Milner's CCS. In [Sm] we have shown that the basic analysis problem for such networks is inherently difficult. Here, we isolated the cause of the problem's complexity in the structure of the network. As a result, we were able to identify a polynomial subclass of the problem and presented a corresponding polynomial-time algorithm.

Two avenues of further work are being pursued. One is to extend the classes of networks that can be analyzed efficiently by looking at more complex network topologies and more complex FSP structures. Secondly, the application of the algorithm to large-scale simulations is being investigated. Simulations seem to be natural candidates since they are typically structured as large networks of small autonomous processes.

Acknowledgements: The author has benefited greatly from discussions with Luca Cardelli, Tom Doeppner, Tom Freeman, Alessandro Giacalone, Jieh Hsiang, Paris Kanellakis, Robin Milner, Ashfaq Munshi, Dick Taylor, and Jeff Vitter.

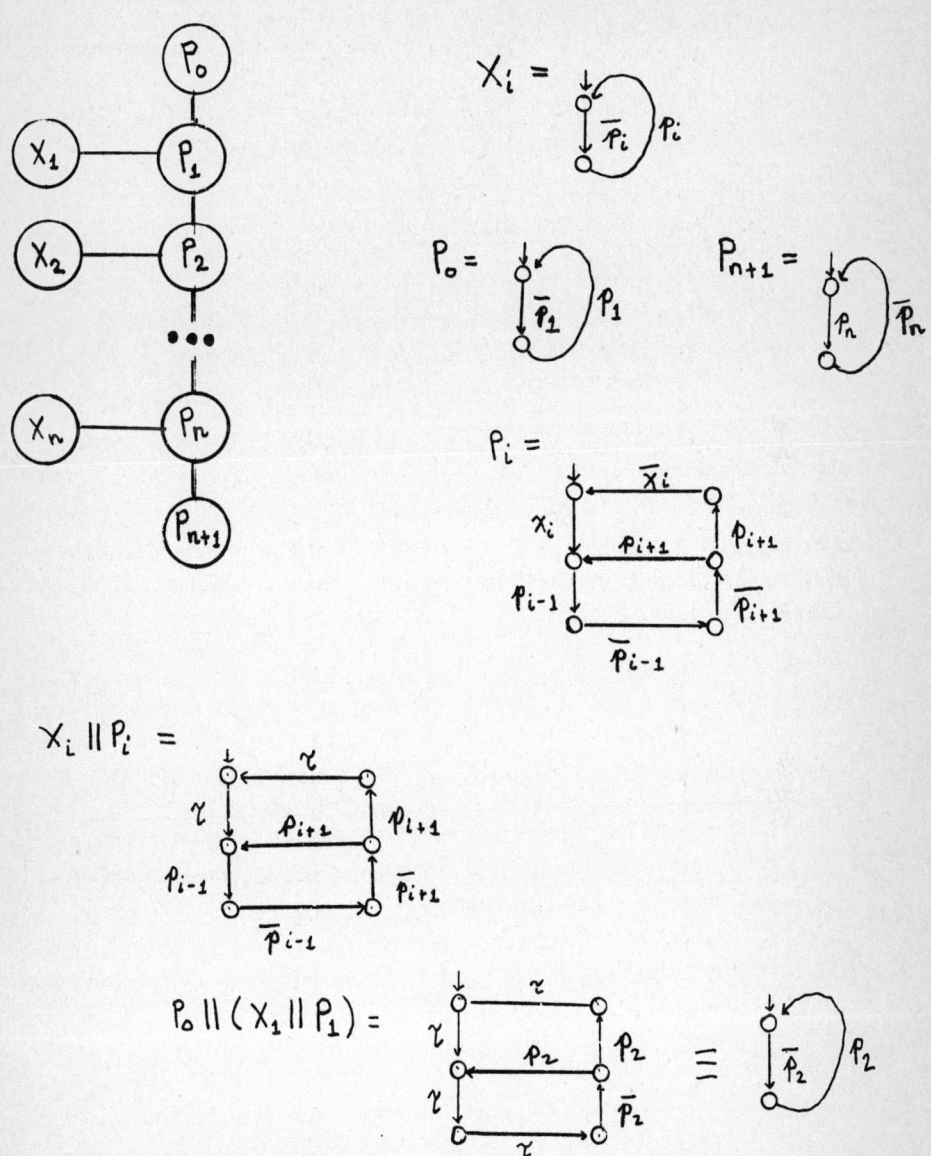

Figure 6. Rebound sorter example.

7. References

[Br1] S.D. Brookes, "On the Relationship of CCS and CSP", *Proceedings of the 10th ICALP*, Barcelona, Spain, pp. 85-96 (July 1983).

[Br2] S.D. Brookes, "A Model for Communicating Sequential Processes", Department of Computer Science, Carnegie-Mellon University, Technical Report No. CMU-CS-83-149 (Jan. 1983).

[DS] T.W. Doeppner, S.A. Smolka, "An Algorithm for the Static Analysis of CSP Programs", Department of Computer Science, Brown University, Technical Report (1981).

[Go] M.G. Gouda, "Systems of Communicating Machines Without Deadlocks", Department of Computer Sciences, University of Texas at Austin, Austin, TX, Technical Report No. TR-199 (April 1982).

[Ho] C.A.R. Hoare, "Communicating Sequential Processes", *Communications of the ACM*, *21*(8), pp. 666-677 (Aug. 1978).

[HBR] C.A.R. Hoare, S.D. Brookes, A.W. Roscoe, "A Theory of Communicating Sequential Processes", Technical Monograph PRG-16, Oxford University Computing Laboratory, Programming Research Group (May 1981).

[Mi] R. Milner, "A Calculus of Communicating Systems", *Lecture Notes in Computer Science 92*, Springer-Verlag (1980).

[Sm] S.A. Smolka, "Analysis of Communicating Finite-State Processes", Department of Computer Science, Brown University, Ph.D. dissertation (Feb. 1984).

[Ta] R.N. Taylor, "Complexity of Analyzing the Synchronization Structure of Concurrent Programs", *Acta Informatica 19*, pp. 57-84 (1983).